上海博物館藏
戰國竹書楚辭箋注

曹錦炎　撰

中國美術學院漢字文化研究所叢書

上海古籍出版社

李子

有皇將起

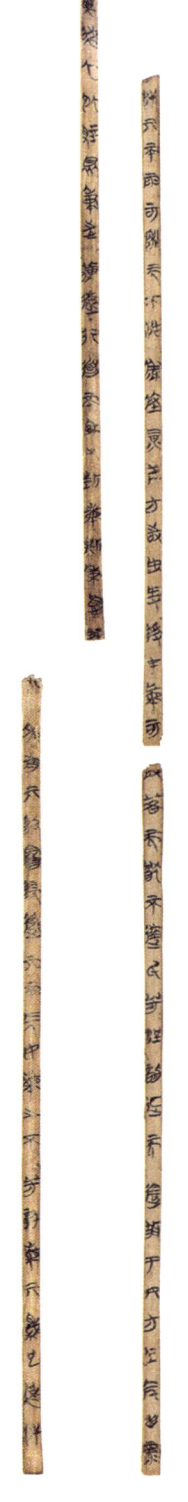

蘭賦

隨葬遣策

凡物流行甲（一）

凡物流行甲（二）

凡物流行乙（一）

凡物流行乙（二）

目　　録

李頌 …………………………………………………………………… 1

有皇將起 ……………………………………………………………… 39

蘭賦 …………………………………………………………………… 71

鶹鷅 …………………………………………………………………… 111

凡物流形 ……………………………………………………………… 121

後記 …………………………………………………………………… 278

貞幸

李頌　一背

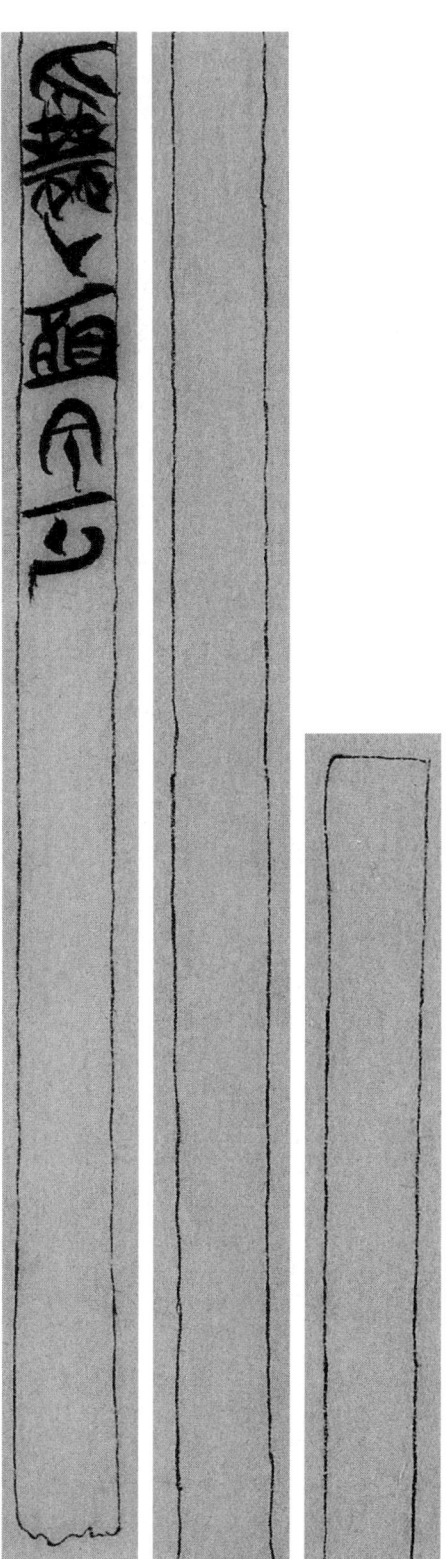

三

馳来

説　　明

　　本篇完整，共有簡三支。由於第一支簡原編爲其卷册最後一支，正面文字抄寫滿後，因已無抄寫餘地，所以只好再從背面接抄文字，而第二支、第三支簡亦即爲全卷倒數第二、第三支簡的背面（其正面抄寫的是本書所收《蘭賦》篇）。這種情況在目前出土的楚簡中尚屬首次發現。由此可見此卷是先編聯成册再抄寫文字内容。完簡長度約五十三釐米，編線三道，簡端距第一契口約十點八釐米，第一契口距第二契口約十五點五釐米，第二契口距第三契口約十五點五釐米，第三契口距下端約十點五釐米。每簡書寫字數約爲五十七字，全篇共計一百七十二字（包括點評文字），其中重文一。

　　本篇爲楚辭體作品，内容是以李樹爲歌頌對象。辭中以“素府宮李”即普通人家園子裏的李樹，與作爲“官樹”的桐樹作對比。强調桐樹之怡然，地位之崇高，“剷外疏中，衆木之紀”，“鵬鳥之所集”。而李樹被視作“木異類”，“獨生榛棘之間”，並受“亂木曾枝，浸毀章”的對待。雖然冷落並遭排擠，但李樹卻能“互植兼成，欰其不還”，“深利終逗，夸其不貳”，堅持做到“守勿强悍，木一心”，“違與他木，非與從風”，不隨世風所趨。並借詩人之口“謂群衆鳥，敬而勿集”，表達敬仰之情，祝福其“願歲之啟時，思吾樹秀”。

　　綜觀全文，作品體現了春秋戰國時期上層知識分子追求高尚品格的一種“君子”心態，同時作者借此抒發自己獨立忠貞而又被視爲異類的憤懣之情，與屈原作品有異曲同工之妙。很有可能，屈原正是從這些早期的楚辭作品中汲取豐富的營養，以他的優異才華，創作出一系列不朽的楚辭作品。

　　劉勰《文心雕龍·辨騷》謂：“《楚辭》者，體憲於三代，而風雅於戰國，乃《雅》《頌》之博徒，而詞賦之英傑也。”自來論中國詩歌發展史者，均以楚辭上繼

《詩》三百篇之餘緒，而下開漢代辭賦及樂府之先風。但對戰國時期流行於江漢地區的楚辭這種詩歌新體的形成及發展過程，卻限於材料不足而語焉不詳。本篇不見於今本《楚辭》，從體裁和句式看，也比今本各篇顯得更具原始性。這對研究楚辭這種詩體之形成，很有幫助。

此外，值得注意的是簡文有些詩句可與今本《楚辭》相對照，爲深入研究《楚辭》作品提供參考意見。如簡文"深利終逗，夸其不貳兮"句，與《楚辭·九章·橘頌》"深固難徙，更壹志兮"句，可以互相發明；"亂木曾枝"可與《橘頌》"曾枝剡棘"互注；"願歲之啟時"亦可與《橘頌》"願歲并謝"互參。現代研究《楚辭》者，認爲從内容看，《橘頌》當是屈原早年所作，是其作品中很有特色的一篇，也是後世托物咏志的辭賦詩詞的一個範例[1]。或對《橘頌》之真僞有所懷疑，如謂："全篇僅一小小物贊，與荀卿《賦篇》之詠雲、詠蠶、詠箴，頗相類似，屈宋文中絶無此體。""《橘頌》風致與《離騷》等篇迥異，似後人擬《亂辭》之體而作者。"[2]本篇的發表，對深入研究《楚辭》各篇的作者和創作年代，無疑也有一定的幫助。

篇尾另外附有一段點評文字："是故聖人兼此，咊物以李人情。人因其情，則樂其事，遠其情。"疑是授詩者所作。其點評的内容，與《荀子·解蔽》所説"聖人縱其欲，兼其情，而制焉者理矣"，意思比較相近。

本篇原無篇題，取篇中歌頌主體爲名。

---

[1]　金開誠《楚辭選注》中之《橘頌》按語，北京出版社，1980 年。
[2]　均見陸侃如《屈原與宋玉》一書所引。收入王雲五主編《萬有文庫》，商務印書館，1930 年。

第一簡正

相虘(吾)官桓(樹),桐虞(且)惎(怡)可(兮)。剌(剚)外罜(疏)审(中),衆木之緒(紀)可(兮)。旟(寒)备(冬)之旨(耆)倉(滄),枭(燥)元(其)方荅(落)可(兮)。鼼(鵬)鳥之所棐(集),叱眂(時)而侒(作)可(兮)。木斯蜀(獨)生,秦(榛)朸(棘)之闅(閒)可(兮)。互植兼成,欱(欸)元(其)不還可(兮)。深利

本簡兩段綴合,上段長二十五點二釐米,下段長二十六點八釐米,綴合後簡完整,長五十二釐米,上、下端平頭。第一契口距上端十點八釐米,第一契口與第二契口間距十五點三釐米,第二契口與第三契口間距十五點四釐米,第三契口距下端十點五釐米。共五十七字。

相虘官桓 相,觀察,審視。《説文》:"相,省視也。从目、从木。《易》曰:'地可觀者,莫可觀於木。'"《楚辭·離騷》"瞻前而顧後兮,相觀民之計極","悔相道之不察兮,延佇乎吾將反",王逸注:"相,視也。"《書·無逸》:"相小人,厥父母勤勞稼穡,厥子乃不知稼穡之艱難。"《左傳·文公元年》:"公孫敖聞其能相人也。"《楚辭·九章·惜誦》:"故相臣莫若君兮,所以證之不遠。"《孔子家語·子路初見》:"相馬以輿,相士以居。"

虘,从"壬","虍"聲,楚文字用作"吾",楚簡習見。非楚地之金文多以"魘"爲"吾","虍""魚"均作聲符,係疊加聲旁字。"虍""魚""吾"古音均同部,故可相通。按今本《楚辭》"虘"字皆改寫作"吾",據統計凡九十七見,其中屈宋賦共用八十二次,漢人賦共用十五次,作主語用者六十四見,作定語用者十七見[①]。例如《楚辭·離騷》:"攝提貞于孟陬兮,惟庚寅吾以降。""紛吾既有此內美兮,又重之以脩能。""汩余若將不及兮,恐年歲之不吾與。"吾,第一人稱代詞。《説

---

① 參見姜亮夫《楚辭通故》第一輯《人部》"吾"字條,第 727 頁,齊魯書社,1985 年。

文》：“吾，我，自稱也。”

官，公，公有，與“私”相對。《大戴禮記·千乘》“是以母弟官子咸有臣志”，王聘珍解詁：“官，猶公也。”《漢書·蓋寬饒傳》引《韓氏易傳》：“五帝官天下，三王家天下。家以傳子，官以傳賢。”

桓，讀爲“樹”。《説文》侸字下云“讀若樹”，是从“豆”聲之字可讀“樹”之證。郭店楚簡《性自命出》“剛之桓（樹）也，剛取之也”，《語叢三》作“彊（强）之鼓（樹）也，彊（强）取之也”，“鼓”即“尌”字，“尌”“樹”古今字①，此“桓”可讀“樹”之例。

樹，木本植物的總稱。《説文》：“樹，生植之總名。”《楚辭·九章·橘頌》“后皇嘉樹”、《楚辭·招隱士》“桂樹叢生兮”、《楚辭·九思·憫上》“庇廕兮枯樹”，“樹”字皆爲“樹木”之意。《左傳·昭公二年》：“有嘉樹焉，宣子譽之。”《吕氏春秋·季春紀·盡數》：“集於樹木，與爲茂長。”《禮記·祭義》：“樹木以時伐焉。”

“官樹”，指屬於國家的或公家的樹。《晉書·陶侃傳》“（侃）嘗課諸營種柳，都尉夏施盜官柳植之於己門”，即以“官柳”指公家種植的柳樹。後世也有稱官道旁公家所植的樹爲“官樹”，如耿湋《路旁老人》詩：“老人獨坐倚官樹，欲語潸然淚便垂。”顧炎武亦謂“官樹”爲官道旁之樹，見《日知録》卷十二“官樹”條②。

桐虘忌可　桐，樹名，《説文》：“桐，榮也。”古代詩文中一般多指梧桐科的梧桐。《詩·鄘風·定之方中》“樹之榛栗，椅桐梓漆，爰伐琴瑟”，朱熹集傳：“桐，梧桐也。”《爾雅·釋木》：“櫬，梧。”郝懿行疏：“一種皮青碧而滑澤，今人謂之青桐，即此‘櫬，梧’是也。一種皮白，材中樂器，即下‘榮，桐’是也。樹皆大葉濃陰，青桐尤爲妍美，人多種之以飾庭院。”《孟子·告子上》：“拱把之桐梓，人苟欲生之，皆知所以養之者。”《逸周書·時訓》：“穀雨之日，桐始華。”

虘，即“盧”字繁構，楚簡多用爲“且”字或偏旁。《汗簡》所録古文“且”字亦

---

①　參看李天虹《郭店楚簡〈性自命出〉研究》第八章《集釋》，第143頁，湖北教育出版社，2002年。
②　顧説見黄浩波網文《讀上博八〈李頌〉劄記》指出，簡帛網，2011年8月23日。

作"虙","組""岨"字從"虙"。《説文》也有這方面的例子，如"置""退"字，《説文》籀文均從"虘"。且，可作連詞。《論語·爲政》："道之以德，齊之以禮，有恥且格。"或作助詞。《墨子·非攻》："今且天下之王公大人士君子。""且"字用法可參考。

　　悬，從"心"，"吕"聲，即"怡"字（"台"從"吕"聲）。郭店楚簡《性自命出》"又（有）丌（其）爲人之柬＝（簡簡）女（如）也，不又（有）夫亙（恆）悬（怡）之志則縵（漫）"，"怡"亦作"悬"①。怡，和悦，快樂。《説文》："怡，和也。"《儀禮·聘禮》："下階，發氣怡焉。"《國語·周語下》："晉國有憂未嘗不戚，有慶未嘗不怡。"引申爲安適舒暢、自得之貌。《楚辭·九章·哀郢》"心不怡之長久兮，憂與愁其相接"，王逸注："怡，樂貌也。""怡"字典籍或疊用，如《論語·子路》"切切偲偲，怡怡如也，可謂士矣"，何晏集解引馬融曰："怡怡，和順之兒。"

　　可，讀爲"兮"。"可""兮"皆從"丂"得聲，故可相通。《老子》"淵兮似萬物之宗""荒兮其未央哉""儽儽兮若無所歸""寂兮寥兮"等諸"兮"字，馬王堆帛書本皆作"呵"；《書·秦誓》"斷斷猗"，《禮記·大學》引作"斷斷兮"；《詩·魏風·伐檀》"河水清且漣猗"，《漢石經》"猗"作"兮"。此皆爲從"可"得聲之字通"兮"之例。從目前所見的楚簡材料來看，古書常見的"兮"字，楚文字有可能多寫作"可"。

　　《説文》："兮，語所稽也。""兮"作爲語氣詞，或在句中表停頓，或在句末，歌詠時起舒緩遲延作用，所以只用於詩詞歌賦中。在詩歌中大量運用語氣詞"兮"，成爲語言形式上一個顯著特徵，是《楚辭》的一大特色。本篇"兮"字皆用於下句之末，其形式亦見於《楚辭》之《九章·橘頌》以及各篇之"亂曰""歎曰"等。

　　劃外𦥑审　　劃，即《説文》"斷"字古文，亦即"剬"字②。《廣雅·釋詁》："剬，斷也。"上海博物館藏楚竹書《天子建州》"劃（剬）型（刑）則昌（以）衺

---

① 《性自命出》之"悬"字有學者或釋爲"怠"。按上海博物館藏竹書《性情論》爲《性自命出》另一版本，同字則寫作從"心"、從"近"，即"忻"字異體，"忻""怡"義近，則釋"怡"不誤。
② 《説文》以爲"𪚥"字或體。

（哀）”，《三德》“毋雝（壅）川，毋劃（劆）陊（涛）”；郭店楚簡《語叢二》“劃（劆）生於立”，《六德》“人又（有）六惪（德），厽（三）新（親）不劃（劆）”“孝，杏（本）也，下攸（修）㤾（其）杏（本），可以劃（劆）峇（獄）”“君子明虔（乎）此六者，狀（然）句（後）可以劃（劆）峇（獄）”，“劆”字均作“劃”，皆用爲斷義。

“劆”字除了本義爲截斷之外，另一義爲專擅，引申爲統領、總攬之意。《荀子·榮辱》“信而不見敬者，好劆行也”，楊倞注：“劆，與專同。”《荀子·王制》“而兵劆天下勁矣”，王先謙集解：“劆，讀與專同。”《國語·鄭語》“王將棄是類也而與劆同”，董增齡正義引《荀子·富國》楊倞注：“劆，與專同。”《漢書·蕭何傳》“上以此劆屬任何關中事”，顏師古注：“劆，讀與專同。”《類篇》：“劆，擅也。一曰并合制領也。”簡文“劆”字用的即是後一義，與下句“衆木之紀”的“紀”字正相呼應。又，上海博物館藏楚竹書《成王既邦》：“天子之正道，弗遡（朝）而自至，弗審而自周，弗會而自劃（劆）。”“劆”字用法亦同。

外，外面。《詩·魏風·十畝之間》：“十畝之外兮，桑者泄泄兮。”《莊子·天下》：“至大無外，謂之大一。”《淮南子·精神》：“外爲表，而内爲裏。”《楚辭·招魂》：“幸而得脱，其外曠宇些。”

罡，從“网”，“疋”聲，“疏”字異構①，字亦見上海博物館藏楚竹書《三德》：“……之罡（疏）未可吕（以）遂，君子不（丕）惉（慎）亓惪（德）。”及《成王既邦》：“外道（道）之明者，少罡（疏）於身。”《説文》：“疏，通也。”《國語·周語下》“疏爲川谷，以導其氣”，韋昭注：“疏，通也。”引申爲分散、分開。《淮南子·道應》“知伯圍襄子於晉陽，襄子疏隊而擊之，大敗知伯”，高誘注：“疏，分也。”《大戴禮記·夏小正》“陶而疏之也”，孔廣森補注：“疏，分也。”銀雀山漢簡《孫臏兵法》：“敵積，故可疏。”

审，即“中”字，楚文字習見。上從“宀”，爲楚文字常見之贅增偏旁②。郭店楚簡《五行》“君子亡审（中）心之惪（憂），則亡审（中）心之智”，《性自命出》“耆（教），所吕（以）生惪（德）于审（中）者也”；上海博物館藏楚竹書《亙先》“先又（有）审（中），安（焉）又（有）外”，“中”字皆作审。中，方位在中央。《詩·秦

---

① “罡”字原隸作“罡”，讀爲“置”，今從上博竹書《成王既邦》整理者陳佩芬先生意見改正。

② 如“集”字作“寨”，“觀”字作“覰”，“青”字作“靑”，等例。

風·蒹葭》：“遡游從之，宛在水中央。”《孫子·九地》：“常山之蛇也，擊其首則尾至，擊其尾則首至，擊其中則首尾俱至。”《孟子·盡心上》：“中天下而立，定四海之民。”《新書·屬遠》：“古者天子地方千里，中之而爲都。”

“劖外疏中”，猶言“疏中劖外”，“劖”與“疏”相對，“中”與“外”亦相對。《易·兑》：“剛中而柔外。”《左傳·僖公十五年》：“亂氣狡憤，陰血周作，張脈僨興，外彊中乾。”《文子·上禮》：“鄳水之深，十仞而不受塵垢，金石在中，形見於外。”《法言·修身》：“其爲中也弘深，其爲外也肅括，則可以提身矣。”《楚辭·九章·思美人》：“芳與澤其雜糅兮，羌芳華自中出。紛郁郁其遠承兮，滿内而外揚。”“中”“外”對舉之用法皆可參看。

衆木之紀　衆，衆多，許多。《説文》：“衆，多也。”《詩·小雅·無羊》“衆維魚矣，實維豐年”，毛亨傳：“陰陽和，則魚衆多矣。”《論語·爲政》：“譬如北辰，居其所而衆星共之。”《莊子·刻意》：“淡然無極而衆美從之。”《楚辭·離騷》：“衆女嫉余之娥眉兮，謡諑謂余以善淫。”

木，指樹，木本植物的通稱。《易·離》：“百穀草木麗乎土。”《詩·周南·漢廣》：“南有喬木，不可休思。”《論語·子張》：“譬諸草木，區以別矣。”《楚辭·九歌·湘夫人》：“嫋嫋兮秋風，洞庭波兮木葉下。”“衆木”，衆樹，《史記·司馬相如傳》“觀衆樹之塕薆兮”，義同。

紀，“己”下從“口”，爲“紀”字繁構，戰國文字習見增“口”爲繁飾。《説文》：“紀，絲別也。”本指絲縷的頭緒，《墨子·尚同上》：“譬若絲縷之有紀，罔罟之有綱。”引申爲事物的端緒，訓爲綱領，亦即綱紀之意。《方言》卷十：“緤、末、紀，緒也。南楚皆曰緤，或曰端，或曰紀，或曰末，皆楚轉語也。”《詩·大雅·棫樸》：“勉勉我王，綱紀四方。”《楚辭·九章·悲回風》：“紛容容之無經兮，罔芒芒之無紀。”

《詩·小雅·四月》：“滔滔江漢，南國之紀。”《晏子春秋·内篇諫下》：“夫禮者民之紀，紀亂則民失。”《吕氏春秋·仲秋紀·論威》：“義也者，萬事之紀也。”“某某之紀”用法皆與簡文同。

《新語·資質》：“夫楩柟豫章，天下之名木也，生於深山之中，産于溪谷之

上海博物館藏戰國竹書楚辭箋注

傍,立則爲大山衆木之宗,仆則爲萬世之用。”“衆木之宗”與簡文“衆木之紀”句意、句式尤近①。

旞㫡之旨倉　旞,从“放”,“旱”聲,讀爲“寒”。古音“旱”“寒”並爲匣母元部字,二字爲雙聲疊韻關係,讀音相同,例可相通。典籍三晉之“韓”國和姓氏之“韓”字,金文和戰國古璽皆寫作“旞”,而“韓”“寒”可通。如《左傳·襄公四年》“寒浞”,《漢書·古今人表》作“韓浞”;《吕氏春秋·審分覽·勿躬》“寒哀作御”,《世本·作篇》“寒哀”作“韓哀”;《吕氏春秋·恃君覽·觀表》“古之善相馬者,寒風是相口齒”,《淮南子·齊俗》“寒風”作“韓風”;《史記·游俠列傳》“韓孺”,《漢書·游俠傳》作“寒孺”。又,《楚辭·九歎·遠遊》“鸞鳥軒翥而翔飛”,王逸注:“軒,一作騫。”是从“干”、从“寒”②之聲字相通之例,也可作爲旁證。寒,冷。《説文》:“寒,凍也。”《書·洪範》“庶徵:曰雨,曰暘,曰燠,曰寒,曰風,曰時”,孔穎達疏:“寒是冷之極。”《易繫辭下》:“寒往則暑來,暑往則寒來。”《荀子·勸學》:“冰,水爲之,而寒於水。”

㫡,下从“日”,即“冬”字古文,見《説文》,其構形也見於郭店楚簡《緇衣》《老子》、上海博物館藏楚竹書《緇衣》、包山楚簡及長沙楚帛書等。冬,一年四季的最後一季,農曆十月至十二月。《書·堯典》:“日短星昴,以正仲冬。”《孟子·告子上》:“冬日則飲湯,夏日則飲水。”《楚辭·天問》:“何所冬暖?”

“寒冬”,寒冷的冬季。

旨,讀爲“耆”。“耆”从“旨”聲,可通。《儀禮·公食大夫禮》“醢牛鮨”,鄭玄注:“今文鮨作鰭。”《詩·大雅·皇矣》“上帝耆之”,《潛夫論》引“耆”作“指”。耆,強。《廣雅·釋詁》:“耆,強也。”《逸周書·謚法》“耆意大慮曰景”,孔晁注:“耆,強也。”《左傳·昭公二十三年》“不僭不貪,不懦不耆”,杜預注:“耆,彊也。”“彊”同“強”。

倉,讀爲“滄”。“滄”从“倉”得聲,例可相通。郭店楚簡《太一生水》:“濕澡(燥)者,倉(滄)然(熱)之所生也。”“倉然”讀爲“滄熱”。滄,寒冷。《説文》:

---

① 此承黄浩波《讀上博八〈李頌〉劄記》指出,簡帛網,2011 年 8 月 23 日。
② 《説文》謂“騫”字“从馬,寒省聲”。

14

“滄，寒也。”《逸周書‧周祝》“天地之間有滄熱”，孔晁注：“滄，寒也。”《荀子‧正名》：“疾養、滄熱、滑鈹、輕重，以形體異。”《漢書‧枚乘傳》：“欲湯之滄，一人炊之，百人揚之，無益也，不如絕薪止火而已。”

“耆滄”，猶言極寒。《書‧君牙》“冬祁寒”，《禮記‧緇衣》引《詩》作“資冬祁寒”，上海博物館藏楚竹書本作“晉耆（冬）耆寒”，郭店楚簡本作“晉耆（冬）旨（耆）滄（滄）”。簡文之“旨（耆）倉（滄）”，即郭店簡《緇衣》之“旨（耆）滄（滄）”，亦即上博簡《緇衣》之“耆寒”、《書‧君牙》之“祁寒”，皆極寒之意。

杲亓方茖 杲，讀爲“燥”，“燥”從“杲”得聲，可通。《老子》“躁勝寒，静勝熱”[1]，郭店楚簡本作“杲（燥）勅（勝）蒼（滄），青（静）勅（勝）然（熱）”。燥，乾燥。《説文》：“燥，乾也。”《易‧乾》：“水流濕，火就燥。”《荀子‧勸學》：“施薪若一，火就燥也。”冬天氣候乾燥，《淮南子‧天文》謂：“陽氣爲火，陰氣爲水；水勝故夏至濕，火勝故冬至燥。”

亓，讀爲“其”，《老子》“其安易持，其未兆易謀。其脆易泮，其微易散。”郭店楚簡本“其”皆作“亓”。《禮記‧緇衣》“則君不疑於其臣”“其儀不忒”“大人不親其所賢”等句，郭店楚簡本“其”皆作“亓”。其，代詞。

方，副詞，表示時間，相當於“始”“纔”。《詩‧大雅‧公劉》“弓矢斯張，干戈戚揚，爰方啟行。”朱熹集傳：“方，始也。”《詩‧大雅‧行葦》“方苞方體，維葉泥泥”，孔穎達疏：“此葦方欲茂盛，方欲成體。”

茖，《説文》謂“艸也”，不符本文義，字當讀爲“落”。上海博物館藏楚竹書《蘭賦》“[華]攸（滌）茖（落）而獸（猶）不逢（失）氏（是）芳”，“落”字作“茖”；《三德》“土地乃埶（坏），民人乃茖（落）”，“落”字亦作“茖”。又，《莊子‧天道》“知雖落天地”，《太平御覽》卷四六四引“落”作“絡”；《荀子‧議兵》“路亶者也”，《新序‧雜事三》“路亶”作“落單”；《戰國策‧韓策一》“賂之以一名都”，馬王堆帛書本“賂”作“洛”，亦“各”“洛”相通之證。落，樹葉脱落。《説文》：“落，凡艸曰零，木曰落。”《楚辭‧離騷》“惟草木之零落兮，恐美人之遲暮”，王逸注：“零、

---

① 從文義分析，今本《老子》之“躁”字當以作“燥”爲長。

落，皆墮也。草曰零，木曰落。"《詩·衛風·氓》："桑之未落，其葉沃若。"《荀子·致仕》："樹落則糞本。"《楚辭·九辯》："蕭瑟兮，草木搖落而變衰。"

"燥其方落"，指桐樹直至寒冬乾燥時，其葉始脱落。

鸓鳥之所窠 鸓，从"鳥"，"堋"聲，即"鵬"字繁構。楚簡文字常見贅增"土"旁，"朋"字作"塴"也見郭店楚簡《語叢四》、上海博物館藏楚竹書《周易》及《天子建州》。"鵬鳥"，傳説中的大鳥，又稱"大鵬"①。《莊子·逍遥遊》："（鯤）化而爲鳥，其名爲鵬。鵬之背，不知其幾千里也；怒而飛，其翼若垂天之雲。""鵬之徙於南冥也，水擊三千里，摶扶搖而上者九萬里。"《文選·左思〈吳都賦〉》："大鵬繽翻，翼若垂天。"

"之所"，結構助詞，《楚辭》多見。如《離騷》"固衆芳之所在""吾將從彭咸之所居"，《九章·涉江》"猨狖之所居"，《九章·惜誦》"又衆兆之所讎"等，大體在名詞和"所"字結構之間，使此兩部變爲偏正詞組，以充當句子之表語或賓語②。

窠，楚文字"集"字繁構，贅增"宀"。包山楚簡"集歲（歲）"一詞，或寫作"窠歲（歲）"，可證。集，鳥棲止於樹。《説文》："集，群鳥在木上也。"《詩·唐風·鴇羽》"蕭蕭鴇羽，集于苞栩"，毛亨傳："集，止。"《詩·周南·葛覃》："黃鳥于飛，集于灌木。"《楚辭·九章·惜誦》："欲高飛而遠集兮，君罔謂汝何之？"《楚辭·九辯》："衆鳥皆有所登棲兮，鳳獨遑遑而無所集。"鳥停在樹上謂之"集"，簡文用的正是"集"字本義。

豝時而復 豝，"竢"字或體，見《説文》："竢，待也。从立，矣聲。豝，或从巳。"上海博物館藏楚竹書《慎子曰恭儉》"勿㠯（以）坏（倍）身，中尼而不皮（頗），賁（賃）惠㠯（以）豝（竢）"，"竢"字也作"豝"③。竢，待，等待。《爾雅·釋詁》："竢，待也。"《楚辭·九章·思美人》"竊快在中心兮，揚厥憑而不竢"，王逸

---

① 《説文》謂"鵬"亦古文"鳳"字，也見《莊子·逍遥遊》陸德明釋文及郭慶藩集釋引文。
② 參見姜亮夫《楚辭通故》第四輯《詞部》"之所"條，第 320 頁，齊魯書社，1985 年。
③ 武威漢簡《儀禮·泰射》"竢"字亦作"豝"。

注:"思舒憤懣,無所待也。"《國語·晉語四》:"質將善,而賢良贊之,則濟可竢也。"《楚辭·九思·悼亂》:"垂屣兮將起,跓竢兮碩朋。""竢"字又同"俟"。《漢書·賈誼傳》"恭承嘉惠兮,竢罪長沙",顏師古注:"竢,古俟字。"

時,讀爲"時",二字均从"寺"得聲,可通①。上海博物館藏楚竹書《從政》"命亡時(時),事必又(有)羿(期)則惻(賊)",《蘭賦》"方(旁)時(時)安(焉)复(作)","時"字亦作"時"。時,按照規定或一定的時間。《詩·周頌·時邁》:"時邁其邦,昊天其子之。"《論語·學而》:"學而時習之,不亦説乎?"《莊子·秋水》:"秋水時至,百川灌河。"郭店楚簡《忠信之道》:"至信女(如)旹(時),北(必)至而不結。"

"竢時",等待時機,見《楚辭·離騷》:"冀枝葉之峻茂兮,願竢時乎吾將刈。"《楚辭·九歎·怨思》:"欲容與旨(以)竢時兮,懼年歲之既晏。"又,班昭《東征賦》"正身履道,以俟時兮","竢時"作"俟時",義同②。

而,連詞。

俊,下从"又",即"作"字繁構。"作"作"复"楚簡習見,《老子》"化而欲作""萬物旁作",郭店楚簡本"作"作"复";《禮記·緇衣》"萬邦作孚""惟作五虐之刑曰法",上海博物館藏楚竹書本"作"作"复"。又,郭店楚簡《成之聞之》:"《康亯(誥)》曰:'不還大暊,文王复(作)罰,型(刑)絲(兹)亡愳(敬)。'"今本《書·康誥》"复"作"作"。作,興起。《説文》:"作,起也。"《易·乾》:"雲從龍,風從虎,聖人作而萬物覩。"《易繫辭下》:"包犧氏没,神農氏作。"《孟子·公孫丑上》:"由湯至於武丁,聖賢之君六七作。"上海博物館藏楚竹書《容成氏》"[啟]王天下十又六年(世)而傑(桀)复(作)""湯王天下卅=(三十)又一傑(世)而受复(作)","作"字用法皆同。

木斯蜀生　木,樹,從下文看,此處專指李樹而言。

斯,虚詞,相當於"此"。《書·酒誥》"有斯明享",蔡沈集傳"斯,此也";《詩·召南·殷其靁》"何斯違斯",毛亨傳"斯,此";《論語·學而》"先王之道,

---

①　此"時"字若看作是"時"字之訛亦可,下文另有"時"字。"日""口"旁構形相近易訛。

②　又,《楚辭·離騷》"願竢時乎吾將刈",朱熹集注:"竢,一作俟。"

斯爲美”，皇侃疏“斯，此也”。又，郭店楚簡《老子》“皆智（知）善，此丌（其）不善已”，“此”字馬王堆帛書乙本及王本作“斯”；郭店楚簡《緇衣》“此言之砧（玷），不可爲也”，上海博物館藏楚竹書本同，今本“此”字作“斯”，亦可爲證。按《楚辭》“斯”字凡八見，皆用作虛詞，訓爲“此”。如《卜居》：“將送往勞來，斯無窮乎？”《漁父》：“子非三閭大夫與？何故至於斯？”皆其例①。上海博物館藏楚竹書《蘭賦》“菓（蘭）斯秉悳”，《弟子問》：“女（汝）能訢（慎）訇（始）與冬（終），斯善歆（矣），爲君子虐（乎）？”“斯”字用法同。

蜀，讀爲“獨”。《老子》“獨立不改”，郭店楚簡本“獨”作“蜀”；《易·夬》“君子夬夬，獨行遇雨”，上海博物館藏楚竹書本“獨”作“蜀”；馬王堆帛書《五行》“君子慎其獨也”，郭店楚簡本“獨”作“蜀”；郭店楚簡《性自命出》“凡心又（有）志也，亡与不□□□□□蜀（獨）行，猷（猶）口之不可蜀（獨）言也”，“凡於迬（路）毋悁（畏），毋蜀（獨）言。蜀（獨）尻（處）鼎（則）習父兄之所樂”；上海博物館藏楚竹書《君子爲禮》“蜀（獨）智（知），人所亞（惡）也。蜀（獨）貴，人所亞（惡）也。蜀（獨）賵（富），人所亞（惡）也”，“獨”字皆作“蜀”。《方言》：“蜀，一也。南楚謂之獨。”郭璞注：“蜀，猶獨耳。”據《方言》，以“蜀”爲“獨”乃是楚地方言。獨，單獨，獨自。《詩·小雅·正月》：“念我獨兮，憂心慇慇。”《論語·季氏》：“（孔子）嘗獨立，鯉趨而過庭。”《楚辭·九章·思美人》：“車既覆而馬顛兮，蹇獨懷此異路。”“獨煢煢而南行兮，思彭咸之故也。”

生，植物生長。《說文》：“生，進也。象艸木生出土上。”《詩·大雅·卷阿》：“梧桐生矣，于彼朝陽。”《詩·小雅·信南山》：“既優既渥，既霑既足，生我百穀。”《管子·形勢》：“春夏生長，秋冬收藏，四時之節也。”《楚辭·九章·橘頌》：“后皇嘉樹，橘徠服兮。受命不遷，生南國兮。”

秦朳之閼 秦，讀爲“榛”，榛从“秦”聲，可通。《說文》：“榛，木也。从木，秦聲。一曰蓲也。”“榛”本爲樹名，簡文用的是《說文》或義“蓲（薵）”，指叢生的樹木。《淮南子·原道》“處窮僻之鄉，側谿谷之間，隱於榛薄之中”，高誘注：

---

① 參看姜亮夫《楚辭通故·詞部》“斯”字條，第四輯第 343 頁，齊魯書社，1985 年。

"藂木曰榛,深草曰薄。"又,《淮南子·原道》"木處榛巢,水居窟穴",高誘注:"聚木曰榛。"左思《招隱詩》:"經始東山廬,果下自成榛。"《史記·司馬相如列傳》:"觀衆樹之墤蔓兮,覽竹林之榛榛。"

朸,讀爲"棘"。《詩·小雅·斯干》"如矢斯棘",陸德明釋文:"棘,《韓詩》作朸。"《老子》"師之所處,荆棘生焉",馬王堆帛書甲本作"[師之]所居,楚朸生之","棘"作"朸"。又馬王堆帛書《陰陽五行(甲本)》"樹之以楚朸""樹朸當户房之間","楚朸"即"楚棘",也就是"荆棘";"樹朸"即"樹棘","朸"字皆當讀爲"棘"。棘,本指有刺的落葉灌木,其果實爲酸棗。《説文》"棘,小棗叢生者。"段玉裁注:"小棗樹叢生,今亦隨在有之,未成則爲棘而不實;已成則爲棗。"《楚辭·九歎·愍命》"折芳枝與瓊華兮,樹枳棘與薪柴。"王逸注:"小棗爲棘。"《詩·魏風·園有桃》:"園有棘,其實之食。""棘"也泛指有芒刺的草木。《方言》:"凡草木刺人……江湘之間謂之棘。"《楚辭·七諫·怨思》:"行明白而曰黑兮,荆棘聚而成林。"《楚辭·九歎·思古》:"甘棠枯於豐草兮,藜棘樹於中庭。"揚雄《羽獵賦》:"斬叢棘,夷野草。"

"榛棘",亦見王粲《從軍詩》:"城郭生榛棘,蹊徑無所由。"

閒,"閒"字異體,《説文》古文作"閑",其構形也見望山楚簡、天星觀楚簡、包山楚簡和楚國銅器曾姬無卹壺等①,或省作"閔"②,或省"門"旁作"列"③,皆讀爲"閒"。上海博物館藏楚竹書《容成氏》"昔堯尻於丹府與藋陵之閒(閒)""會才(在)天墬(地)之閒(閒)",《吳命》"才(在)敓(披)戯(儔)之閒(閒)",《三德》"悥(憂)懼之閒(閒)","閒"字皆作"閒"。《説文》:"閒,隙也。"本指閒隙(隙),引申爲中閒。《老子》:"天地之閒其猶橐籥乎?"《孟子·梁惠王上》:"七八月之閒旱,則苗槁矣。"及上引竹書諸例,"之閒"用法並同。

亙植兼成 亙,楚簡構形同於《説文》"恆"字古文④。亙,竟,遍。《漢書·

---

① "閒"字作"閑"楚璽亦見之,如《古璽彙編》0183 號。
② 郭店楚簡《語叢三》、中山王兆域圖。
③ 見郭店楚簡《老子》、包山楚簡、望山楚簡、天星觀楚簡等。
④ 《説文》當是通假爲"恆",而以"亙"爲"桓"的古文。

諸侯王表》“亙九嶷”，顔師古注引孟康曰：“亙，竟也。”《後漢書・班固傳》“汪汪乎丕天之大律，其疇能亙之哉？”李賢注：“亙，猶竟也。”張衡《西京賦》“貯水潯洿，亙望無涯。”李善注引《方言》：“亙，竟也。”班固《封燕然山銘》“復其邈兮亙地界”，張銑注：“亙，徧也。”玄應《一切經音義》“亙然”注引《詩》“亙之秬秠”傳：“亙，遍也。”又，《楚辭・招魂》“姱容修態，絚洞房些。”王逸注：“絚，竟也。”洪興祖補注：“絚，與亙同。”“絚”字用法亦與簡文“亙”同，可以參看。

植，《説文》謂：“户植也。”本指門外閉時用以加鎖的中立直木，引申爲種植，栽種。《戰國策・秦策三》“廣地植穀”，鮑彪注：“植，種也。”《戰國策・燕策二》樂毅報燕王書：“薊丘之植，植於汶篁。”上“植”字，植物；下“植”字，種植。《文選・張衡〈東京賦〉》：“植華平於春圃。”簡文此處“植”亦指種植。

兼，盡，俱，義爲全部、整個、同時。《荀子・解蔽》“兼其情”，楊倞注：“兼，猶盡也。”《墨子・經説上》“兼之體也”，孫詒讓閒詁：“兼者合衆體。”《孟子・盡心上》：“窮則獨善其身，達則兼善天下。”《韓非子・五蠹》：“儒以文亂法，俠以武犯禁，而人主兼禮之，此所以亂也。”《商君書・畫策》：“兼天下之衆，莫敢不爲其所好，而辟其所惡。”

成，《説文》謂：“就也。”引申爲成熟，成長。《國語・晉語四》“黄帝以姬水成，炎帝以姜水成”，韋昭注：“成，謂所生長以成功也。”《吕氏春秋・季夏紀・明理》“草木庳小不滋，五穀萎敗不成”，高誘注：“成，熟也。”《國語・晉語七》：“其槁而不材，是穀不成也。”《淮南子・天文》：“地不發其陽，則萬物不成。”

“亙植兼成”，遍地種植，全都能成長。意思是説李樹很普通，與上文言桐樹之高貴正相反。

歆亓不還 歆，即“歆”字，“今”旁作“含”，增“口”爲繁構，古文字習見。《説文》：“歆，含笑也。”《廣韻》：“歆，笑也。”典籍多以“歆”爲之，引申爲悦服、欣羨之意[1]。《國語・周語下》“以言德於民，民歆而德之，則歸心焉”，韋昭注：“歆，猶歆歆喜服也。”《大戴禮記・盛德》“上帝歆焉”，王聘珍解詁：“歆，猶欣

---

[1] 參見朱駿聲《説文通訓定聲》。

也。"《詩·大雅·皇矣》:"帝謂文王,無然畔援,無然歆羨。"

亓,其,代詞,指李樹。

還,返回。《説文》:"還,復也。"《爾雅·釋言》:"還,返也。"《詩·小雅·何人斯》"爾還而入,我心易也。還而不入,否難知也",鄭玄箋:"還,行反也。"《左傳·隱公四年》:"諸侯之師敗鄭徒兵,取其禾而還。"

"不還",亦見《楚辭·九章·悲回風》:"孤子唫而抆淚兮,放子出而不還。"

第一簡背

冬(終)豆(逗),夸亓(其)不式(貳)可(兮)。蹓(亂)木曾枳(枝),膚剆(毁)丨可(兮)。差=(嗟嗟)君子,靚(觀)虘(吾)桓(樹)之蓉(容)可(兮)。幾(豈)不皆生,則不同可(兮)。胃(謂)群衆鳥,敬而勿棄(集)可(兮)。索(素)府宮㝱(李),木異頪(類)可(兮)。忨(願)觥(歲)之啟時,思虘(吾)

本簡爲上簡之背面。共五十七字,其中重文一。

深利冬豆 "深利"二字在第一簡正面末。深,深入。《國語·晉語三》"秦寇深矣",韋昭注:"深,入境深也。"《左傳·僖公十五年》:"寇深矣,若之何?"《莊子·齊物論》:"魚見之深入,鳥見之高飛。"此處指樹根往下深扎。《老子》:"有國之母,可以長久,是謂深根固柢、長生久視之道。"又,《楚辭·九章·橘頌》"深固難徙,更壹志兮",謂橘樹根深堅固,"深"字用法與簡文同。

利,順應,適宜。《國語·魯語下》"子股肱魯國,社稷之事,子實制之。唯子所利,何必卜",韋昭注:"利,猶便也。"《孟子·離婁下》"天下之言性也,則故而已矣,故者以利爲本",朱熹集注:"利,猶順也,語其自然之勢也。"《管子·樞言》:"時也,利也,出爲之也。"《史記·項羽本紀》:"力拔山兮氣蓋世,時不利兮騅不逝。"《楚辭·七諫·初放》:"王不察其長利兮,卒見棄乎原壄。"

冬,古文"終"字,見《説文》。楚簡"終"字均寫作"冬"。《老子》"是以聖人猶難之,故終無難矣""慎終如始,則無敗事""終日號而不嘎""終身不救",郭店楚簡本"終"皆作"冬";《禮記·緇衣》"故言必慮其所終",郭店楚簡本"終"作"冬";郭店楚簡《性自命出》"訂(始)者近青(情),冬(終)者近義","終"作"冬"。終,表示時間,相當於"常""久"。《易·乾》:"君子終日乾乾,夕惕若厲。"《墨子·尚賢上》:"故官無常貴,而民無終賤。"《論語·衛靈公》:"群居終日,言不及義。"郭店楚簡《成之聞之》:"君子曰:唯又(有)丌(其)亙(恆)而可,能冬(終)之爲難。"

豆,讀爲"逗","逗"從"豆"聲,例可相通。逗,止,停留。《説文》:"逗,止也。"《玉篇》:"逗,留也。"《史記·韓長孺傳》"廷尉當恢逗橈,當斬",司馬貞索隱:"逗,又音住,住謂留止也。"《漢書·匈奴傳上》:"祁連知虜在前,逗遛不進。"《文選·張衡〈思玄賦〉》:"亂弱水之潺湲兮,逗華陰之湍渚。"

簡文此句之"終逗",與上句之"不還"正相呼應。

夸亓不弍　夸,美好,義同"姱"。《集韻》:"姱,美皃。或省(作夸)。"《文選·傅毅〈舞賦〉》"埒材角妙,夸容乃理",李善注:"夸,猶美也。"《淮南子·脩務》:"曼頰皓齒,形夸骨佳。"《抱朴子·行品》:"覿艷逸而心蕩,飾夸綺而思邪者,淫人也。"《楚辭·九章·橘頌》:"紛緼宜修,姱而不醜兮。"

弍,"二"之古文,通"貳"。《説文》:"貳,副益也。從貝,弍聲。弍,古文二。"貳,變易,更動,不專一。《詩·小雅·都人士序》"古者長民,衣服不貳",鄭玄箋:"變易無常謂之貳。"《左傳·昭公十三年》"貳偷之不暇",杜預注:"貳,不壹。"《國語·周語上》"百姓攜貳",韋昭注:"貳,二心也。"《左傳·文公七年》:"親之以德,皆股肱也,誰敢攜貳?"

"不弍",即"不貳",專一,無二心。《楚辭·九章·惜誦》"事君而不貳兮,迷不知寵之門",王逸注:"貳,二也。……言己事君,竭盡信誠,無有二心。""不貳"一詞亦見《左傳·昭公十三年》:"君苟有信,諸侯不貳,何患焉?"《國語·周語下》:"成事不貳。"《禮記·緇衣》:"長民者衣服不貳,從容有常,以齊其民,則民德壹。"

簡文"深利終逗,夸其不貳兮"句,與《楚辭·九章·橘頌》"深固難徙,更壹志兮"句,可互相發明。

𤔔木曾枳　𤔔,即"亂"字,構形與魏正始石經古文"亂"字同,其寫法也見於長沙楚帛書、包山楚簡和郭店楚簡等。亂,雜亂,無條理。《荀子·解蔽》"故學亂術足以爲先王者也",楊倞注:"亂,雜也。"《左傳·莊公十年》:"吾視其轍亂,望其旗靡,故逐之。"《管子·樞言》:"紛紛乎若亂絲,遺遺乎若有從治。"《楚辭·離騷》:"固亂流其鮮終兮。"

"亂木[1]",猶言"雜樹"。

曾,義爲"重"。《楚辭·九章·惜誦》"矯兹媚以私處兮,願曾思而遠身",王逸注:"曾,重也。"《楚辭·九辯》"竊悲夫蕙華之曾敷兮,紛旖旎乎都房",五臣注:"曾,重也。"宋玉《高唐賦》"道互折而曾累",李善注:"曾,重也。"《大戴禮記·曾子疾病》:"鷹鶉以山爲卑而曾巢其上,魚鱉黿鼉以淵爲淺而厲穴其中。""曾"字也通"層",義爲重疊。《淮南子·本經》"大廈曾加,擬於崑崙","曾"同"層";《老子》"九層之臺,起於累土",敦煌唐寫本"層"作"曾"。又,《淮南子·墜形》:"禹乃以息土填洪水以爲名山,掘崑崙虛以下地,中有增城九重,其高萬一千里百一十四步二尺六寸。"《文選·遊天台山賦》、《前緩聲歌》李注、《藝文類聚》八十三引"增"並作"層",《藝文類聚》六十五引作"曾"。

枳,讀爲"枝"。《廣雅·釋木》:"枳,枝也。"《韓詩外傳》卷二第二十三章"陰其樹者,不折其枝",郭店楚簡《語叢四》作"利木陰者,不折其枳","枝"作"枳";上海博物館藏竹書《弟子問》"刺(列)虡(乎)亓(其)下,不折其枳(枝)",《用曰》"皐之枳(枝)葉,良人可思","枝"字皆作"枳"。

"曾枝",枝條重累,見《楚辭·九章·橘頌》"曾枝剡棘,圓果摶兮",王逸注:"言橘枝重累,又有利棘。"與簡文意思相同。

𣸸刿丨　𣸸,即"寢"字,《説文》篆文作"濅",字同"浸"[2]。武威漢簡《儀

---

[1]　此"木"字構形在豎筆下部增加飾筆小橫劃,形似"本",實非"本"字。此類飾筆楚簡文字習見。楚簡"本"字構形作"杏""杏""杲",增"曰"旁,見郭店楚簡及上博楚竹書等。

[2]　《説文》段玉裁注謂"隸作浸"。

禮·服傳》、華山廟碑也作"寖",構形相同。《漢書·溝洫志》"泉流灌寖,所以育五穀也",顏師古注:"寖,古浸字。"寖,副詞,漸漸。《易·遯》"小利貞,浸而長也",孔穎達疏:"浸者,漸進之名。"《楚辭·九歌·大司命》"不寖近兮愈疏",王逸注:"寖,稍也。"《漢書·溝洫志》:"海水溢,西南出,寖數百里。"又,簡文"寖"字若讀爲"侵",亦通。上引《楚辭·九歌·大司命》文王逸注又謂:"寖,一作侵,一作浸。"《説文》:"侵,漸進也。"與"寖"所訓相同。"寖""侵"兩字聲符相同,皆从"㑴(㝴)"聲,故可相通。侵,亦可訓侵害,損傷。《莊子·駢拇》"待繩約膠漆而固者,是侵其德者也",成玄英疏:"侵,傷也。"《韓非子·難三》:"物之所謂難者,必借人成勢而勿使侵害己,可謂一難也。"《抱朴子·微旨》:"侵克賢者,誅戮降伏。"

剈,即"毁"字異構,兩者所从聲符相同,形旁"刀""殳"互換①。郭店楚簡《語叢一》"快與信,器也,各㠯(以)㒸(詹)詞毇(毁)也";上海博物館藏楚竹書《季康子問於孔子》"才(災)逡(後)之殜(世)比龖(亂),邦相懷(壞)毇(毁)";九店楚簡"不可㠯(以)复(作)大事,不城(成),必毇(毁)亓(其)身","毁"字皆作"毇",亦是所从聲符相同,形旁"支""殳"互換。又,郭店楚簡《窮達以時》"礜(譽)皇(毁)才(在)仿(旁)","毁"字省作"皇",亦可爲證。毁,毁壞,破壞。《説文》:"毁,缺也。"《小爾雅·廣言》:"毁,壞也。"《左傳·文公十八年》"毁則爲賊,掩賊爲藏",杜預注:"毁則,壞法也。"《論語·季氏》:"虎兕出於柙,龜玉毁於櫝中,是誰之過與?"《國語·周語中》:"吾聞王室之禮,無毁折。"

"侵毁",侵害毁壞,見《後漢書·王景傳》:"河決積久,日月侵毁,濟渠所漂數十許縣。"

丨,字亦見郭店楚簡《緇衣》引《詩》:"出言又(有)丨,利(黎)民所訐。"楚簡本引《詩》有删節,《詩》之用字與今本有異:"丨"今本作"章";"利(黎)"今本作"萬";"訐"今本作"望"。對郭店楚簡《緇衣》的"丨"字,釋讀各異,裘錫圭先生指出,"丨"即甲骨文"𠦚"旁所从的上部,當爲"針"之象形初文,楚簡用爲"慎"

---

① 古文字義近偏旁往往互作。

字的聲旁，簡文可讀爲"遬"或"慎"①。按上海博物館藏竹書《凡物流形》："天下亡不又丨（章）"，"丨"讀爲"章"文通字順，可見今本《緇衣》作"章"應有所據。從本簡"丨"字的用法來看，"丨"字也應讀爲"章"。章，大木材。《史記·貨殖列傳》"水居千石魚陂，山居千章之材"，司馬貞索隱引如淳謂："章，大材也。"《漢書·百官公卿表上》"屬官有石庫、東園主章"，顔師古注引如淳注曰："章，謂大材也。"

差=君子　"差"字下有重文符號。差，讀爲"嗟"，上海博物館藏竹書《孔子詩論》，《詩》之篇名《於差》，今本《齊風》篇名作《猗嗟》，可證。"差差"讀爲"嗟嗟"，歎詞。《詩·商頌·烈祖》"嗟嗟烈祖，有秩斯祜"，鄭玄箋："重言嗟嗟，美歎之深。"《詩·周頌·臣工》"嗟嗟臣工，敬爾在公。"孔穎達疏："重歎以呼之。"《楚辭·九章·悲回風》："曾歔欷之嗟嗟兮，獨隱伏而思慮。"《楚辭·九思·悼亂》："嗟嗟兮悲夫，殽亂兮紛挐。"

"君子"，泛稱有道德之人，《白虎通·號》："或稱君子何？ 道德之稱也。"《莊子·天下》："以仁爲恩，以義爲理，以禮爲行，以樂爲和，薰然慈仁，謂之君子。"《論語·子路》："故君子名之必可言也，言之必可行也。"《楚辭·九章·懷沙》："易初本迪兮，君子所鄙。""明告君子，吾將以爲類兮。"上海博物館藏楚竹書《曹沫之陳》："今天下之君子既可智（知）已，箮（孰）能并兼人才（哉）。"

"嗟嗟君子"，與《詩·小雅·小明》"嗟爾君子"相似。

觀虖桓之蓉　觀，楚文字"觀"字繁構，贅增"宀"飾。觀，觀看、察看。《說文》："觀，諦視也。"《廣雅·釋詁》："觀，視也。"《詩·鄭風·溱洧》："女曰觀乎？ 士曰既且。"《論語·八佾》："禘自既灌而往者，吾不欲觀之矣。"《荀子·彊國》："入境，觀其風俗。"《楚辭·離騷》："瞻前而顧後兮，相觀民之計極。"《楚辭·九歌·湘夫人》："荒忽兮遠望，觀流水兮潺湲。"

---

① 裴錫圭《釋郭店〈緇衣〉"出言有丨，黎民所訌"——兼說"丨"爲"針"之初文》，載《中國出土古文獻十講》，第 296、298 頁，復旦大學出版社，2004 年。

虗，楚文字用爲“吾”，第一人稱。桓，讀爲“樹”。

蓉，讀爲“容”，“蓉”从“容”聲，可通。容，容貌，儀容。《周禮·地官·鄉大夫》“二曰容”，鄭玄注引鄭司農云：“容，謂容貌也。”《孟子·盡心下》“動容周旋中禮者，盛德之至也”，焦循正義引《禮記·少儀》“祭祀之容”注云：“容，即儀也。”《國語·周語中》“棄毅行容”，韋昭注：“容，容儀也。”《詩·周頌·振鷺》：“我客戾止，亦有斯容。”《孟子·萬章上》：“舜見瞽瞍，其容有蹙。”《楚辭·招魂》：“二八齊容，起鄭舞些。”香港中文大學文物館藏《緇衣》殘簡：“亓（其）容不改（改）。”①又，郭店楚簡《語叢一》“亓（其）豊（體）又（有）公（容）又（有）頨（色），又（有）聖（聲）又（有）臭（嗅）”，“公（容）艵（色），目毀（司）也”，“容”字用法皆同。

幾不皆生　幾，讀爲“豈”。《戰國策·楚策四》“則豈楚之任也哉”，馬王堆帛書本“豈”作“幾”；《淮南子·氾論》“天下豈有常法哉”，《文子·上義》“豈”作“幾”；《荀子·大略》“幾爲知計哉”，楊倞注：“或曰：‘幾讀爲豈。’”豈，副詞，表示反詰，相當於“難道”。《詩·鄭風·褰裳》：“子不我思，豈無他人？”《論語·憲問》：“其然，豈其然乎？”《禮記·緇衣》：“禹立三年，百姓以仁遂焉，豈必盡仁？”《楚辭·離騷》：“豈余身之憚殃兮，恐皇輿之敗績。”“思九州之博大兮，豈唯是其有女？”

“豈不”，見《詩·王風·大車》：“豈不爾思？畏子不敢。”《楚辭·九辯》：“豈不鬱陶而思君兮？君之門以九重。”《史記·項羽本紀》：“身死東城，尚不覺寤，而不自責，過矣。乃引‘天亡我，非用兵之罪也’，豈不謬哉！”又，上海博物館藏竹書《中弓》“幾（豈）不又（有）也性”、《競建内之》“幾（豈）不二子之惪（憂）也才（哉）”，“豈不”亦作“幾不”，可以參看。

皆，都，俱，表示統括。《詩·小雅·鴻雁》：“之子于垣，百堵皆作。”《論語·顏淵》：“四海之内，皆兄弟也。”《莊子·盜跖》：“丘之所言，皆吾之所棄也。”

---

①　此簡原屬上海博物館藏楚竹書《緇衣》簡 9 之下段。

生，植物生長、成活。《詩·唐風·有杕之杜》："有杕之杜，生于道左。"《楚辭·招魂》："五穀不生，藂菅是食些。"《楚辭·招隱士》："桂樹叢生兮，山之幽。偃蹇連蜷兮，枝相繚。"

則不同　則，副詞，就，乃。《詩·小雅·十月之交》："曰予不戕，禮則然矣。"《左傳·哀公十五年》："雖隕於深淵，則天命也。"《楚辭·天問》："夜光何德，死則又育？"《楚辭·九章·思美人》："命則處幽，吾將罷兮。"

同，相同。《易·睽》："天地睽而其事同也。"《易·乾》："同聲相應，同氣相求。"《呂氏春秋·有始覽·應同》："帝者同氣，王者同義。""不同"，不相同。《楚辭·離騷》："民好惡其不同兮，惟此黨人其獨異。"《楚辭·九歌·湘君》："心不同兮媒勞，恩不甚兮輕絕。"《楚辭·招魂》："盛鬋不同制，實滿宮些。"《文心雕龍·定勢》："所習不同，所務各異。"

胃群衆鳥　胃，讀爲"謂"。《老子》"是謂玄同"，郭店楚簡本、馬王堆帛書本"謂"作"胃"；《戰國策·趙策四》"太后明謂左右"，馬王堆帛書本"謂"作"胃"；郭店楚簡《太一生水》"君子智（知）此之胃（謂）""下，土也，而胃（謂）之埅（地）。上，燹（氣）也，而胃（謂）之天"，"謂"皆作"胃"；上海博物館藏楚竹書《民之父母》"敢餌（問）可（何）而可胃（謂）民之父母"，《鬼神之明》"〔曰愧（鬼）神又（有）〕所明又（有）所不明。此之胃（謂）虐（乎）"，"謂"皆作"胃"；《孔子詩論》"城胃之也"，即讀作"誠謂之也"。謂，告訴，對……説。《詩·大雅·皇矣》："帝謂文王，無然畔援，無然歆羨。"《書·盤庚下》："爾謂朕'曷震動萬民以遷？'"

群，禽獸聚合。《詩·小雅·無羊》："誰謂爾無羊，三百維群。"《楚辭·九章·悲回風》："鳥獸鳴以號群兮，草苴比而不芳。"《荀子·禮論》："今夫大鳥獸，則失亡其群匹，越月逾時，則必反鉛。"《楚辭》"群"常指鳥聚合，如《楚辭·離騷》："鷙鳥之不群兮，自前世而固然。"《楚辭·天問》："蒼鳥群飛，孰使萃之？"是其例。

衆，多，此處也訓爲"群"。《國語·周語上》："獸三爲群，人三爲衆。"《楚辭·七諫·初放》：“群衆成朋兮，上浸以惑。”

“群衆鳥”，猶言“群鳥”“衆鳥”，“群”“衆”同義疊用，亦是修辭的需要。“衆鳥”之稱，見《楚辭·九辯》：“衆鳥皆有所登棲兮，鳳獨遑遑而无所集。”《楚辭·七諫·謬諫》：“衆鳥皆有行列兮，鳳獨翔翔而無所薄。”亦見《荀子·勸學》：“樹成蔭而衆鳥息焉。”

敬而勿寠　敬，尊敬，敬重。《詩·大雅·文王》：“穆穆文王，於緝熙敬止。”《論語·先進》：“門人不敬子路。”《吕氏春秋·孟秋紀·懷寵》：“見其長老而敬禮之。”又，《論語·雍也》：“務民之義，敬鬼神而遠之，可謂知矣。”“敬”“而”用法與簡文同。

寠，“集”字繁構，贅增“宀”飾。鳥棲止於樹曰“集”。“勿集”，不要棲止於樹。

索府宮㝈　索，通“素”，本一字分化，古文字中從“素”旁的字經常寫成從“索”旁①。《老子》“見素抱樸，少私寡欲”，郭店楚簡本“素”作“索”；《禮記·中庸》“素隱行怪”，《漢書·藝文志》引“素”作“索”；《左傳·昭公十二年》“八索九丘”，陸德明釋文：“索，本又作素。”《國語·鄭語》：“平八索以成人。”宋庠補音：“按《尚書序》釋文云：‘索一作素。’”《管子·禁藏》“果蓏素食當十石”，郭沫若集校引洪頤煊云：“素，古通作索字。”素之本義指本色即白色的生帛，引申爲質樸、不加裝飾。《老子》“見素抱樸”，即謂質樸無飾。《淮南子·本經》“其事素而不飾”，高誘注：“素，樸也。”《禮記·檀弓下》“奠以素器，以生者有哀素之心也”，鄭玄注：“凡物無飾曰素。”

府，本指收藏財貨的房舍，引申爲住所。《廣雅·釋宮》：“府，舍也。”

宮，房屋的通稱。《説文》：“宮，室也。”“宮”“室”同義。《爾雅·釋宮》：“宮謂之室，室謂之宮。”陸德明釋文：“宮，古者貴賤同稱宮，秦漢以來惟王者所居稱宮焉。”

---

① 可參容庚《金文編》卷十三，第 872 頁“素”“𧘌”“紿”字條，中華書局，1985 年。

"素府宫",猶言"素府""素宫"或"素室","府""宫"同義疊用,修辭的需要。又,《抱朴子·崇教》:"若使素士,則晝躬耕以糊口,夜薪火以修業。"以"素士"指布衣之士。後世亦以"素門"指寒素門第,如南朝(梁)任昉《爲范尚書讓吏部封侯第一表》:"臣素門凡流。""素"字用法皆可參考。

李,从"子","來"聲,即楚文字"李"字,見包山楚簡等。李,木名,即李樹。《詩·召南·何彼穠矣》:"何彼穠矣,華如桃李。"《楚辭·七諫·謬諫》:"橘柚萎枯兮,苦李旖旎。""苦李",李樹之一種。

"素府宫李",意思是普通人家園子裏的李樹,與上文之"官樹桐"互對。

木異穎 木,樹木。異,不同。《荀子·正名》:"物有同狀而異所者,有異狀而同所者,可別也。狀同而爲異所者,雖可合,謂之二實。"《墨子·經上》:"久彌異時也,宇彌異所也。"《楚辭·離騷》:"民好惡其不同兮,惟此黨人其獨異。"《楚辭·九辯》:"以爲君獨服此蕙兮,羌無以異於衆芳。"

穎,即"類",古今字①,也見於郭店楚簡《緇衣》《尊德義》及《六德》篇。類,種類。《説文》:"類,種類相似。"《易·乾》:"本乎天者親上,本乎地者親下,則各從其類也。"《左傳·僖公十年》:"神不歆非類,民不祀非族。"《楚辭·九章·懷沙》:"明告君子,吾將以爲類兮。"

"異類",不同種類,猶言"另類"。"異類"亦見《莊子·人間世》:"虎之與人異類而媚養己者,順也。"班固《西都賦》:"九真之麟,大宛之馬……殊方異類,至於三萬里。"

忨戩之啟時 忨,字也見於戰國中山方壺銘。《説文》謂:"忨,貪也。"字又通"玩",均非簡文義。"忨"當讀爲"願",古音"忨""願"均爲疑母元部字,兩字爲雙聲疊韻關係,可以相通。上海博物館藏楚竹書《孔子詩論》"吕(以)盎(琴)玭(瑟)之敓(悦),悆(擬)好色之忨(願)",《柬大王泊旱》"又(有)古(故)虖(乎)?忨(願)䎽(聞)之",《中弓》"忨(願)因虗(吾)子而訡(治)","願"字皆寫

───────────────
① 《説文》段玉裁注。

作“忼”。願，想，希望。《楚辭·九章·惜頌》“固煩言不可結詒兮，願陳志而無路”，王逸注：“願，思也。”《漢書·蕭何傳》：“願君讓封勿受，悉以家私財佐軍。”又，《楚辭·九章·惜頌》“願側身而無所”“願春日以爲糗芳”“願曾思而遠身”，“願”字用法皆可參考。

歲，楚文字“歲”字，楚簡習見。歲，年歲。《爾雅·釋天》“載，歲也”，孫炎注：“四時一終曰歲。”《論衡·譋時》：“積月爲時，積時爲歲。”《楚辭·九章·橘頌》：“願歲並謝，與長友兮。”

啟，訓爲“開”，開始。《詩·小雅·六月》“元戎十乘，以先啟行”，朱熹集傳：“啟，開。”又，《左傳·僖公五年》“凡分、至、啟、閉”，杜預注：“啟，立春立夏。”《左傳·昭公十七年》“青鳥氏司啟者也”，孔穎達疏：“立春、立夏謂之啟。”

“歲之啟時”，新的一年開始之時，亦即立春之時，猶《楚辭·九章·思美人》言“開春發歲兮，白日出之悠悠。”“開”“發”皆訓始，指來年開春始歲之時。又，《楚辭·招魂》“獻歲發春兮，汨吾南征”，王逸注：“獻，進。征，行也。言歲始來進，春氣奮揚，萬物皆感氣而生。”亦可參看。

第二簡

椬（樹）秀可（兮）。豐芌（華）纏（縌）光，民之所好可（兮）。獸（守）勿弱（强）槤（桿），木一心可（兮）。愇（違）與他木，非與從風可（兮）。

氏（是）古（故）聖人兼此，呋勿（物）㠯（以）㪘（李）人情。人因亓（其）情，則樂亓（其）事，遠亓（其）情。

本簡爲兩段綴合，上段長二十五點六釐米，下段長二十七點二釐米，綴合後簡基本完整，長五十二點八釐米。上、下端平頭。第一契口距上端十一釐米，第一契口與第二契口間距十五點六釐米，第二契口與第三契口間距十五點五釐米，第三契口距下端十點七釐米。下端留白，存五十二字。其編聯位置，處於整卷的倒數第二簡，本篇文字書於簡背①。

思虗桓秀　“思虗”二字在上簡末。思，願，想望。《詩·大雅·文王》“思皇多士，生此王國”，鄭玄箋：“思，願也。”《楚辭》中“思”字相似用法常見，如《楚辭·離騷》“思九州之博大兮”，《楚辭·九章·惜誦》“思君其莫我忠”，《楚辭·九歎·遠遊》“思舊故以想像兮”等，可以參看。

虗，楚文字用爲“吾”，第一人稱。

桓，讀爲“樹”。

秀，禾、草等植物吐穗開花。《詩·豳風·七月》“四月秀葽，五月鳴蜩”、《詩·大雅·生民》“實種實褎，實發實秀”，毛亨傳：“不榮而實曰秀。”《爾雅·釋草》：“不榮而實者謂之秀，榮而不實者謂之英。”②《論語·子罕》：“苗而不秀者有矣夫！秀而不實者有矣夫！”

簡文“思”字與上句“願”字對文同訓。

豐芌縺光　豐，《説文》謂：“豆之豐滿者。”引申爲草木茂盛、茂密，《詩·小雅·湛露》：“湛湛露斯，在彼豐草。”毛亨傳：“豐，茂也。”《楚辭·九歎·思古》：“甘棠枯於豐草兮，藜棘樹於中庭。”

芌，讀爲“華”。上海博物館藏楚竹書《孔子詩論》中引《詩》篇名“《裳＝（裳裳）者芌（華）》”，即今本《小雅·甫田之什》之《裳裳者華》；《競建内之》“公身爲亡道，儢（擁）芌（華）侚（孟）子昌（以）馳於倪（郳）市”，“芌侚子”即《史記·齊太公世家》中的“華孟子”③；《逸詩·交交鳴鳥》“皆（偕）芌（華）皆（偕）英”，“華”作“芌”。芌，從“艸”，“亐”聲；華，從“艸”，從“琴”（“華”爲“琴”之孳乳字），“琴”從“亐”聲。又，“琴”字或體作“荂”，見《説文》。荂，從“艸”，“夸”聲，而“夸”從“亐”聲，亦與“芌”字所從聲旁相同，故可相通。華，草木之

---

①　正面爲本書《蘭賦》第五簡。

②　據陸德明釋文，謂“不榮”之“不”字爲衍文。意思是説開花而結果的稱“秀”，開花而不結果的稱“英”。

③　參見趙平安：《“進芌侚子以馳於倪廷”解》，簡帛網，2006 年 3 月 31 日。

榮。《説文》:"華,榮也。"《爾雅·釋草》:"木謂之華,草謂之榮。""華""榮"對言則異,散言則通,後世以"花"字代之,而"華"義別行。《詩·周南·桃夭》:"桃之夭夭,灼灼其華。"《禮記·月令》:"(季春)桐始華。"《楚辭·離騷》:"及榮華之未落兮,相下女之可詒。"《楚辭·九辯》:"何曾華之無實兮,從風雨而飛颺。"

縺,即"緟"字異構。"緟"從"重"聲,"重"與"童"相通。上海博物館藏楚竹書《容成氏》"衣不褻散(美),飤(食)不童(重)味","重"作"童";郭店楚簡《尊德義》"童(重)義蕘(集)奎(理),言此章也","重"作"童";《禮記·檀弓下》"與其鄰重汪踦往",《孔子家語·曲禮》"重"作"童";《吕氏春秋·上農》"民農則重,重則少私義",《亢倉子》"重"作"童";《易·旅》"得童僕貞",馬王堆帛書本"童"作"重"。又,古文字"童""重"偏旁常常互作,如"動"字,楚簡或從"重"或從"童",見郭店楚簡《性自命出》及望山楚簡等。縺,重複。《説文》:"緟,增益也。"經傳假"重"爲之,今"重"行而"緟"廢①。

"縺光",即"重光",本義指日光重明,見《漢書·兒寬傳》:"癸亥宗祀,日宣重光。"比喻累世盛德,輝光相映。《書·顧命》:"昔君文王、武王,宣重光。"上海博物館藏楚竹書《成王既邦》:"周公曰:'是夫童(重)=光=(重光,重光)亓(其)昌也。'"本簡簡文"縺光"是用來形容花貌。

"豐華縺光",猶言"繁花如錦"。

民之所好　民,民衆。《説文》:"民,衆萌也。"《詩·大雅·民勞》:"民亦勞止,汔可小康。"《論語·子路》:"上好禮,則民莫敢不敬;上好義,則民莫敢不服;上好信,則民莫敢不用情。"《禮記·坊記》:"先財而後禮,則民利;無辭而行情,則民爭。"《楚辭·九章·哀郢》:"民離散而相失兮。"

好,喜歡。《詩·小雅·彤弓》:"我有嘉賓,中心好之。"《禮記·緇衣》:"好嬹如好《緇衣》,惡惡如惡《巷伯》。"②《楚辭·離騷》:"民生各有所樂兮,余獨好修以爲常。"

---

① 參看段玉裁注。
② 文字從楚簡本改。

"民之所好"，語亦見《禮記·大學》："民之所好好之，民之所惡惡之。"《韓非子·外儲説右下》："慶賞賜與，民之所喜也。"簡文"民之所好"，猶言"民之所喜"。又，《楚辭·離騷》："民好惡其不同兮，惟此黨人其獨異。"亦可參看。

歓勿弜槹　歓，即"獣"字，讀爲"守"。《老子》"侯王若能守之"，郭店楚簡本"守"作"歓"；《禮記·緇衣》"故君子多聞，質而守之"，上海博物館藏楚竹書本作"守"同，郭店楚簡本"守"作"歓"；《戰國策·魏策三》"若禽獣耳"，馬王堆帛書本"獣"作"守"。《説文》："守，守官也。"由官吏的職守，引申爲保守、保持。《易繋辭下》"何以守位？曰仁"，孔穎達疏："言聖人何以保守其位，必信仁愛。"《論語·泰伯》："篤信好學，守死善道。"《莊子·漁父》："慎守其真，還以物與人，則無所累矣。"

弜，《説文》作"彁"，古文字"强"字。强，剛强、堅硬。《韓非子·孤憤》："能法之士，必强毅而勁直。"《論衡·狀留》："後彼春榮之木，其材强勁。"以"强"指樹木。《詩·鄭風·將仲子》"無踰我園，無折我樹檀"，毛亨傳："檀，强韌之木。"亦以"强""韌"稱樹性。又，郭店楚簡《五行》"不弜（强）不矛（柔）"，馬王堆帛書本作"不剛不柔"，"弜（强）""剛"當爲同義替代。

槹，"桿"字繁構，讀爲"悍"，二字皆从"旱"聲，可通。悍，勇猛、强勁。《説文》："悍，勇也。"《淮南子·兵略》："故水激則悍，矢激則遠。"典籍往往"强""悍"互訓，如《史記·河渠書》"水湍悍"，裴駰《集解》引韋昭曰："悍，强也。"《禮記·中庸》"子路問强"，鄭玄注："强，勇者所好也。"與《説文》訓"悍"爲"勇"同。

簡文"强""悍"是同義疊用。"强悍"一詞，亦見《魏書·李苗傳》："隴兵强悍，且群聚無資。"《老子》"守柔曰强""强大處下，柔弱處上""柔弱勝剛强"，皆可作簡文"守勿强悍"之詁。又，《孟子·離婁上》："守，孰爲大？守身爲大。"亦可參考。

愇與他木　愇，讀爲"違"，二字均从"韋"聲，可通。違，遠離、避開。《説文》："違，離也。"《書·太甲中》："天作孽，猶可違。自作孽，不可逭。"《左傳·僖公九年》："天威不違顏咫尺。"引申爲違背之意。《書·君陳》："違上所命，從厥攸好。"《國語·魯語上》："動不違時，財不過用。"《楚辭·九思·遭厄》："起奮迅兮奔走,違群小兮謏詢。"

與,介詞,相當於"跟""同"。《詩·邶風·擊鼓》:"執子之手,與子偕老。"《楚辭·卜居》:"寧與騏驥亢軛乎? 將隨駑馬之迹乎? 寧與黃鵠比翼乎? 將與雞鶩爭食乎?"《韓非子·解老》:"治世之民,不與鬼神相害也。"

"他木",其他的樹。

非與從風　非,否定副詞,相當於"不"。《漢書·陳餘傳》"陳王非必立六國後",顔師古注:"非,不也。"《荀子·宥坐》:"芷蘭生於深林,非以無人而不芳。"《楚辭·離騷》:"忽馳騖以追逐兮,非余心之所急。"

從,隨行,跟隨。《説文》:"從,隨行也。"《詩·邶風·擊鼓》:"從孫子仲,平陳與宋。"《論語·公冶長》:"道不行,乘桴浮於海,從我者其由與?"《楚辭·九歌·山鬼》:"乘赤豹兮從文狸,辛夷車兮結桂旗。"

風,習俗,風氣。《詩·小雅·谷風序》"谷風,刺幽王也",孔穎達疏引應劭曰:"風,與'俗'對則小別,散則義近。"《左傳·昭公二十一年》:"天子省風以作樂。"《吕氏春秋·季夏紀·音初》:"是故聞其聲而知其風,察其風而知其志。"《禮記·樂記》:"其移風易俗。"

"從風",附和世風,見《文子·上仁》:"喜怒形於心,嗜欲見於外,則守職者離正而阿上,有司枉法而從風。"又,《楚辭·離騷》:"委厥美以從俗兮,苟得列乎眾芳。"《楚辭·九章·涉江》:"吾不能變心而從俗兮,固將愁苦而終窮。"《楚辭·九章·思美人》:"欲變節以從俗兮,媿易初而屈志。"《楚辭·卜居》:"將從俗富貴以媮生乎?""從俗"與"從風"義同。

《楚辭·離騷》:"固時俗之從流兮,又孰能無變化。"《楚辭·七諫·沈江》:"世從俗而變化兮,隨風靡而成行。"正可與本句互相參看。

"違與他木,非與從風",意思是説李樹與其他樹相違背,不同它們一樣附和世俗風氣(即上文所言之"豐華縟光,民之所好")。

氏古聖人兼此　氏,讀爲"是"。《禮記·緇衣》引《詩》"靖共爾位,好是正直",郭店楚簡本"是"作"氏";上海博物館楚竹書《孔子詩論》"曰邦風氏(是)

也""曰訟(頌)氏(是)也""虔(吾)奚舍之賓贈氏(是)也","是"字皆作"氏";《儀禮·士昏禮》"惟是三族之不虞",《白虎通·宗族》引"是"作"氏";《戰國策·齊策三》"魏取伊是",鮑本"是"作"氏";《戰國策·魏策三》"乃惡安陵氏於秦",馬王堆帛書本"氏"作"是"。

古,讀爲"故"。《禮記·緇衣》"故長民者章志以昭百姓"①,郭店楚簡本、上海博物館藏楚竹書本"故"作"古";《老子》"故知足不辱""是以聖人無爲故無敗""故天下莫能與之爭"等句,郭店楚簡本"故"皆作"古";《詩·大雅·烝民》"古訓是式",《列女傳》引"古"作"故";《戰國策·燕策二》"欲以復振古埊也",鮑本"古"作"故"。

"氏古",讀爲"是故"。郭店楚簡《忠信之道》"忠,忈(仁)之實也。信,啻(義)之㫄(期)也。氏(是)古(故)古之所㠯(以)行乎閟嘍(僂)者,女(如)此也","是故"也作"氏古"。"是故",連詞,因此,所以。《國語·周語上》:"防民之口,甚於防川。川壅而潰,傷人必多。民亦如之。是故爲川者決之使導,爲民者宣之使言。"《論語·先進》:"其言不讓,是故哂之。"《禮記·樂記》:"是故先王之制禮樂,人爲之節。"

"聖人",指品德最高尚或智慧最高超的人。《易·乾》文言:"聖人作而萬物覩。"《老子》:"是以聖人抱一爲天下式。"《論語·述而》:"聖人,吾不得而見之矣。"《文子·精誠》:"聖人不降席而匡天下。"《楚辭·天問》:"何聖人之一德,卒其異方?"

"兼此",盡此。

咊勿㠯㚔人情　　咊,今作"和"。《説文》:"咊,相䙏也。"本義指聲音相應,引申爲以詩歌酬答。《論語·述而》:"子與人歌而善,必使反之,而後和之。"《列子·周穆王》:"西王母爲王謠,王和之,其辭哀焉。"簡文"和"字即用此義。

勿,讀爲"物"。《老子》"以輔萬物之自然而不敢爲""萬物將自化""萬物作焉而不辭""萬物並作"等句,郭店楚簡本"物"皆作"勿";《老子》"故物或損之而

①　文字從楚簡本。

益,或益之而損”,馬王堆帛書本“物”作“勿”;《禮記·緇衣》“上好是物”“言有物而行有格也”,郭店楚簡本、上海博物館藏楚竹書本“物”皆作“勿”;郭店楚簡《尊德義》“古(故)共是勿(物)也”“上好是勿(物)也”,“物”皆作“勿”;上海博物館藏楚竹書《孔子詩論》“《邦風》亓(其)内(納)勿(物)也尃(溥)”,《民之父母》“勿(物)之所至者”,“物”皆作“勿”;《書·立政》“時則勿有間之”,《論衡·明雩》引“勿”作“物”;《莊子·天道》“中心物愷”,陸德明釋文:“物本亦作勿。”《説文》:“物,萬物也。”《玉篇》:“凡生天地之間皆謂物也。”

　　㠯,古“以”字。邵瑛《説文解字群經正字》:“《詩·何人斯》釋文:㠯,古‘以’字。《漢書》‘以’皆作‘㠯’。張謙中曰:㠯,秦刻作‘以’,《説文》不加人字。”以,介詞。㮡,即“李”字,指李樹。

　　情,《説文》謂:“人之陰氣有欲者。”徐灝注:“發於本心謂之情。”《荀子·正名》:“性之好、惡、喜、怒、哀、樂謂之情。”“人情”,人之感情。《禮記·禮運》:“何謂人情? 喜、怒、哀、懼、愛、惡、欲,七者弗學而能。”《管子·禁藏》:“近之不能勿欲,遠之不能勿忘,人情皆然。”郭店楚簡《性自命出》:“凡人青(情)爲可兑(悦)也。句(苟)以其青(情),唯(雖)怣(過)不亞(惡);不以其青(情),唯(雖)難不貴。句(苟)又(有)其青(情),唯(雖)未之爲,斯人信之㐌(矣)。”

　　此句謂聖人(詩人)詠物寄予李樹以人之感情。《荀子·解蔽》:“聖人縱其欲,兼其情,而制焉者理矣。”《荀子》此句或可爲簡文作注釋。

人因亓情　　因,《説文》謂“就也”,引申爲順隨、順著。《國語·鄭語》:“其民沓貪而忍,不可因也。”《莊子·齊物論》:“和之以天倪,因之以曼衍,所以窮年也。”《莊子·養生主》:“批大郤,導大窾,因其固然。”

　　亓,《説文》謂:“下基也。薦物之亓。象形。”段玉裁注:“亓,字亦作丌。……《墨子》書‘其’字多作‘亓’,亓與丌同也。”亓,通“其”。《禮記·緇衣》“下之事上也,不從其所令,從其所行”,郭店楚簡本、上海博物館藏楚竹書本“其”皆作“亓”。又,“亓”字楚簡構形或上增橫畫作“亓”,如《禮記·緇衣》“則君不疑於其臣”“其儀不忒”“大人不親其所賢”等句,上海博物館藏楚竹書本“其”作“亓”,郭店楚簡本“其”則作“亓”。其,代詞。

“人因其情”之“情”，義爲本性。《孟子·告子上》：“乃若其情，則可以爲善矣。”“若其情”與簡文“因其情”意思相同。

則樂丌事　樂，樂於。《論語·述而》：“發憤忘食，樂以忘憂，不知老之將至云爾。”《禮記·樂記》：“君子樂得其道，小人樂得其欲。”《戰國策·楚策一》：“法令既明，士卒安難樂死。”

事，事情。《論語·八佾》：“子入太廟，每事問。”《禮記·大學》：“物有本末，事有終始。”《楚辭·九辯》“心煩憺兮忘食事”，“事綿綿而多私”。

遠丌情　遠，離去，避開。《論語·顏淵》“舜有天下，選於衆，舉皋陶，不仁者遠矣”，皇侃疏引蔡謨云：“遠，去也。”《左傳·昭公八年》：“君子之言，信而有徵，故怨遠於其身。”《楚辭·九歎·遠遊》：“形穆穆以浸遠兮，離人群而遁逸。”情，情緒。

從“氏古聖人……”句開始，以下爲評語。此段點評文字，疑爲授詩者所作。《禮記·樂記》：“是故君子反情以和其志，廣樂以成其教，樂行而民鄉方，可以觀德矣。”似可作爲本句評語之注解。

第三簡

氏（是）古（故）聖人兼此。

本簡存下半段，長二十七點三釐米。上殘，下端平頭。第三契口距下端十點五釐米。其編聯位置處於整卷的倒數第三簡，此句文字書於簡背[①]。

簡面大部分空白，存六字，單獨書寫。以簡牘書寫體例，此簡六字似爲篇題。但是從內容看，爲抄寫者節錄上簡之評語，未必是篇題。

---

①　正面爲本書《蘭賦》第四簡。

有皇將起

一 青川木牘

有皇將起　二

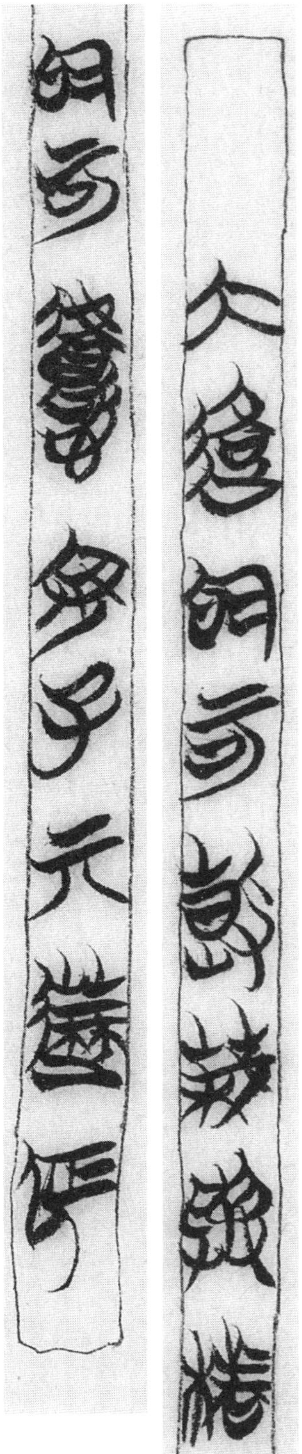

有皇將起　三

有皇將起

四

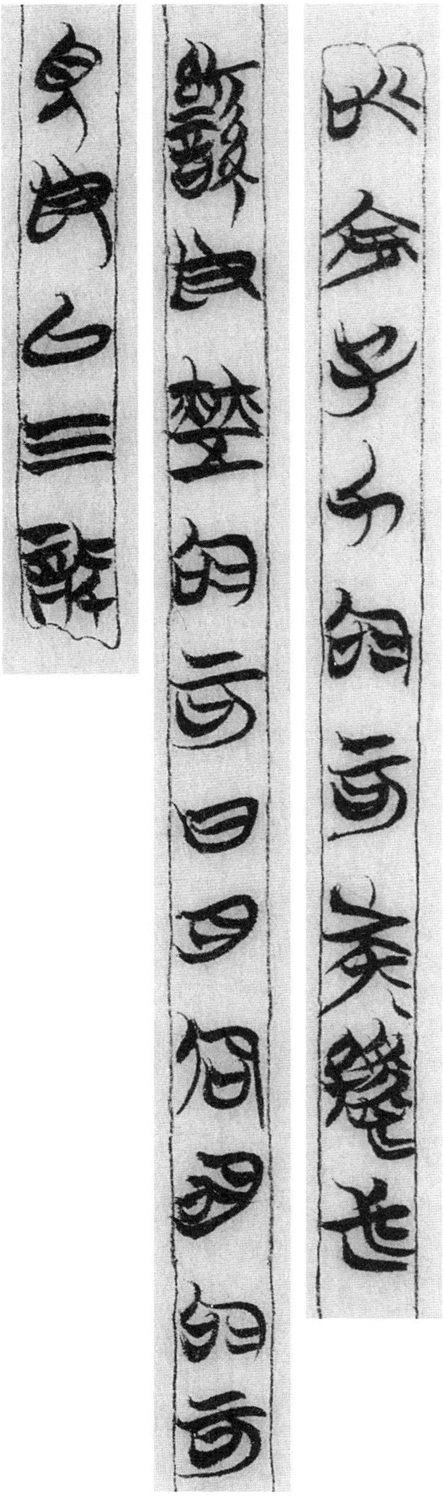

有皇將起

五

有皇將起　六

説　　明

本篇現存簡六支，完殘不一。全篇起首及篇尾完整，中間有殘缺，内容大致上可以相連。完簡長度約爲四十二釐米，每簡約三十九字。編繩三道，簡端距第一契口約一點三釐米，第一契口距第二契口約二十三釐米，第二契口距第三契口約十六釐米。共存一百八十六字（其中重文三字）。

本篇爲楚辭體作品，不見今本。從内容看，詩人係楚國上層知識分子，因擔任教育貴族子弟的保傅之職，有感而作。作者“助余教保子”，“能爲余拜楮枑”，希望“思遊於愛”“能與余相助”。一方面擔憂學生“慮余子其速長”“又不善心耳”“如女子將睞”，一方面又勸誡學生“何哀成夫”，鼓勵其“周流天下”“將莫惶”。拳拳愛護之心，溢於言表。同時作者又對“三夫之謗”“膠膰誘”，即小人詆毀其任教職之動機不良，表達出憤慨心情，頗有屈原作品之韻味。

楚辭這種詩體最早是在楚國民間產生的，後經屈原等上層貴族知識分子加以改造，形成典型句式，並大量使用語氣詞“兮”，成爲頗具地方色彩的新詩體。但早於屈原時代的楚辭作品，存世極少，且有不少爭議。本篇楚辭的句式主要爲四字句、五字句交叉運用，個別地方出現六字句（皆不計語氣詞）。從體裁形式看，尚未演變爲典型的楚辭五字句或六字句格式。值得注意的是，全篇於每句句末都使用雙音節語氣詞“含可（兮）”，結尾部分甚至出現三音節語氣詞“也含可（兮）”，這在楚辭中尚屬首見。

此外，楚文字用作第一人稱的字，常常寫作“虗”，但本篇都寫作“余”。而今本《楚辭》表第一人稱，也是以“余”字爲主，其使用頻率，據統計比“予”“吾”

47

"我""朕"四字之總和還要多。可見大量用"余",也是《楚辭》的一大特色。這些對研究楚辭的形成和發展歷史,很有幫助。

　　本篇原無篇題,依古書慣例,摘取首四字爲名。

第一簡

又(有)皇牃(將)记(起)含可(兮)，蕁(助)余孝(教)保子含可(兮)。囟(思)遊於忢(愛)含可(兮)，能與余相蕁(助)含可=(可{兮}。可{何})哀城(成)夫含可(兮)，能爲余拜楮秕含可(兮)。

本簡爲兩段綴合，上段長十七點四釐米，下段長二十一點三釐米，綴合後簡長三十八點七釐米。存四十字，其中重文一。

又皇牃记含可　又，讀爲"有"，楚簡及典籍習見，簡文用作語首助詞，無實義。

皇，鳥名，古代傳説中的瑞鳥，後世寫作"凰"。《爾雅·釋鳥》："鶠，鳳。其雌皇。"《詩·大雅·卷阿》"鳳皇于飛，翽翽其羽"，毛亨傳："鳳皇，靈鳥，仁瑞也。雄曰鳳，雌曰皇。"《書·益稷》"簫韶九成，鳳皇來儀"，孔安國傳："雄曰鳳，雌曰皇。"古書中，一般不分雌雄，統稱之"鳳皇"，或簡稱"鳳"，單稱"皇"者不多見。《楚辭·離騷》"鸞皇爲余先戒兮，雷師告余以未具"，王逸注："鸞，俊鳥也。皇，雌鳳也。"洪興祖補注："《山海經》：'女牀山有鳥，狀如翟而五彩畢備，聲似雄而尾長，名曰鸞，見則天下安寧。'《瑞應圖》曰：'鸞者，赤神之精，鳳皇之佐也。'《爾雅·釋鳥》：'鶠，鳳。其雌皇。'皇或作凰。"①《楚辭》一書中提及"鳳皇"者甚多，如《楚辭·離騷》："鳳皇既受詒兮，恐高辛之先我。""鳳皇翼其承旂兮，高翱翔之翼翼。"《楚辭·大招》："鳳皇翔只。"《楚辭·九章·涉江》："鸞鳥鳳皇，日以遠兮。"《楚辭·九章·懷沙》："鳳皇在笯兮，雞鶩翔舞。"《楚辭·九辯》："謂騏驥兮安歸？謂鳳皇兮安棲？""騏驥伏匿而不見兮，鳳皇高飛而不下。"皆其例。

---

①　或説"鸞皇"爲一種鳥。

49

牆，即"醬"字古文，見《説文》。牆，讀爲"將"。《老子》"侯王若能守之，萬物將自化。化而欲作，吾將鎮之以無名之樸"，郭店楚簡本"將"作"牆"；《老子》"夫亦將無欲。不欲以静，天下將自定"，郭店楚簡本作"夫亦牆（將）智（知）足，智（知）足以束（静），萬勿（物）牆（將）自定"，"將"作"牆"；上海博物館藏楚竹書《孔子詩論》"《牆（將）中（仲）》之言，不可不韋（畏）也"，今《詩·鄭風》篇名作"將仲子"；《孔子詩論》"亓（其）甬（用）心也牆（將）可（何）女（如）？"《凡物流形》"足牆（將）至千里，必從夲（寸）刟（始）"，"將"皆作"牆"。將，將要，即將，時間副詞。《論語·述而》："其爲人也，發憤廢食，樂以忘憂，不知老之將至云爾。"《孟子·公孫丑上》："今人乍見孺子將入于井，則必有怵惕惻隱之心。"《史記·伍子胥列傳》："闔廬病創，將死。"九店楚簡《告武夷》："含（今）日某牆（將）要飲。"

記，即"起"字，《説文》以爲"起"之古文。《老子》"奇物滋起"，郭店楚簡本"起"作"記"；上海博物館藏楚竹書《凡物流形》"記（起）而甬（用）之，練（陳）於四海（海）"，"起"作"記"。《説文》："起，能立也。"指物體自下向上的動作，引申爲鳥獸離開原來位置或狀態。《吕氏春秋·仲秋季·論威》："知其不可久處，則知所兔起鳧舉死殯之地矣。"亦專指鳥飛起，飛翔。《孫子·行軍》："鳥起者，伏也。"《文選·謝朓〈和伏武昌登孫權故城〉》："鵲起登吴山，鳳翔陵楚甸。"

《楚辭·九思·悼亂》："垂屍兮將起，跀踒兮碩朋。""將起"用法同。

"含可"，讀爲"含兮[1]"，語氣詞，相當於現代詩歌中的"哎啊"。本篇使用雙音節語氣詞"含兮"，在楚辭中屬首見。本書《鶹鷅》篇，亦使用雙音節語氣詞"含可（兮）"。

簡文以"有皇將起"起興，下文雖不再言及鳳皇，但其諷詠之旨，仍可窺見一二。《楚辭·離騷》"鸞皇爲余先戒兮，雷師告余以未具"，王逸注："以喻仁智之士。"《楚辭·九章·涉江》"亂曰：'鸞鳥鳳皇，日以遠兮。'"王逸注："鸞、鳳，俊鳥也。有聖君則來，無德則去，以興賢臣難進易退也。"姜亮夫先生指出："然此等句義，詞面雖皆言鳳皇鸞鳥，而詞底大體皆以喻賢智之士，失志在下，此文

---

① 語氣詞"兮"，楚簡皆作"可"，詳本書《李頌》注釋。

藝設喻之一手法。"①可以參考。

叀余孝保子 叀，"助"之本字，已見於甲骨文，其構形來源不明，寫作"助"爲其後起形聲字。毛公鼎"女（汝）毋敢妄寍，虔夙夕，叀（助）我一人"，"助"字也作"叀"②。助，輔助，幫助。《説文》："助，左也。"《詩·小雅·車攻》："射夫既同，助我舉柴。"《孟子·公孫丑下》："得道者多助，失道者寡助。"《左傳·襄公三十年》："使助爲政，辭以老。"

余，代詞，表示第一人稱，我。《爾雅·釋詁》："卬、吾、台、予、朕、身、甫、余、言，我也。"《詩·邶風·谷風》："不念昔者，伊余來塈。"《楚辭·離騷》："皇覽揆余初度兮，肇錫余以嘉名。"楚文字用作第一人稱的字，常常寫作"虔"，也有寫作"余"的，見銅器銘文。值得指出的是，本篇表第一人稱全用"余"字，而《楚辭》第一人稱，也是以"余"字爲主，全書計用"余"字多達一百七十一見（其見于屈宋賦者，共一百十二見），其使用量比"予""吾""我""朕"四字之總和一百二十四者，尚多四十七次。因此，姜亮夫先生認爲："'余'者蓋《屈賦》第一人稱代詞之主要成分，且爲戰國以來最多之一家。"③第一人稱大量用"余"，是《楚辭》的一大特色。

孝，《説文》謂："放也。从子，爻聲。"並以其爲"教"字所從偏旁。按"孝"實即"教"字古文，見《汗簡》、《古文四聲韻》引郭昭卿《字指》"教"字古文。《老子》"是以聖人處無爲之事，行不言之教"，郭店楚簡本"教"作"孝"④；郭店楚簡《六德》"先王之孝（教）民也，不吏（使）此民也悹（憂）亓（其）身"，"教"作"孝"；上海博物館藏楚竹書《容成氏》"堯爲之孝（教）"，"文王時故時而孝（教）民時"，"教"皆作"孝"。教，教育，傳授知識。《左傳·襄公三十一年》："教其不知，而恤其

---

① 姜良夫：《楚辭通故》第三輯《博物部》"鳳"字條，第 678 頁，齊魯書社，1985 年。
② "叀"字原誤釋爲"更"。據清華簡《皇門》與今本對讀，知其爲"助"之本字。清華簡其字構形，於《皇門》疊增"助"，爲雙聲字；於《厚父》、《子產》則增"力"旁爲異體，皆讀爲"助"。李學勤先生曾于《試論董家村青銅器群》注文中指出："金文叀字均爲協助之意，見何尊、禹鼎等器。"載《新出青銅器研究》，第 105 頁，文物出版社，1990 年。
③ 姜良夫：《楚辭通故》第一輯《人部》"余"字條，第 719 頁，齊魯書社，1985 年。
④ 《老子》"學不學，復衆之所過"，郭店楚簡丙本同，郭店楚簡甲本作"孝不孝，復衆之所𦍒（過）"，"孝不孝"即"教不教"，當以甲本作"教"爲長。"教""學"二字古文字形、音相近易訛。

51

上海博物館藏戰國竹書楚辭箋注

不足。"《論語·爲政》:"舉善而教不能,則勸。"《孟子·滕文公上》:"飽食煖衣,逸居而無教,則近於禽獸。"《禮記·學記》:"是故學然後知不足,教然後知困。"

"保子",本指繃褓中的嬰兒,《大戴禮記·王言》:"上之親下也,如腹心;則下之親上也,如保子之見慈母也。"從本篇上下文義來看,簡文之"保子"指未成年的貴族子弟,很有可能是楚國君位的繼承人,即嗣君①。詩人負責輔助教育"保子",其職司相當於保傅之職。

囟遊於悉 囟,《説文》謂:"頭會匘蓋也。象形。"囟,讀爲"思","思"字《説文》謂"从心,囟聲",故可相通。在楚簡卜筮類簡中,表示希冀義的"囟"字,或作"思",見望山楚簡和包山楚簡。簡文之"囟(思)",也表示希冀。

遊②,遊覽,引申爲遊歷,外出求學。《論語·里仁》:"父母在,不遠遊,遊必有方。"《孟子·盡心上》:"故觀於海者難爲水,遊於聖人之門者難爲言。"《墨子·公孟》:"有遊於子墨子之門者。"

悉,字見於《説文》,訓爲"惠也"。按"悉"實即"愛"字或體。《老子》"是故甚愛必大費""愛以身爲天下,若可託天下",郭店楚簡本"愛"字皆作"悉";郭店楚簡《五行》篇中的"悉"字,馬王堆帛書本皆寫作"愛";郭店楚簡《尊德義》"不悉(愛)則不新(親)","愛"作"悉";上海博物館藏楚竹書《内豊》"君子之立孝,悉(愛)是甬(用),豊(禮)是貴","愛"作"悉"。又,魏三體石經《多方》"愛"字古文構形也與之相近。愛,喜愛,引申爲仁惠,仁愛。《左傳·昭公二十年》:"及子産卒,仲尼聞之,出涕曰:'古之遺愛也。'"王引之《經義述聞》:"家大人曰:愛即仁也,謂子産之仁愛有古人之遺風。"《論語·陽貨》:"予也有三年之愛於其父母乎?"《商君書·更法》:"法者所以愛民也。"

能與余相薆 能,能夠。《書·西伯戡黎》:"乃罪多參在上,乃能責命于天?"《論語·學而》:"事父母,能竭其力;事君,能致其身。"《孟子·告子下》:"我能爲君辟土地,充府庫。"

---

① 董仲舒《春秋繁露·精華》謂:"春秋之法,未踰年之君稱子。"
② 《説文》失收"遊"字。

52

與，和。余，我，第一人稱。

曵，"助"之本字。"相助"，"互相幫助"，此猶今言"教學相長"之意。此與上句"助余"意思類同。

可₌哀城夫　"可₌"，"可"字下有重文符號，即"可可"。上一"可"字讀爲"兮"，係上句，語氣詞。下一"可"字讀爲"何"。《老子》"吾何以知其然哉""唯之與阿，相去幾何？善之與惡，相去若何"，郭店楚簡本"何"皆作"可"；郭店楚簡《魯穆公問子思》"可（何）女（如）而可胃（謂）忠臣"，《窮達以時》"句（苟）又（有）其殊（世），可（何）憨（難）之又（有）才（哉）"，"何"作"可"；上海博物館藏楚竹書《孔子詩論》"其甬（用）心也牆（將）可（何）女（如）""又（有）城（成）工（功）者可（何）女（如）""女（如）此可（何）？斯雀之矣"，"何"皆作"可"。《左傳·襄公十年》"則何謂正矣"，陸德明釋文："'何'或作'可'。"《戰國策·韓策三》"是何以爲公之王［主］使乎"，《史記·趙世家》"何"作"可"。《楚辭·離騷》"豈余心之可懲"，洪興祖考異："《文選》可作何。"

何，何故，爲什麼。《詩·召南·殷其靁》："何斯違斯，莫敢或遑。"《論語·先進》："夫子何哂由也？"《楚辭·離騷》："何瓊佩之偃蹇兮，衆薆然而蔽之。""何昔日之芳草兮，今直爲此蕭艾也。"《楚辭·九歌·湘夫人》："麋何食兮庭中？蛟何爲兮水裔？""何"字用法相同。

哀①，哀歎，悲傷。《詩·豳風·破斧》"哀我人斯，亦孔之將"，馬瑞辰傳箋通釋："哀字古有數義：有作悲哀解者……有作哀憐解者。"《孟子·離婁上》"舍正路而不由，哀哉"，趙岐注："哀，傷也。"《論語·八佾》："《關雎》，樂而不淫，哀而不傷。"《楚辭·離騷》："雖萎絕其亦何傷兮，哀衆芳之蕪穢。"

城，讀爲"成"。《左傳·文公十一年》"齊王子成父獲其弟榮如"，《史記·魯周公世家》"成"作"城"；《戰國策·趙策二》"韓守成皋"，《史記·蘇秦列傳》"成"作"城"。在楚簡中，"成"字大都寫作"城"。如《老子》"難易相成""功成而弗居""大成若缺"等"成"字，郭店楚簡本皆作"城"；《禮記·緇衣》"誰能秉國

————————

①　原簡"哀"字所從"衣"旁有訛誤，且有塗改。

成”“成王之孚”“展也大成”“教之不成也”等“成”字，郭店楚簡本、上博楚簡本皆作“城”；上海博物館藏楚竹書《孔子詩論》“又（有）城（成）工（功）者可（何）女（如）”“昊天有城（成）命”，《中弓》“又（有）城（成）”“不及亓（其）成”“所吕（以）城（成）死也”，“成”字皆作“城”；雲夢秦簡《日書》楚“建除”之“成”字，九店楚簡《日書》皆作“城”。

成，成長，長成。《左傳·哀公五年》：“齊燕姬生子，不成而死。”《吕氏春秋·季夏紀·明理》：“凡生非一氣之化也，長非一物之任也，成非一形之功也。”上海博物館藏楚竹書《李頌》：“木斯蜀（獨）生，秦（榛）朷（棘）之閟（閒）可（兮）。互植兼成，歆（欵）亓（其）不還可（兮）。”

“夫”，成年男子的通稱。《説文》：“夫，丈夫也。……周制以八寸爲尺，十尺爲丈。人長八尺，故曰丈夫。”《穀梁傳·文公十二年》：“男子二十而冠，冠而列丈夫。”《詩·秦風·黃鳥》：“維此奄息，百夫之特。”《孟子·梁惠王下》：“内無怨女，外無曠夫。”上海博物館藏楚竹書《競建内之》：“夫婦皆祖。”《大戴禮記·千乘》“古者殷書爲成男成女名屬升于公門”，孔廣森補注：“成，成人者也。”“成男”猶簡文之“成夫”。

能爲余拜楮柧　能，能够。爲，介詞，相當於“被”。

拜，本指表示敬意的一種禮節，引申爲通過一定儀式結成某種關係，簡文義爲“拜師”。

楮，樹名，即穀木。《説文》：“楮，穀也。”《山海經·西山經》“鳥危之山其陽多磬石，其陰多檀楮。”郭璞注：“楮，即穀木。”陸璣《毛詩草木鳥獸蟲魚疏》：“穀，幽州人謂之穀桑，或曰楮桑；荆揚交廣謂之穀，中州人謂之楮。”《韓非子·喻老》：“宋人有爲其君以象爲楮葉者，三年而成。”

柧，本指有棱之木，《説文》“柧，棱也”，段玉裁注引《通俗文》：“木四方爲棱，八棱爲柧。”也指用作書寫的多棱木牘，銀雀山漢簡《孫臏兵法·陳忌問壘》：“將戰書柧，所以哀正也。”“柧”字又同“觚”。《文選·班固〈西都賦〉》“設璧門之鳳闕，上柧棱而棲金爵”，李善注：“《説文》曰：‘棱，柧也。’柧與觚同。”《急就篇》“急就奇觚與衆異”，顏師古注：“觚者學書之牘，或以記事，削木爲之，蓋簡屬也。……其形或六面，或八面，皆可書。觚者，棱也。以有棱角，故謂之觚。”①

“楮觚”，用楮木製作的木牘，此處代指學書識字。“能爲余拜楮觚”，猶言拜我爲師接受教育。

第二簡

……□誨（誨）含可（兮），又（有）忞（過）而能改（改）含可（兮）。亡邞（奉）又（有）風含可（兮），同邞（奉）異心含可（兮）。又（有）邞（逢）

本簡存下半段，長二十一點三釐米。上略殘，下殘。存二十五字，首字漫漶不清。

□誨含可　誨，同“誨”。上海博物館藏楚竹書《凡物流形》“九囤出誨（誨），筥（孰）爲之逆”，“誨”字作“誨”；馬王堆帛書《易之義》“大蓄（畜），兌而誨（誨）［也］”，“誨”字亦作“誨”。按古從“每”之字楚簡或從“母”旁，如“海”或作“洷”，見郭店楚簡《老子》、上海博物館藏楚竹書《容成氏》、《凡物流形》及包山楚簡；“晦”或作“晤”，見上海博物館藏楚竹書《融師有成氏》、《互先》、《三壽》，皆其證。《老子》“其次侮之”，馬王堆帛書本“侮”作“母”；《説文》姆“讀若母”，亦可爲證。誨，教導，訓誨。《説文》：“誨，曉教也。”《詩·小雅·緜蠻》：“飲之食之，教之誨之。”《論語·述而》：“學而不厭，誨人不倦。”亦指教誨、勸諫的話。《書·説命上》“朝夕納誨，以輔台德”，孔安國傳：“言當納諫誨直辭，以輔我德。”

又忞而能改　忞，從“心”，“化”聲，讀爲“過”。《老子》“樂與餌，過客止”，

---

① 武威漢簡《儀禮》“觚”字皆寫作“柧”，指禮器。

郭店楚簡丙本“過”作“恁”；郭店楚簡《太一生水》“天墬（地）名厃（字）並﹦（並立），古（故）恁（過）其方，不囟（使）相□”，《性自命出》“斳（慎），悬（仁）之方也，肰（然）而其恁（過）不亞（惡）”“句（苟）㠯（以）其青（情），唯（雖）恁（過）不亞（惡）”“行之不恁（過），智（知）道者也”，“過”皆作“恁”；上海博物館藏楚竹書《中弓》“惑（宥）恁（過）嫛（赦）皋，則民可（何）系”，《曹沫之陳》“君乃自恁（過）㠯（以）敓（悦）於蕙（萬）民”“二厽（參）子勑（勉）之，恁（過）不才（在）子才（在）□”，“過”皆作“恁”。又，《老子》“學不學，復眾人之所過”，“過”字郭店楚簡甲本作“𨔼”、丙本作“迲”；《禮記·緇衣》：“而富貴已過也。”郭店楚簡本、上海博物館藏楚竹書本“過”皆作“迲”，亦可爲證。過，過失，錯誤。《書·大禹謨》：“宥過無大，刑故無小。”《論語·季氏》：“且爾言過矣，虎兕出於柙，龜玉毀於櫝中，是誰之過與？”《禮記·哀公問》：“君子過言則民作辭，過動則民作則。”

“又恁”，讀爲“有過”，郭店楚簡《性自命出》：“速，悬（謀）之方也，又（有）恁（過）則咎。人不斳（慎）斯，又（有）恁（過），信喜（矣）！”上海博物館藏楚竹書《中弓》：“民亡（無）不又（有）恁（過）。”是其證。《管子·小稱》：“是以我有過爲，而民無過命。”

而，連詞。能，能够。

改，從古文字看，當爲“改”之本字，《説文》已不明其由，誤作二字分設①。《説文》“改，更也。从攴、己。”徐灝注：“李陽冰云：‘己有過，攴之則改。’”《書·仲虺之誥》：“改過不吝。”《論語·述而》：“不善不能改，是吾憂也。”《楚辭·天問》：“悟過改更，我又何言？”《史記·孝文本紀》：“雖復欲改過自新，其道無由也。”

“有過而能改”，此承上句而言，因受教誨，有過失錯誤而能改正。《左傳·宣公二年》：“人誰無過？過而能改，善莫大焉。”《易·益》：“君子以見善則遷，有過則改。”《論語·學而》：“過，則勿憚改。”《孟子·告子下》：“人恆過，然後能改；困於心，衡於慮，而後作。”《大戴禮記·盛德》：“人情莫不有過，過而改之，

---

① 《説文》謂：“攺，毅攺，大剛卯，以逐鬼魅也。”

是不過也。"上海博物館藏楚竹書《三德》:"唯福之基,忨(過)而改。"皆可作本句注解。

亡又風 亡,通"無",楚簡及典籍習見。

,從"邑","奉"聲,讀爲"奉"。包山楚簡有地名"易(陽)"(簡117),望山楚簡作"奉易(陽)"(簡二.32)。奉,奉承,順從。《説文》:"奉,承也。"《書·洛誥》:"奉答天命,和恆四方民。"《左傳·哀公六年》:"吾子,奉義而行者也。"《漢書·晁錯傳》:"愚臣何足以識陛下之高明而奉承之。"

又,此處""字若讀爲"逢",亦可。上海博物館藏楚竹書《孔子詩論》"《又(有)兔》不奉(逢)時",《從政》"則奉(逢)绎(災)害",《三德》"是奉(逢)凶朔(孽)","逢"皆作"奉";馬王堆帛書《經法·四度》"功成而不廢,後不奉(逢)央(殃)","逢"亦作"奉"。逢,迎合,奉承。《孟子·告子下》"長君之惡其罪小,逢君之惡其罪大",趙岐注:"逢,迎也。君之惡心未發,臣以諂媚逢迎而導君爲非,故曰罪大。""逢""奉"訓同。

又,讀爲"有",典籍習見。"又(有)"與"亡(無)"相對。

風,通"諷"。上海博物館藏楚竹書《命》"先夫=(大夫)之風訐(諫)①遝命,亦可吕(以)告我","諷"作"風";《詩·小雅·北山》"或出入風議,或靡事不爲",《史記·樊酈滕灌列傳》"風齊王以誅吕氏事",《淮南子·主術》"頃襄好色,不使風議,而民多昏亂,其積至昭奇之難","諷"字皆作"風"。諷,諷諫,勸告。《韓非子·八經》:"故使之諷,諷定而怒。"《後漢書·李雲傳》:"禮有五諫,諷爲上。"

同異心 同,共同,一起。《詩·秦風·無衣》:"修我戈矛,與子同仇。"《書·泰誓》:"予有亂臣十人,同心同德。"《易·睽》:"二女同居,其志不同行。""同",讀爲"同奉"或"同逢",一起奉承。

異,區分,《説文》:"異,分也。"引申爲不相同。《論語·子張》:"異乎吾所

---

① 據上海博物館藏楚竹書《從政》,用爲晉國"卻"氏之字寫作"",構形從"土",從""聲。"訐"字構形當是從"言",從""省聲,故可讀爲"諫"。

聞。"《孟子·梁惠王上》:"是何異於刺人而殺之。"《楚辭·九章·惜誦》:"同極而異路兮,又何以爲此援也?"《禮記·曲禮上》:"別同異,明是非也。"

"異心",二心,想法不同。"異心",亦見《左傳·昭公三十一年》:"若得從君而歸,則固臣之願也,敢有異心?"《史記·廉頗藺相如列傳》:"父子異心,願王勿遣。"

以上兩句謂,不會奉承者能有諷諫勸告,一起奉承者卻心不一致。

第三簡

大迮(路)含可(兮),敆(靷)菝(械)與(輿)楮含可(兮)。慮(慮)余子亓(其)速倀(長)……

本簡存上半段,長十七點三釐米。上平頭,下殘。第一契口距上端一點三釐米。存十六字。文義可與上簡銜接。

又郣大迮 "又郣"在上簡末,讀爲"有逢"。

逢,遭遇,遇到。《説文》:"逢,遇也。"《詩·王風·兔爰》:"我生之初,尚無爲。我生之後,逢此百罹。"《左傳·宣公三年》:"故民入川澤山林,不逢不若。螭魅罔兩,莫能逢之。"《管子·形勢》:"曙戒勿怠,後稚逢殃。"《楚辭·離騷》:"夏桀之常違兮,乃遂焉而逢殃。"《楚辭·天問》:"何顛易厥首,而親以逢殆。"

迮,"路"字異構,从"足"旁之字或體从"辵",例子不少①。上海博物館藏楚竹書《魯邦大旱》"(孔子)出遇子贛(贛)曰:'賜,而(爾)昏(聞)筐(巷)迮(路)之言,毋乃胃(謂)丘之倉(答)非與(歟)?'""筐迮"即"巷路";古書常見的"路車",曾侯乙墓竹簡《遣册》寫作"大迮(路)""戎迮(路)""朱迮(路)","路"字皆作"迮"。

---

① 如"跡"字或作"迹";"踰"字或作"逾";"踮"字或作"迠"等。

簡文的"大迻"同於曾侯乙墓竹簡《遣册》，指"大路"，即大車。《禮記·明堂位》"大路，殷路也"，鄭玄注："大路，木路也。"據《周禮·春官·巾車》稱，王有五路，即玉路、金路、象路、革路、木路。"路"字或作"輅"，《書·顧命》："大輅在賓階面。"《禮記·樂記》："所謂大輅者，天子之車也。"

敬菽與與　敬，字亦見包山楚簡《遣册》（簡 270）"一敞（彤）敬"，記載相同內容的牘作"一周（彤）輈"，據此知"敬"字可讀爲"輈"①。《説文》："輈，轅也。""轅，輈也。"朱駿聲《通訓定聲》指出："小車居中一木曲而上者謂之輈，故亦曰軒轅，謂其穹隆而高也。"《周禮·考工記·輈人》"輈人爲輈"，鄭玄注："輈，車轅也。"孫詒讓正義："小車曲輈，此輈人所爲者是也。大車直轅，車人所爲者是也。散文則輈、轅亦通稱。"是"輈""轅"同義，皆指車轅而言。《楚辭·九歌·東君》："駕龍輈兮乘雷，載雲旗兮委蛇。"則以"輈"代指"車"。

菽，據楚簡常見楚地名"菽郢"異文，知"菽"字構形爲"从艸，戚聲"，或可直接隸作"蔵"②。簡文之"菽（蔵）"讀爲"槭"，二字皆从"戚"聲，可以相通。槭，樹名，落葉喬木，木材堅韌，可作器具。《説文》："槭，木。可作大車輮。"謂槭木可用爲製作大車部件的材料，正好爲簡文作注。

與，讀爲"輿"③。馬王堆帛書《易·師》"六三，師或與（輿）屍（尸），凶"，"輿"作"與"；《老子》"天地之間，其猶橐籥與""不謂求以得，有罪以免與""不以其無私與"，馬王堆帛書本"與"皆作"輿"；馬王堆帛書《明君》"意（抑）以三者爲埉（峽）輿（與）"、馬王堆帛書《戰國策·觸龍見趙太后章》"輿（與）恐玉膔（體）之有所骸（隙）也"，"與"作"輿"。輿，車箱。《説文》"輿，車輿也"，段玉裁注："車輿謂車之輿也。……輿爲人所居，可獨得車名也。"《古今韻會舉要·魚韻》引《詩詁》曰："（輿，）輈軸之上加板以載物。"《易·大畜》"九二，輿説輹"，孔穎達疏："若遇斯而進，則輿説其輹，車破敗也。"《老子》："雖有舟輿，無所乘之。"

---

① "敬"字原釋爲"戟"，今據復旦吉大古文字專業研究生聯合讀書會《上博八〈有皇將起〉校讀》意見，參看李家浩先生對包山簡考釋改正。復旦大學出土文獻與古文字研究中心網站，2011 年 7 月 17 日。
② "蔵"字原釋爲"栽"字繁構，今據復旦吉大古文字專業研究生聯合讀書會《上博八〈有皇將起〉校讀》意見及新出楚簡材料改正。復旦大學出土文獻與古文字研究中心網站，2011 年 7 月 17 日。
③ "與"字原釋作本字解，今改。

是以"輿"代指"車"。

楮，木名。"輿楮"即"楮輿"，指用楮木製成的車箱。後世亦以"楮"稱箱櫃等木製盛物器，如梅堯臣《杜挺之贈端溪圖硯》詩："大出楮中有，素許當自擇。"

"䡅楲輿楮"，謂楲木製作的車䡅，楮木製造的車箱，詩人雖是用來描述"大路"（即大車），然亦用以起興。

慮余子亓速倀　慮，"慮"字繁構。《禮記·緇衣》"故言必慮其所終，而行必稽其所敝"，郭店楚簡本"慮"作"慮"；郭店楚簡《性自命出》"慮（慮）谷（欲）困（淵）而毋愳"，"慮"作"慮"；上海博物館藏楚竹書《彭祖》"遠慮（慮）甬（用）素"，《姑城家父》"虗（吾）植（直）立經（徑）行，遠慮（慮）者（圖）遧（後）"，"慮"皆作"慮"。慮，憂慮，擔心。《漢書·溝洫志》"慮殫爲河"，顏師古注："慮，猶恐也。"《論語·衛靈公》："人無遠慮，必有近憂。"銀雀山漢簡《孫臏兵法·十問》："兵强人衆自固，三軍之士皆勇而無慮。"

"余子"，"我子"，即指上文"保子"之"子"。"亓"讀作"其"①，代詞。

速，構形也見望山楚簡、天星觀楚簡、包山楚簡及郭店楚簡等，所從聲旁爲"朿"字繁構。速，迅速。《説文》："速，疾也。"《論語·子路》："欲速則不達，見小利則大事不成。"《孟子·梁惠王下》："王速出令，反其旄倪，止其重器，謀於燕衆，置君而後去之。"《抱朴子·疾謬》："廣結伴流，更相推揚，取達速易。"

倀，"長"字繁構。《禮記·緇衣》"下難知則君長勞""長民者衣服不貳"，上海博物館藏楚竹書本作"長"同，郭店楚簡本"長"作"倀"；九店楚簡《日書》"凡五子……倀子受亓（其）咎"，"倀子"即"長子"。長，長大，成年。《公羊傳·隱公元年》："隱長而卑。"《史記·孔子世家》："孔子貧且賤，及長，嘗爲季氏史。"《吕氏春秋·士容論·士容》："骨節蚤成，空竅哭歷，身必不長。"

"速長"，迅速長大。

---

①　詳見本書《李頌》注釋。

第四簡

含可(兮)，鹿(獨)尻而同欲含可(兮)。迺(周)流天下含可(兮)，牆(將)莫皇
(惶)含可(兮)。又不善心耳含可(兮)，莫不吏(使)攸(修)含可(兮)。女=(如
女)子牆(將)渼(眯)含可(兮)，

　　本簡兩段綴合，上段長十七點三釐米，下段長二十一點三釐米，綴合後簡
長三十八點六釐米。上平頭、下殘。第一契口距上端一點三釐米，第一契口與
第二契口間距二十三釐米。存四十字，其中重文一。

　　鹿尻而同欲　　鹿，讀爲"獨"。古音"鹿"爲來母屋部字，"獨"爲定母屋部
字，兩字疊韻，聲母爲旁紐，例可相通。上海博物館藏楚竹書《天子建州》"男女
不話(語)鹿(獨)"，"鹿"字亦讀爲"獨"。獨，孤獨，獨自。《論語・顏淵》："司馬
牛憂曰：'人皆有兄弟，我獨亡。'"《楚辭・離騷》："世並舉而好朋兮，夫何煢獨
而不予聽。"《列子・力命》："獨出獨入，孰能礙之？"
　　尻，《説文》謂："處也。从尸得几而止。《孝經》曰：'仲尼尻。'尻謂閒居如
此。"《楚辭・天問》"崑崙縣圃，其尻安在"，王逸注："尻，一作居。"洪興祖補注：
"尻，與居同。"朱駿聲《説文通訓定聲》指出："从几，與處同意。經傳皆以'居'
爲之。"舊以爲"尻""居"同字，"居"行而"尻"廢[1]。按包山楚簡"所死於其州者
之居尻名族"(簡32)，"居尻"連言，釋文作"居處"，甚是，可知"尻""居"非同字。
《説文》："處，止也。得几而止。从几，从夊。處，處或从虍聲。"從楚簡的用法
看，"尻"字實即《説文》"處"字異寫，亦即"處"之異體，訓爲"居處"之義[2]。
　　"獨尻"，猶言"獨處""獨居"。
　　欲，貪欲，欲望。《説文》："欲，貪欲也。"《玉篇》："欲，願也。"《詩・大雅・

——————————
① 　見《説文》段玉裁注。
② 　參見林澐《讀包山楚簡劄記七則》，《江漢考古》1992 年第 4 期。

文王有聲》：“匪棘其欲，遹追來孝。”《易·損》：“君子以懲忿窒欲。”《孟子·盡心下》：“養心莫善於寡欲，其爲人也寡欲，雖有不存焉者寡矣。”

“同欲”，欲望相同，與“獨尻”相對。《孫子·謀攻》：“上下同欲者勝。”用法相同。

遹流天下　遹，讀爲“周”。郭店楚簡《太一生水》“是古（故）大（太）一贅（藏）於水，行於時，遹（周）而或□，□□□蟲（萬）勿（物）母。”“遹”亦讀爲“周”。又，“遹”從“舟”聲，“舟”“周”相通，《詩·小雅·大東》“舟人之子”，鄭玄箋：“舟當作周……聲相近故也”；《左傳·襄公二十三年》“華周”，《説苑·立節》作“華舟”；《孟子·告子下》“華周”，《説苑·雜言》作“華舟”；《老子》“雖有舟輿，無所乘之”，馬王堆帛書本“舟”作“周”，皆是其證。

“周流”，周遊。《楚辭·離騷》：“及余飾之方壯兮，周流觀乎上下。”“邅吾道夫崑崙兮，路修遠以周流。”

“周流天下”，指四面遊蕩，周行各地。《抱朴子·雜應》：“若能乘蹻者，可以周流天下，不拘山河。”《説苑·復恩》：“晉文公出亡，周流天下，舟之僑去虞而從焉。”又，《楚辭·天問》：“穆王巧梅，夫何爲周流？環理天下，夫何索求？”《楚辭·離騷》：“覽相觀於四極兮，周流乎天余乃下。”皆可參看。又，《左傳·昭公十二年》：“周行天下，將皆必有車轍馬跡焉。”“周行天下”，意思與之相似。

牁莫皇　牁，讀爲“將”，副詞，相當於“乃”。

莫，副詞，表示勸戒，相當於“勿”“毋”“不要”。《史記·商君列傳》：“秦惠王車裂商君以徇，曰：‘莫如商鞅反者！’”《漢書·王莽傳》：“其去剛卯，莫以爲佩；除刀錢，勿以爲利。”

皇，讀爲“惶”，“惶”從“皇”聲，可以相通。《吕氏春秋·季春紀·先己》“督聽則奸塞不皇”，俞樾平議：“皇讀爲惶，謂奸邪閉塞不至惶惑也。《蜀志·吕凱傳》曰‘遠人惶惑’，是惶與惑同義。字亦作遑，《後漢·光武紀》曰：‘遑惑不知所之。’遑與皇古通用，故此又作‘皇’也。”惶，惶惑，恐懼。《説文》：“惶，恐也。”《廣雅·釋詁》：“惶，懼也。”《晏子春秋·外篇》：“默然不對，恐君之惶也。”《後漢書·朱暉傳》:"昆弟賓客皆惶迫。"《潛夫論·卜列》:"孟賁狎猛虎而不惶。"《新書·道術》:"周聽則不蔽,稽驗則不惶。"

"將莫惶",意思是說不要惶惑。《楚辭·九章·悲回風》:"寤從容以周流兮,聊逍遥以自恃。"意思相近,恰可爲注。

又不善心耳　又,副詞。善,擅長,善於。《書·秦誓》:"惟截截善諞言,俾君子易辭。"《孫子·虛實》:"善守者,敵不知其所攻。"《商君書·農戰》:"善爲國者,倉廩雖滿,不偷於農。"《楚辭·七諫·謬諫》:"當世豈無騏驥兮,誠無王良之善馭。"

心,古人以心爲思維器官,故後沿用爲腦的代稱。《國語·周語上》:"夫民慮之於心,而宣之於口。"引申爲思想、思慮、謀畫。《吕氏春秋·審應覽·精諭》"紂雖多心,弗能知矣",王引之《經義述聞·爾雅中》謂:"言紂雖多思慮,不能知周之伐己也。"《左傳·昭公十九年》:"盡心力以事君。"《莊子·在宥》:"解心釋神,莫然無魂。"《禮記·大學》:"心不在焉,視而不見,聽而不聞。"

耳,聽覺器官,《説文》:"耳,主聽也。"引申爲聽,聞。《論語·爲政》:"六十而耳順。"《莊子·徐无鬼》:"耳之於聰也殆。"《韓非子·外儲説左上》:"君其耳而未之目邪?"

"心耳",心與耳,猶言"聞識"。《莊子·人間世》:"无聽之以耳,而聽之以心。"亦是"心""耳"並舉。

莫不吏攸　"莫不",猶言"無不""没有不"。《詩·周頌·時邁》:"薄言震之,莫不震疊。"《書·伊訓》:"亦莫不寧。"

吏①,讀爲"使"。《老子》"益生曰祥,心使氣曰强",郭店楚簡甲本"使"作"吏";郭店楚簡《尊德義》"民可吏(使)道之,而不可吏(使)智(知)之",《六德》"又(有)吏(使)人者,又(有)事人[者]""吏(使)之足以生、足以死,胃(謂)之君,以宜(義)吏(使)人多","使"皆作"吏"。使,讓,致使。《詩·鄭風·狡童》:

---

① 簡文"吏"字構形雖與常見寫法略有差異,然亦見上博楚竹書《曹沫之陳》、《内豊》及郭店楚簡《語叢四》簡17。又,此種構形的"吏"字與楚簡"弁"字形似易訛。

“維子之故，使我不能餐兮。”《左傳·隱公元年》：“無使滋蔓，蔓難圖也。”《史記·留侯世家》：“且太子所與俱諸將，皆嘗與上定天下梟將也。今使太子將之，此無異使羊將狼也。”

攸，讀爲“修”。郭店楚簡《六德》“孝，杳（本）也，下攸（修）忎（其）杳（本），可以勦（剸）岙（獄）”“人民少者，以攸（修）丌（其）身，爲術（道）者必繇（由）此”，《性自命出》“昏（聞）道反旨（己），攸（修）身者也。上交近事君，下交得衆近，從正（政）攸（修）身近至悬（仁）”，“攸”皆讀爲“修”；上海博物館藏楚竹書《從政》“不攸（修）不武〈戒〉，謂之必成，則暴”，《三德》“不攸（修）丌（其）成，而聖（聽）丌（其）縈（營），百事不述（遂），慮事不成”，“攸”皆讀爲“修”。修，學習。《莊子·漁父》：“丘少而修學，以至於今，六十九歲矣。”《禮記·學記》：“故君子之於學也，藏焉，修焉，息焉，遊焉。”《韓非子·五蠹》：“今修文學，習言談。”

女₌子牆淋　“女₌”，下有重文符號，即“女女”。前一“女”字讀爲“如”。《老子》“慎終如始，則無敗事”，郭店楚簡本“如”作“女”；《禮記·緇衣》“好嬙如好《緇衣》，惡惡如惡《巷伯》”①，郭店楚簡本、上海博物館藏楚竹書本“如”皆作“女”；郭店楚簡《魯穆公問子思》“可（何）女（如）而可胃（謂）忠臣”，“如”作“女”；上海博物館藏楚竹書《孔子詩論》“其甬（用）心也牆（將）可（何）女（如）”“又（有）城（成）工（功）者可（何）女（如）”“女（如）此可（何）？斯雀之矣”，“如”皆作“女”。如，如同，好像。《詩·鄭風·大叔于田》：“執轡如組，兩驂如舞。”《書·舜典》：“帝乃殂落，百姓如喪考妣。”《穀梁傳·昭公二十九年》：“昭公出奔，民如釋重負。”《論語·八佾》：“祭如在，祭神如神在。”

“女子”，泛指女性，《詩·鄘風·載馳》：“女子善懷，亦各有行。”亦專指未嫁女性，《禮記·雜記上》“男子附於王父則配，女子附於王母則不配”，鄭玄注：“女子，謂未嫁者也。”《詩·邶風·泉水》：“女子有行，遠父母兄弟。”

牆，讀爲“將”，副詞。

淋，從“水”，從“眯”，當爲“眯”字繁構。眯，雜物入目使視線不清。《説

---

①　文字從楚簡本。

64

文》：“眯，艸入目中也。”《莊子·天運》：“夫播穅眯目，則天地四方易位矣。”簡文此處“眯”讀爲“迷”。《老子》“雖智大迷”，馬王堆帛書甲本“迷”作“眯”。“眯”“迷”二字皆从“米”聲，故通。迷，媚惑，使著迷。《説文》：“迷，或也。”徐鍇《繫傳》：“迷，惑也。”《論語·陽貨》：“懷其寶而迷其邦，可謂仁乎？”《莊子·盜跖》：“搖唇鼓舌，擅生是非，以迷天下之主。”宋玉《登徒子好色賦》：“嫣然一笑，惑陽城，迷下蔡。”

“如女子將迷”，如同女子一樣會使人著迷。

第五簡

……□余子力含可（兮），族（奏）縵＝（緩緩）必䜌（慎）毋瑩（勞？）含可（兮）。日月卲（昭）明含可（兮），視毋以三［夫］誙（�）

本簡存下半段，長二十一點六釐米。上殘，下略殘。存二十六字，其中重文一，首字漫漶不清，漏抄一字。

余子力 “余子”，“我子”。

力，力氣。《説文》：“力，筋也。”《禮記·禮運》“其行之以貨力”，鄭玄注：“力，筋骸强者也。”孔穎達疏：“力，筋力。”《詩·小雅·正月》“執我仇仇，亦不我力”，朱熹集傳：“力，謂用力。”《詩·邶風·簡兮》：“有力如虎，執轡如組。”

族縵＝必䜌毋瑩 族，通“奏”，《漢書·嚴安傳》“調五聲使有節族，雜五色使有文章”，顏師古注：“蘇林曰：‘族音奏。’”《荀子·非相》：“是以文久而滅，節族久而絕。”“節族”即“節奏”。古音“族”爲從母屋部字，“奏”爲精母屋部字，兩字爲疊韻、旁紐關係，故可相通①。簡文之“族”亦指“節族”，即“節奏”而言。

---

① 從“族”得聲的“鏃”字爲精母屋部字，則族、奏二字或古音相同。

“節奏”本指音樂中交替出現的有規律的强弱、長短的現象，引申爲均勻有規律的進程。

緩＝，字从“心”，从“緩”（緩字構形略有訛變），爲“緩”字繁構，下有重文符號，讀爲“緩緩”。《玉篇》：“緩，遲緩也。”《易雜卦傳》“解，緩也”，焦循章句：“緩，猶慢也。”“緩緩”，猶言“徐徐”，寬綽緩慢之意。

《楚辭·九歌·東皇太一》：“疏緩節兮安歌，陳竽瑟兮浩倡。”“疏緩節”即簡文之“族緩緩”，可以參看。

必，副詞，必定，一定。《詩·齊風·南山》：“取妻如之何？ 必告父母。”《詩·邶風·旄丘》：“何其久也，必有以也。”《論語·學而》：“子禽問於子貢曰：‘夫子至於是邦也，必聞其政，求之與？ 抑與之與？’”

慎，楚文字“慎”字繁構，是在楚文字“慎”字常見構形下加增“糸”旁①。慎，副詞，常與“勿”“毋”“無”“莫”連用表示禁戒，相當於“務必”“切莫”等。《史記·項羽本紀》：“謹守成皋！ 則漢欲挑戰，慎勿與戰！”《史記·吳王濞列傳》：“然天下同姓爲一家也，慎無反！”又，《史記·呂太后本紀》：“慎毋送喪，毋爲人所制。”“慎毋”用法與簡文同。

勞，構形上從“𤇾”，下從“五”，字不識，從上下文義看疑是“勞”字之訛。勞，勞累，辛苦。《詩·邶風·凱風》：“棘心夭夭，母氏劬勞。”《易·兌》：“説以先民，民忘其勞。”《莊子·漁父》：“苦心勞形，以危其真。”

“族緩緩必慎毋勞”，意思是説節奏要緩慢，務必不要勞累。乃承上句“余子力”而言。

日月卲明　“日月”，太陽和月亮。《詩·小雅·天保》：“如月之恆，如日之升。”文獻常見“日月”連言，例如《易·離》：“日月麗乎天，百穀草木麗乎土。”《論語·子張》：“君子之過也，如日月之食焉。”《楚辭·天問》：“日月安屬？ 列星安陳？”

卲，讀爲“昭”。上海博物館藏楚竹書本《緇衣》“古（故）倀（長）民者，章

---

① 楚文字“慎”構形異體較多，可參看李守奎《楚文字編》第 606、811、812 頁，華東師範大學出版社，2003 年。

（彰）志以卲（昭）百眚（姓）"①，"昭"作"卲"；《孔子詩論》"〔文〕王才（在）上，於卲（昭）于天"，"卲"讀爲"昭"；《昭王毀室》篇中的"卲王"，即典籍中的"楚昭王"。

"昭明"，顯明，光明。《書·堯典》："百姓昭明，協和萬邦。"《詩·大雅·既醉》："君子萬年，介爾昭明。"《左傳·襄公十九年》："以作彝器，銘其功烈，以示子孫，昭明德而懲無禮也。"

"日月昭明"，日月顯明。《荀子·天論》："在天者莫明於日月。"意思相近。

視毋㠯三〔夫〕䛳也含可　"視"，原篆構形與"見"字略同②。視，看待，對待。《詩·鄘風·載馳》："視爾不臧，我思不遠。"《左傳·成公三年》："賈人如晉，荀罃善視之。"《論語·先進》："（顏）回也，視予猶父也。"

毋，副詞，表禁止。《説文》："毋，止之也。"《詩·小雅·角弓》"毋教猱升木，如塗塗附"，鄭玄箋："毋，禁辭。"《論語·顏淵》："忠告而善道之，不可則止，毋自辱焉。"《史記·項羽本紀》："籍曰：'彼可取而代也。'梁掩其口曰：'毋妄言！族矣！'"

㠯，古"以"字，介詞。《史記·陳丞相世家》："負誡其孫曰：'毋以貧故，事人不謹！'""毋以"用法同。

據下文，"三"字下漏抄"夫"字。"夫"，成年男子的通稱。"三夫"，猶言多人。

䛳，從"言"，"室"聲，當爲"誑"字或體。誑，欺騙。《説文》："誑，欺也。"《國語·晉語二》："民疾其態，天又誑之。"《韓非子·和氏》："楚人和氏得玉璞楚山中，奉而獻之厲王……王以和爲誑，而刖其左足。"《抱朴子·道意》："誑眩黎庶，糾合群愚。"

《禮記·曲禮上》："幼子常視毋誑。""視毋誑"與簡文用法相似，意思是毋以誑言示人。

"也含可"，三字在下簡首，讀爲"也含兮"，三音節語氣詞，在楚辭作品中爲首見。

---

① 與今本文字有異。
② 楚簡"視"字與"見"字構形之區別，在於下部"人"旁。兩字上部均從"目"，"視"下部作立人，"見"下部作跪人，偶有混淆。

上海博物館藏戰國竹書楚辭箋注

第六簡

也含可（兮）。論（命）三夫之旁（謗）也含可（兮），膠膰秀（誘）余含可（兮）。蜀（囑）論（命）三夫含可（兮），膠膰之腈也含可（兮），論（命）夫三夫之裪（請）也含可（兮）！ㄟ

本簡兩段綴合，上段長十七點二釐米，下段長二十一點九釐米，綴合後簡長三十九點一釐米。上平頭，下殘。第一契口距上端一點三釐米，第一契口與第二契口間距二十三點一釐米。存三十九字，文字與上簡銜接。

論三夫之旁 論，從“言”，從“命”，即“命”字繁構，贅增“言”旁。命，告訴。《國語·吳語》“吾問於王孫包胥，既命孤矣。敢訪諸大夫”，韋昭注：“命，告也。”《詩·大雅·抑》：“匪面命之，言提其耳。”《儀禮·士冠禮》：“宰自右，少退贊命。”

“三夫”，多人的意思。

“旁”，讀爲“謗”，“謗”從“旁”聲，可以相通。《莊子·齊物論》“旁日月”，陸德明釋文：“旁，崔本作謗。”謗，譭謗，誹謗。《説文》：“謗，毀也。”《左傳·莊公二十二年》：“所獲多矣，敢辱高位以速官謗？”《論語·子張》：“信而後諫；未信，則以爲謗己也。”《國語·晉語六》：“考百事於朝，問謗譽於路。”

“三夫之謗”，多人傳佈的譭謗流言，猶成語“三夫之言”。按“三夫之言”語本《戰國策·秦策二》秦武王謂甘茂章所載故事：

昔者曾子處費，費人有與曾子同名族者而殺人，人告曾子母曰：“曾參殺人。”曾子之母曰：“吾子不殺人。”織自若。有頃焉，人又曰：“曾參殺人。”其母尚織自若也。頃之，一人又告之曰：“曾參殺人。”其母懼，投杼，踰牆而走。

68

曾子的母親聽説“曾參殺人”，她不信；後不止一次聽到同樣的傳説，嚇得踰牆而逃。

《後漢書・馬援傳》：“海内不知其過，衆庶未聞其毁，卒遇三夫之言，横被誣罔之讒。”“三夫之言”與簡文“三夫之謗”意思相同，可以互參。又，《戰國策・秦策三》秦攻邯鄲章：“三人成虎，十夫揉椎，衆口所移，毋翼而飛。”亦可參考。

膠膰秀余　膠，古代學校名。《禮記・王制》“周人養國老於東膠，養庶老于虞庠”，鄭玄注：“東膠亦大學，在國中王宫之東。”

膰，《説文》作“燔”，古代祭祀用的熟肉。《左傳・成公十三年》“國之大事，在祀與戎。祀有執膰，戎有受脤，神之大節也”，杜預注：“膰，祭肉。”《周禮・春官・大宗伯》“以脤膰之禮，親兄弟之國”，鄭玄注：“脤膰，社稷宗廟之肉。”賈公彦疏：“脤是社稷之肉，膰是宗廟之肉。”《史記・孔子世家》：“魯今且郊，如致膰乎大夫，則吾猶可以止。”後亦稱致送祭肉爲“膰”，《後漢書・列女傳・劉長卿妻》：“沛相王吉上奏高行，顯其門閭，號曰‘行義桓釐’，縣邑有祀，必膰焉。”“膠膰”，指致送學校的祭肉。

秀，讀爲“誘”。睡虎地秦簡《秦律十八種・田律》“雨爲湗（澍），及誘（秀）粟，輒以書言湗（澍）稼、誘（秀）粟及豤（墾）田場毋稼者頃數”，“秀”作“誘”。“誘”从“秀”聲，故可通。誘，引誘，受誘惑。《書・費誓》：“竊馬牛，誘臣妾，汝則有常刑！”《荀子・正名》：“彼誘其名，眩其辭，而無深於其志義者也。”《文子・九守》：“無所誘慕，意氣無失。”余，第一人稱代詞。

此句謂多人譭謗詩人是因爲受“膠膰”（意思是好的待遇）之誘而擔任教職，即詆譭其動機不良。

蜀論　蜀，讀爲“囑”[①]，“囑”从“屬”聲，而“屬”从“蜀”聲，故可相通。《易・姤》“羸豕孚蹢躅”，馬王堆帛書本“躅”作“屬”；《荀子・禮論》“躑躅焉”，《禮

---

① 《説文》無“囑”字，先秦古書“囑咐”“囑托”義字皆作“屬”。

記・三年問》作“蹢躅”;《荀子・成相》“到而獨鹿棄之江”,楊倞注:“獨鹿,與屬鏤同,本亦或作屬鏤。”《儀禮・既夕禮》“屬引”,鄭玄注:“古文屬爲燭。”囑,叮囑,囑咐。《玉篇・口部》:“囑,付囑也。”《後漢書・卓茂傳》:“亭長爲從汝求乎? 爲汝有事囑之而受乎?”

諭,“命”字繁構。“囑命”,囑咐。

膠膡之腈 腈,讀爲“精”,二字皆从“青”聲,可通。上海博物館藏楚竹書《天子建州》:“豊(禮)之於尻(尸)庿(廟)也,不腈(精)爲腈(精),不嫙(嫙)爲嫙(嫙)。義(儀)反之,腈(精)爲不腈(精),嫙(嫙)爲不嫙(嫙)。”“腈”字亦讀爲“精”。按“腈”字雖不見於《説文》,但從造字本意分析,米之精細者爲“精”,則肉之精細者爲“腈”。或即“腈”當爲“精”字異構。《説文》“精,擇也”,朱駿聲《通訓定聲》:“精,㝩米使純潔也。”“精”本指經挑選的優質上等米,訓爲純浄,精細,引申爲最好之稱[①]。《論語・鄉黨》:“食不厭精,膾不厭細。”《楚辭・離騷》:“折瓊枝以爲羞兮,精瓊靡以爲粻。”《莊子・人間世》:“鼓筴播精,足以食十人。”

“膠膡之精”,謂致送學校之祭肉精細。

諭夫三夫之祷 諭,“命”字繁構,告訴。“命夫”之“夫”從上文看似爲衍文,或爲語氣詞。

祷,讀爲“請”,二字皆从“青”聲,可通。請,請求,乞求。《廣雅・釋言》:“請,乞也。”《管子・國蓄》“租税者,所慮而請也”,尹知章注:“請,求也。”《左傳・隱公元年》:“(武姜)愛共叔段,欲立之。亟請於武公,公弗許。”《論語・八佾》:“儀封人請見。”

最後這幾句詩爲諷刺句,大意是説告訴你們這些小人(三夫),致送學校的祭肉是很精細的啊,你們可以去請求(得到)啊! 由此表達了詩人的憤慨之情。

本句下有粗墨篇章號,表示全文結束。

---

① 參見《説文》“精”字段玉裁注。

蘭賦

蘭賦

一

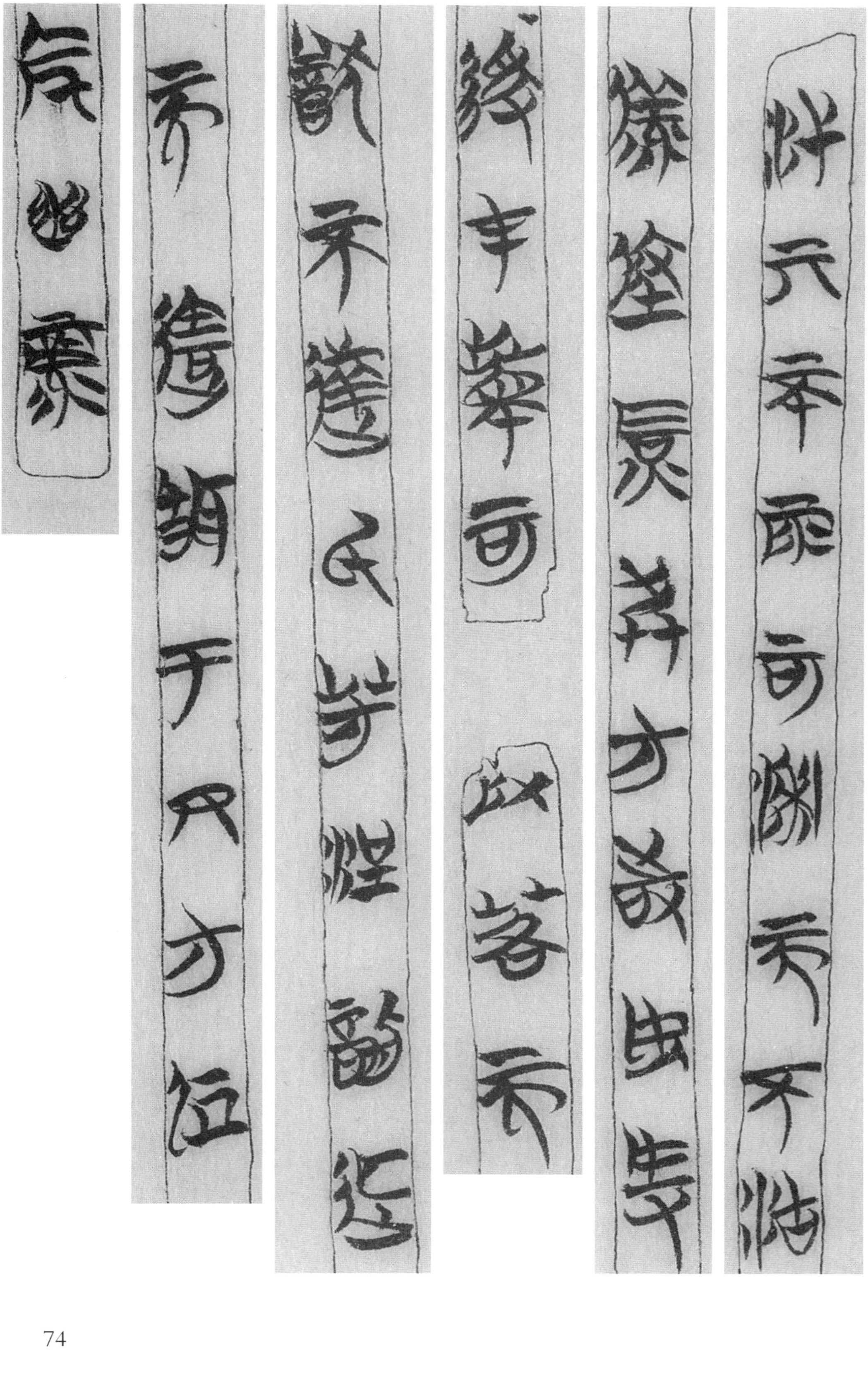

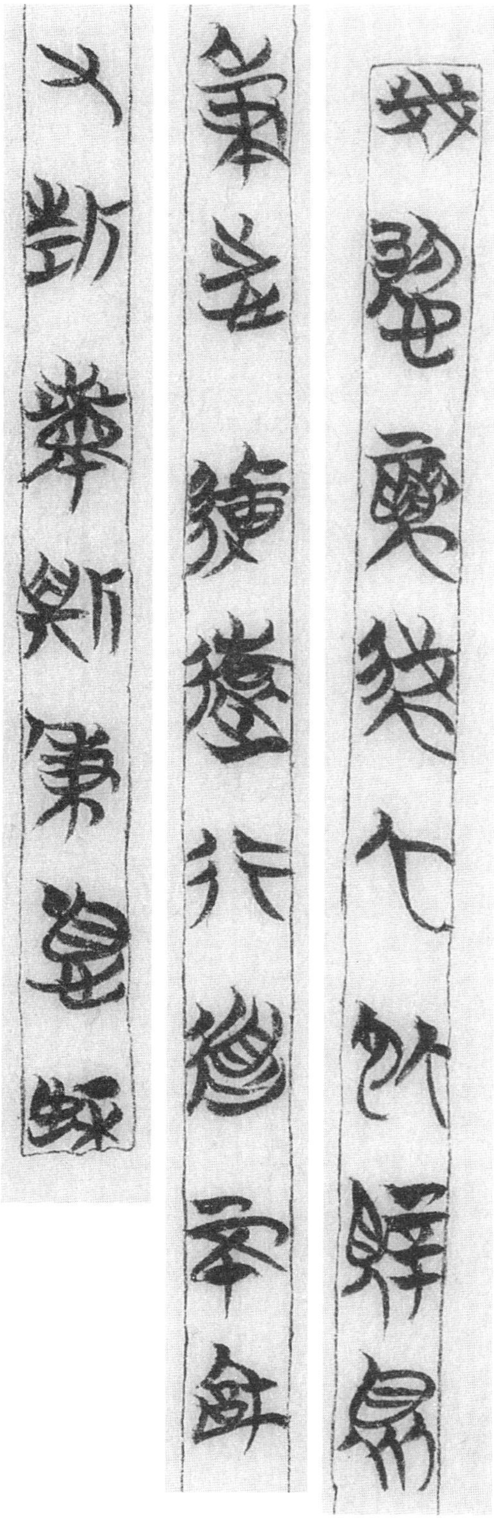

蘭賦

三

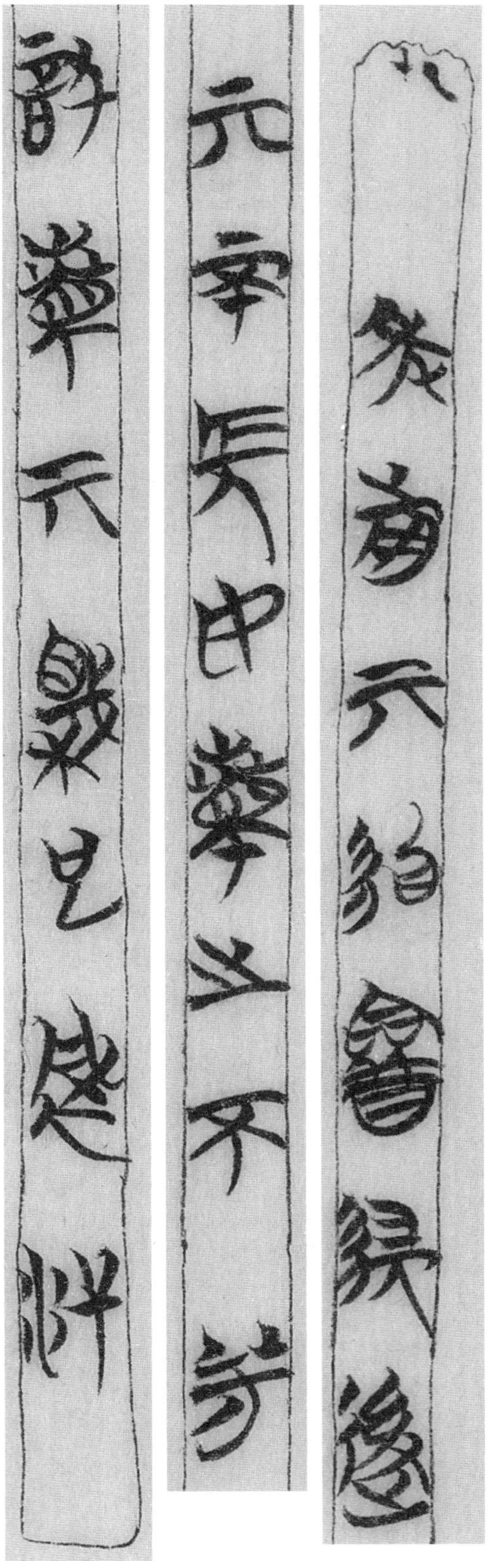

蘭賦
四

癸南元貂曽浸遂

元宇矢中薾不号

訴薾元衆旦處胖

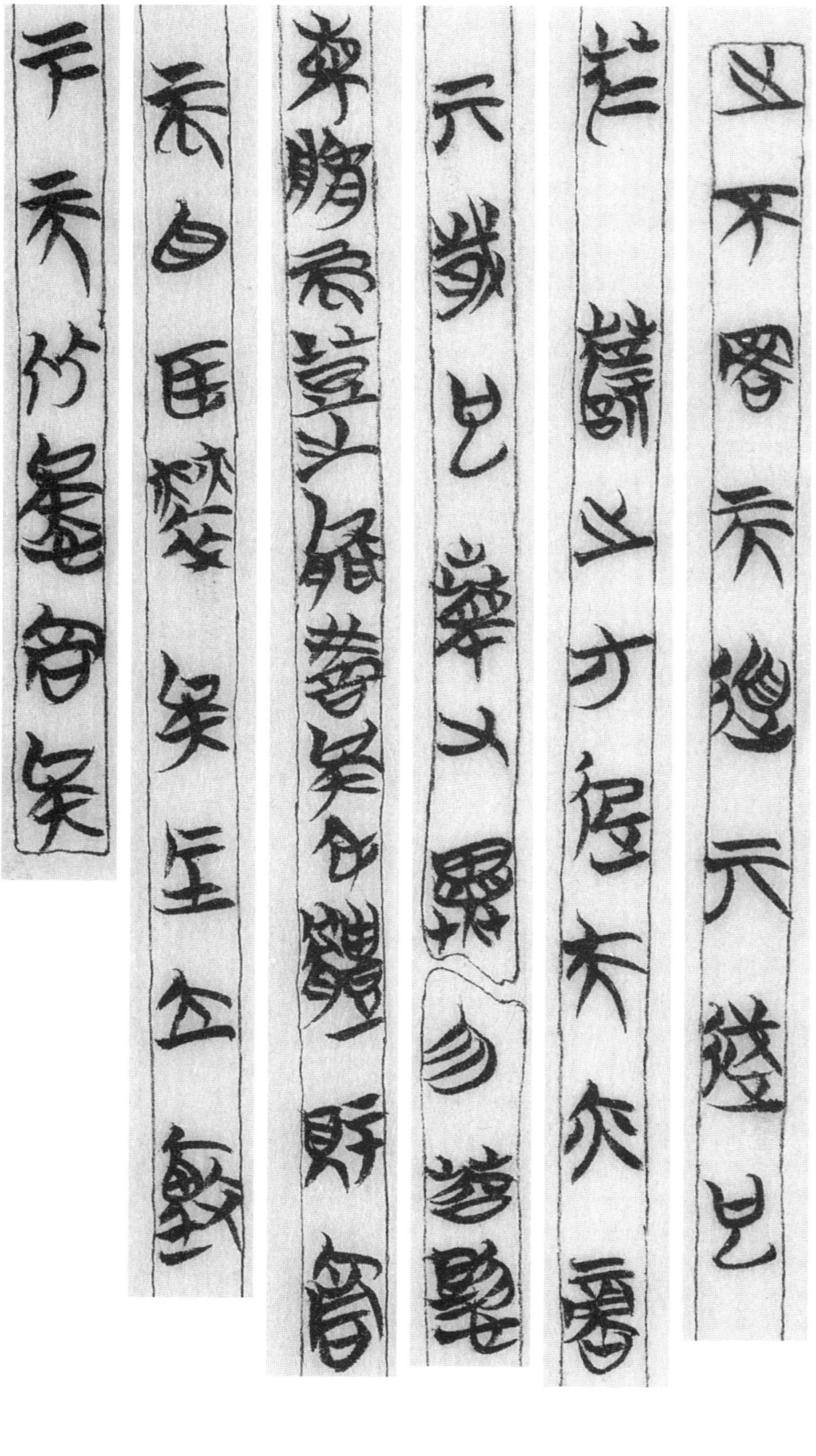

説　　明

　　本篇現存簡共五支，除第五簡外，均有殘損。完簡長度約五十三釐米，除末簡下段抄寫較密者外，一般書寫字數爲四十八字左右。編繩三道，簡端距第一契口約十一釐米，第一契口距第二契口約十五點五釐米，第二契口距第三契口約十五點五釐米，第三契口距下端約十點五釐米。

　　本篇作品體裁屬賦體，不見今本著録。首章及中間部分均有殘佚，篇尾完整，全篇現存一百六十字。

　　晉摯虞《文章流別論》謂：“賦者，敷陳之稱，古詩之流也。……故有賦焉，所以假象盡辭，敷陳其志。”本篇賦的内容是以“蘭”起興，託物詠志，借蘭之品德而抒發作者的情感與志向。賦中謂“蘭斯秉德”，“親衆秉志，綽遠行道”，稱譽其“華滌落而猷不失是芳，盈詆邇而達聞于四方”。雖然蘭草花落盡仍不失其芬芳之香，近處滿遭詆毁卻能受到四方稱譽。此實爲作者借物喻己，即《史記·屈原賈生列傳》所謂：“其志絜，故其稱物芳。”對“蘭”之讚賞，實不亞於屈原之《離騷》。

　　“蘭”一直是中國古代詩人詠頌的對象，據統計，僅《楚辭》一書就提及“蘭”凡三十二見[①]，可見一斑。《荀子·宥坐》謂：“芷、蘭生於深林，非以無人而不芳。”洪興祖《楚辭補注》引黄魯直《蘭説》云：“蘭生深山叢薄之中，不爲無人而不芳，含香體潔，平居與蕭艾同生而不殊。清風過之，其香藹然，在室滿室，在堂滿堂，所謂含章以時發者也。”又指出：“劉次莊云：‘蘭喻君子，言其處於深林幽澗之中，而芬芳郁烈之不可掩，故《楚辭》云云。’”劉説對理解本篇賦文很有

---

①　參考姜亮夫《楚辭通故》第三輯《博物部》“蘭”字條，第 524 頁，齊魯書社，1985 年。

幫助。

《史記·屈原賈生列傳》謂："屈原既死之後,楚有宋玉、唐勒、景差之徒者,皆好辭而以賦見稱。"諸人之賦傳留至今,惟有宋玉作品[1],評者謂其所作獨開漢賦先河。但早於宋玉的賦體作品,究竟是什麼體裁或形式,以及賦的若干問題,卻有不少爭議,如荀況的《成相》篇是否就算"賦"? 賦的興起年代,以及"騷賦"如何向"辭賦"演變,"詩人之賦"與"辭人之賦"的分界,等等。楚竹書《蘭賦》篇的發現,對研究戰國時代的賦體作品諸問題,提供了可資參考的極好材料。

此外,本篇賦文對仗講究,用字推敲。同義或義近字連文疊用,如"茂豐""殘賊""逴遠""行道""備修""尻宅""約儉""比擬",以及"雨露""黄薜""螻蟻""虫蛇"等,均是由二個義近字組合而成的同義複詞,足見此賦修辭之美。其遣詞用句清麗,與屈原、宋玉作品相比,可以説並不遜色。

本篇原無篇題,取内容主題爲名。

---

[1] 嚴可均《全上古三代文》,以《大招》爲景差作品。1972 年臨沂銀雀山漢墓出土的簡牘中有《唐勒賦》殘篇,見吴九龍《銀雀山漢簡釋文》,文物出版社,1985 年。

第一簡

……汙（旱），雨霝（露）不隆（降）矣。日月逄（失）時，苣（黃）薜茅（茂）豐。夬（決）迖（去）選勿（物），宄（宅）才（在）孳（兹）宙（中）。

本簡存下半段，長二十四點七釐米。上殘，下平頭。第三契口距下端十點五釐米。存二十二字。由於失去簡的上半段，很難斷定是否爲首簡，但從全文分析，應在賦的開頭部分。

汙　汙，通"旱"，乾旱，久晴不雨。《靈樞經·九宮八風》："太一移日，天必應之風雨。以其日風雨則吉，歲美民安少病矣。先之則多雨，後之則多汙。""汙"字用法與簡文同。或以爲"汙"即"旱"之通假字，二字皆从"干"聲，可以相通。《説文》："旱，不雨也。"《詩·大雅·雲漢》："旱既大甚，蘊隆蟲蟲。"《詩·大雅·召旻》："如彼歲旱，草不潰茂。"《莊子·秋水》："春秋不變，水旱不知。"

雨霝不隆矣　雨，從雲層中降下地面的水滴。《説文》："雨，水从雲下也。"《詩·小雅·甫田》："以御田祖，以祈甘雨。"《詩·豳風·東山》："我來自東，零雨其濛。"《易·説卦》："雨以潤之。"

霝，《説文》謂："雨零也。"非簡文義，當讀爲"露"。《老子》"天地相合，以降甘露"，郭店楚簡本"露"作"霝"；《詩·小雅·南有嘉魚之什》篇名《湛露》，上海博物館藏楚竹書《孔子詩論》"露"作"霝"。《説文》："露，潤澤也。"指近地面的水氣夜間遇冷，凝結在物體上形成的水珠。《詩·召南·行露》："厭浥行露，豈不夙夜？謂行多露。"《詩·小雅·湛露》："湛湛露斯，在彼豐草。……湛湛露斯，在彼杞棘。"

"雨露"，雨與露，泛指雨水。《管子·度地》："海路距，雨露屬。"《禮記·祭義》："春雨露既濡，君子履之，必有怵惕之心。""雨露"或作"露雨"，見《吕氏春秋·季冬紀·介立》:"四蛇從之,得其露雨。"義同。

隓,構形下从"止",即"降"字繁構,古文字表示行動之字或贅增"止"旁。郭店楚簡《五行》"既見君子,心不能隓(降)";上海博物館藏楚竹書《凡物流形》"天隓(降)五厇(度)","降"作"隓",即其例。降,降落,降下。《詩·小雅·節南山》:"昊天不惠,降此大戾。"《書·君奭》:"弗弔天降喪于殷。"《國語·周語下》:"天災降戾。"《荀子·議兵》:"若時雨之降,莫不説喜。"

"矣",語氣詞,《説文》:"矣,語已詞也。"

"雨露不降",亦即天旱之謂。又,《文子·精誠》:"陰陽四時,非生萬物也;雨露時降,非養草木也;神明接,陰陽和,萬物生矣。""雨露時降"與簡文"雨露不降"義正相反。

日月逮時 "日月",太陽和月亮。《易·離》:"日月麗乎天,百穀草木麗乎土。"《荀子·儒效》:"如是則貴名起如日月,天下應之如雷霆。"《楚辭·九歌·雲中君》:"蹇將憺兮壽宮,與日月兮齊光。"《後漢書·馮衍傳上》:"其事昭昭,日月經天,河海帶地,不足以比。"

逮,構形从"辵"从"夆"。"夆"字見甲骨文,卜辭用爲"佚""逸"義,楚文字"逮"爲"夆"之繁構,用爲"失"[1]。如《老子》"失之若驚""無執故無失",郭店楚簡本"失"作"逮";《禮記·緇衣》"民是以親失,而教是以煩",郭店楚簡本、上海博物館藏楚竹書本皆作"教此以逮,民此以變","失"作"逮"。失,《説文》謂"縱也",引申爲變易、錯亂。《國語·周語上》:"夫天地之氣,不失其序;若過其序,民亂之也。"《淮南子·原道》:"今夫徙樹者,失其陰陽之性,則莫不枯槁。"

時,按照規定或一定的時間。《詩·周頌·時邁》:"時邁其邦,昊天其子之。"《莊子·秋水》:"秋水時至,百川灌河。"郭店楚簡《忠信之道》:"至信女(如)旹(時),必(必)至而不結。"

"失時",不當其時。《左傳·莊公二十年》:"哀樂失時,殃咎必至。"《楚辭·九辯》:"惟其紛糅而將落兮,恨其失時而無當。""日月失時",指日月運行

---

[1] 參見趙平安《戰國文字的"逮"與甲骨文的"夆"爲一字説》,《古文字研究》第二十二輯,中華書局,2000年。

無序,即節候不正常。亦即長沙出土楚帛書所謂:"日月星辰,躝(亂)逆(失)其行。""失時",典籍或稱"時失",《左傳·隱公九年》:"庚辰,大雨雪。亦如之。書,時失也。"

芑薜茅豐　芑,"荑"字異體,从"艸","尸"聲。"尸"爲古文"夷"字,見《玉篇》:"尸,古文夷字。"①《漢書·高帝紀》"司馬尸將兵北定楚地"、《地理志》"蘇示,尸江在西北",顏師古均注:"尸,古夷字。"上海博物館藏楚竹書《鬼神之明》"返五(伍)子疋(胥)者,天下之聖人也,鴟尸(夷)而死","鴟夷"作"鴟尸";《成王既邦》"白(伯)尸(夷)督(叔)齊飤(餓)而死於離潰","伯夷"作"白(伯)尸",亦可爲證。

荑,草名。《説文》:"荑,艸也。"《玉篇》:"荑,始生茅也。"《詩·邶風·静女》"自牧歸荑,洵美且異",毛亨傳:"荑,茅之始生也。"

薜,草名。《爾雅·釋草》"薜,庾草",鄭樵注:"藤生,蔓延牆樹間。花生頗似薜荔。"或以爲"薜"即"薜荔",《説文》:"薜,牡贊也。"《爾雅·釋草》作"牡贊",注未詳,翟灝《爾雅補郭》謂:"此薜荔之無實者,故以牡名,生山中。"朱駿聲《説文通訓定聲》指出:"飯帚曰贊。今北人束馬蘱以刷鍋,則牡贊疑即薜荔。"②薜荔,常綠灌木,蔓生,也名木蓮,《楚辭》亦見咏之。如《楚辭·離騷》:"擥木根以結茝兮,貫薜荔之落蕊。"《楚辭·九歌·湘君》:"薜荔柏兮蕙綢,蓀橈兮蘭旌。"又,《楚辭·九歌·山鬼》:"若有人兮山之阿,被薜荔兮帶女蘿。"後世文獻常以"薜蘿"連稱,即指"薜荔"和"女蘿"兩種野生植物,皆可參考。

茅,讀爲"茂"。古从"矛"聲之字可與"茂"通,如《書·皋陶謨》"懋哉懋哉",《漢書·董仲舒傳》、《爾雅·釋詁》郭璞注引"懋"作"茂";《書·康誥》"懋不懋",《左傳·昭公八年》引"懋"作"茂";《史記·司馬相如列傳》"實葉葰茂",《漢書·司馬相如傳》、《文選·司馬相如〈上林賦〉》"茂"作"楙";《漢書·食貨志上》"楙遷有無",顏師古注:"楙與茂同。"即其例。故"茅"可讀爲"茂"。

---

① 《説文》誤以爲古文"仁"字。
② 《爾雅·釋草》另以"薜"釋"山蘄""白蘄",此"薜"指"當歸";又以"薜"釋"山麻",皆與簡文之"薜"無涉。

茂，草木繁盛。《説文》：“茂，艸豐盛。”《文選・王褒〈四子講德論〉》：“恩及飛鳥，惠加走獸，胎卵得以成育，草木遂其零茂。”劉良注：“茂，盛。”《詩・小雅・斯干》：“如竹苞矣，如松茂矣。”《管子・五行》：“五穀鄰熟，草木茂實。”《楚辭・九思・傷時》：“菫荼茂兮扶疏，蘅芷彫兮瑩嫇。”

豐，草木茂盛、茂密。《詩・小雅・湛露》：“湛湛露斯，在彼豐草。”毛亨傳：“豐，茂也。”《國語・周語下》“豐殖九藪”，韋昭注：“豐，茂也。”

“茂豐”，文獻或作“豐茂”，見《管子・水地》：“鳥獸得之，形體肥大，羽毛豐茂，文理明著。”“豐茂”常指禾稼草木豐盛茂密貌，例如《論衡・率性》：“肥而沃者性美，樹稼豐茂。”曹操《步出夏門行・觀滄海》：“樹木叢生，百草豐茂。”又，《文選・班固〈典引一首〉》：“甘露宵零於豐草，三足軒翥於茂樹。”“豐草”與“茂樹”對舉，亦可參看。

夬迲選勿　夬，讀爲“決”，“決”从“夬”聲，可通。《易・夬》“莧陸夬夬中行”，馬王堆帛書本“夬”作“決”；《詩・小雅・車攻》“決拾既佽”，陸德明釋文“決”作“夬”；《戰國策・魏策三》“以與楚兵決於陳郊”，馬王堆帛書本“決”作“夬”。《説文》：“決，行流也。”本指打開缺口，導引水流。《書・益稷》：“予決九川，距四海。”引申爲分辨、確定。《荀子・強國》：“聽決百事不留。”《韓非子・解老》：“目不能決黑白之色，則謂之盲。”《禮記・曲禮上》：“決嫌疑，別同異。”

迲，“去”字繁構，贅增“辵”旁。上海博物館藏楚竹書《孔子詩論》“帛（幣）帛之不可迲（去）也，民眚（性）古（故）肰（然）”，《容成氏》“迲（去）蟲（苟）而行柬（簡）”“述（遂）逃，迲（去）之槀（蒼）虘（梧）之埜（野）”，《君子爲禮》“欲行之不能，欲迲（去）之而不可”，“去”字皆作“迲”。

去，去掉，除去。《左傳・閔公二年》“衛侯不去其旗”，陸德明釋文：“去，一云除也。”《周禮・地官・大司徒》“以荒政十有二，聚萬民……六曰去幾”，鄭玄注：“去幾，去其稅耳。”《易繫辭下》：“以小惡爲無傷而弗去也。”《論語・顏淵》：“子貢曰：‘必不得已而去，於斯三者何先？’曰：‘去兵。’”

選，選擇。《説文》：“選，遣也。……一曰選，擇也。”《荀子・儒效》：“遂選馬而進，朝食於戚，暮宿於百泉，厭旦於牧之野。”《墨子・尚同中》：“是故選擇天下賢良聖知辯慧之人，立以爲天子。"《禮記·禮運》："大道之行也，天下爲公，選賢與能，講信脩睦。"

勿，讀爲"物"。《老子》"以輔萬物之自然而不敢爲""萬物將自化""萬物作焉而不辭""萬物並作""奇物滋起"等句，郭店楚簡本"物"皆作"勿"；《禮記·緇衣》"上好是物""言有物而行有格也"，郭店楚簡本、上海博物館藏楚竹書本"物"皆作"勿"；《書·立政》"時則勿有間之"，《論衡·明雩》引"勿"作"物"；《莊子·天道》"中心物愷"，陸德明釋文："物本亦作勿。"物，《説文》謂："萬物也。"《易繫辭上》："方以類聚，物以群分。"這是泛指。簡文此處"物"指物種、種類。《周禮·地官·牧人》"牧人掌牧六牲，而阜蕃其物，以共祭祀之牷牲"，孫詒讓正義："物猶言種類也。"《國語·晉語六》："如草木之産也，各以其物。"

宧才孳宷　　宧，"宅"字繁構，从"宀"，从"厇"，"厇"即古文"宅"字，見《説文》及魏三體石經①。新蔡簡"宅兹睢漳"、曾姬無卹壺"宅兹漾陵"，"宅"字皆作"宧"。宅，寄託之所。《説文》："宅，所託也。"桂馥義證："《御覽》引作'人所託也。'"《莊子·大宗師》："且彼有駭形而無損心，有旦宅而無情死。"上海博物館藏楚竹書《三德》："凡宧（宅）官於人，是胃（謂）邦固，宧（宅）人於官，是胃（謂）邦膚（虚）。""宅"字用法與簡文同。

才，古文字用爲"在"，楚簡習見。在，居於，處於。《易·乾》："是故居上位而不驕，在下位而不憂。"《書·呂刑》："穆穆在上，明明在下。"《論語·公冶長》："子在陳。"

孳，讀爲"兹"，"孳"从"兹"聲，可通。上海博物館藏楚竹書《彭祖》"狗（耇）老曰：眊眊舍（余），朕孳（兹）未則于天，敢昏（問）爲人？""兹"作"孳"。兹，同"此"，代詞。《書·大禹謨》"念兹在兹，釋兹在兹"，孔安國傳："兹，此。"《詩·邶風·泉水》"我思肥泉，兹之永歎"，鄭玄箋："兹，此也。"《詩·大雅·泂酌》："泂酌彼行潦，挹彼注兹，可以餴饎。"《易·晉》："受兹介福，于其王母。"《論語·子罕》："文王既没，文不在兹乎？"

---

①　《説文》及魏三體石經"宅"字古文作"厇"。

審，"中"字繁構，上增"宀"飾，楚簡習見①。中，内，裏面，與"外"相對。《易·兑》："剛中而柔外。"《周禮·考工記·匠人》："國中九經九緯。"《文子·上禮》："酆水之深，十仞而不受塵垢，金石在中，形見於外。"《楚辭·九章·思美人》："芳與澤其雜糅兮，羌芳華自中出。紛郁郁其遠承兮，滿内而外揚。"

"宅在兹中"，與新蔡簡、曾姬無卹壺"宅兹"用法同。《書·盤庚上》："我王來，既爰宅於兹。""宅於兹"與簡文用法亦相近。

第二簡

……汗(旱)亓(其)不雨，可(何)湫(湛)而不沽(涸)？備坙(修)庶戒，方(旁)時(時)安(焉)复(作)。緩才(哉)萊(蘭)可(兮)，［華］攸(滌)莟(落)而猷不逢(失)氏(是)芳，涅(盈)訛逅(遹)而達罪(聞)于四方。尻(处)宓(宅)幽录(麓)，

本簡爲兩段非完全綴合，上段長二十二點八釐米，上、下殘；下段長二十四點三釐米，上殘，下端平頭。第三契口距下端十點五釐米。存四十二字(中間銜接處缺一字，據文義補)，内容與上簡銜接，缺數字。

汗亓不雨　"汗"，同"旱"，見上簡。

"亓"，讀爲"其"②，虚詞，此處用於句中，無意思，僅僅多一個音節而已。《詩·邶風·北風》："北風其凉，雨雪其雱。""其"字用法同。

"不雨"，指天不下雨，亦即"旱"。《説苑·辨物》："天久不雨，水泉將下，百川竭。"《漢書·食貨志上》："失時不雨，民且狼顧。"

可湫而不沽　可，讀爲"何"③。何，何故，爲什麽。《楚辭·離騷》："何瓊佩

---

① "中"作"審"，詳見本書《李頌》注釋。
② "亓"讀爲"其"，詳見本書《有皇將起》注釋。
③ "可"讀爲"何"，詳見本書《有皇將起》注釋。

蘭　賦

之偃蹇兮，衆薆然而蔽之。”“何昔日之芳草兮，今直爲之蕭艾也。”《楚辭·九歌·湘夫人》：“麋何食兮庭中？蛟何爲兮水裔？”“何”字用法相同。

　　湛，原篆構形象“禾”没于水中之形，即“湛”之本字，本是會意字，寫作“湛”爲後起之形聲字。《詩·鄘風·柏舟》“髧彼兩髦”之“髧”，安徽大學藏戰國楚簡本異文作“湛”，即以“湛”字爲通假①。《説文》：“湛，没也。从水，甚聲。”是其本義，引申爲厚重之貌。《楚辭·九章·悲回風》“吸湛露之浮源兮”，王逸注：“湛，厚也。”《楚辭·九章·哀郢》：“忠湛湛而願進兮，妒被離而鄣之。”又，《詩·小雅·湛露》“湛湛露斯，匪陽不晞”，毛亨傳：“湛湛，露茂盛貌。”是“湛”亦指露水濃重貌。《管子·地員》“五粟之土，乾而不挌，湛而不澤，無高下葆澤以處，是謂粟土”，尹知章注：“言常潤也。”是“湛”可表“濕潤”之義，簡文用法正同。

　　而，同“能”，“能够”。《吕氏春秋·士容論·士容》“士不偏不黨，柔而堅，虚而實”，高誘注：“而，能也。”《戰國策·齊策六》：“齊多知而解此環不？”又，《墨子·尚同中》“古者聖王唯而審以尚同”，《文選·東京賦》李注引“而”作“能”；《戰國策·齊策四》“而治可爲管商之師”，《吕氏春秋·季冬紀·不侵》“而”作“能”；《論語·憲問》“愛之能勿勞乎”，《鹽鐵論·授時》引“能”作“而”。《楚辭·九章·抽思》：“孰無施而有報兮，孰不實而有獲？”“而”字亦訓“能够”。

　　沽，讀爲“涸”。上海博物館藏楚竹書《魯邦大旱》記有子貢回答孔子的一段話，其中謂：“女（如）天不雨，水牺（將）沽。”注釋讀“沽”爲“涸”。按相同的内容亦見於《晏子春秋·内篇諫上》及《説苑·辨物》②，此句作：“天久不雨，水泉將下，百川竭。”無論從文義上還是兩相參照，均可證明“沽”字讀爲“涸”其是。又，上海博物館藏楚竹書《用曰》“繼（絶）原（源）流漶（漸），亓古（胡）能不沽（涸）”，“沽”字也讀作“涸”。涸，水枯竭。《説文》：“涸，渴也。”《楚辭·七諫·謬諫》“悲太山之爲陧兮，孰江河之可涸”，洪興祖補注：“涸，乎固切，水竭也。”《孟子·離婁下》：“苟爲無本，七八月之間雨集，溝澮皆盈；其涸也，可立而待

_____

①　“湛”字原誤釋爲“淵”，今據黄德寬《釋新出戰國楚簡中的“湛”字》改爲“湛”，見《中山大學學報》（社會科學版）2018 年第 1 期。釋文參考黄先生意見。

②　語主皆已改爲晏子。

也。"《莊子·大宗師》:"泉涸,魚相與處於陸。"《禮記·月令》:"殺氣浸盛,陽氣日衰,水始涸。"

此兩句謂,天久旱不雨,(蘭)爲何卻能濕潤不致於乾涸? 意思是蘭草仍能生長而不枯萎。"湛"與"涸"相對爲文。

備坓庶戒　備,準備,具備。《書·説命中》:"惟事事乃其有備,有備無患。"《易繫辭下》:"廣大悉備。"《禮記·樂記》:"備舉其道,不私其欲。"《楚辭·九章·昔往日》:"乘氾泭以下流兮,无舟楫而自備。"《楚辭·招魂》:"招具該備,永嘯呼些。""蘭膏明燭,華容備些。"

坓,從"土","攸"聲,讀爲"修"。"修"從"攸"聲,故可相通①。修,置備。《國語·周語中》"修其簠簋",韋昭注:"修,備也。"《呂氏春秋·季春紀·先己》"琴瑟不張,鍾鼓不修",高誘注:"修,設也。""修",與"脩"通。《淮南子·本經》:"立仁義,脩禮樂。"《楚辭·離騷》:"進不入以離尤兮,退將復脩吾初服。"

庶,副詞,表示希望和可能。《爾雅·釋言》:"庶,幸也。"《詩·大雅·抑》:"聽用我謀,庶無大悔。"《左傳·桓公六年》:"君姑修政而親兄弟之國,庶免於難。"《論語·先進》:"回也其庶乎!"

戒,準備,具備。《詩·大雅·抑》"用戒戎作,用逖蠻方",鄭玄箋:"當用此備兵事之起,用此治九州之外不服者。"朱熹集傳:"戒,備。"《易·萃》象傳"君子以除戎器,戒不虞",惠棟述:"戒,備也。"

簡文之"備""修""戒"皆義近。《詩·小雅·大田》:"大田多稼,既種既戒,既備乃事。"《詩·小雅·楚茨》:"禮儀既備,鍾鼓既戒。"亦"戒""備"互對,與簡文用法相似。

方峕安夊　方,讀爲"旁"。《老子》"萬物旁作",郭店楚簡本"旁"作"方";《書·益稷》"方施象刑惟明",《白虎通·聖人》、《新序·節士》引"方"作"旁";《書·吕刑》"方告無辜於上",《論衡·變動》引"方"作"旁";《淮南子·主術》

---

① "攸"讀爲"修",詳見本書《有皇將起》注釋。

蘭　賦

“旁流四達”，《文子·微明》“旁”作“方”；《儀禮·士喪禮》“牢中旁寸”，鄭玄注：“今文旁爲方。”

旁，憑依。《莊子·齊物論》“奚旁日月，挾宇宙”，成玄英疏：“旁，依附也。”《漢書·食貨志下》“吏用苛暴立威，旁緣莽禁，侵刻小民”，顏師古注：“旁，依也。”揚雄《羽獵賦·序》：“武帝廣開上林，東南至宜春、鼎湖、御宿、昆吾，旁南山，西至長楊、五柞。”

旹，讀爲“時”。上海博物館藏楚竹書《李頌》“扢旹（時）而伇（作）可（兮）”，“時”作“旹”①。時，時機、機會。《書·泰誓》：“時哉弗可失。”《論語·陽貨》：“好從事而亟失時，可謂智乎？”《楚辭·離騷》：“冀枝葉之峻茂兮，願竢時乎吾將刈。”

安，原篆構形作“㝮”，這是楚文字特有的寫法。楚簡此種寫法的“安”字與從“宀”的“安”字相同，但字形有別②，簡文常讀爲“焉”。例如郭店楚簡《老子》“信不足，安（焉）又（有）不信”“國中又（有）四大安（焉），王凥一安（焉）”，今本“安”皆作“焉”；上海博物館藏楚竹書《孔子詩論》“《邦風》亓（其）内（納）勿（物）也尃（溥），觀人谷（俗）安（焉），大僉（斂）材安（焉）”，《東大王泊旱》“楚邦有常故，安（焉）敢殺祭？”“安”亦讀作“焉”。“安”通“焉”也見傳世文獻，《廣雅·釋詁》：“焉，安也。”《漢書·張良傳》“君安得高枕而卧”，《漢書·陸賈傳》“陛下安得而有之”，顏師古注：“安，焉也。”又，《論語·爲政》“人焉廋哉”，《論語·子罕》“焉知來者之不如今也”，皇侃疏：“焉，安也。”

簡文此處的“安”也讀爲“焉”，連詞，相當於“則”“於是”。《墨子·兼愛》：“必知亂之所自起，焉能治之。”《國語·晉語二》：“盡逐群公子，乃立奚齊，焉始爲令，國無公族焉。”《禮記·祭法》：“壇墠有禱，焉祭之，無禱乃止。”

伇，下從“又”，即“乍”字繁構，同“作”。郭店楚簡《性自命出》“㞢（待）勿（物）而句（後）伇（作）”“豊（禮）伇（作）於青（情）”；上海博物館藏楚竹書《容成氏》“喬（驕）能（態）訽（始）伇（作）”“伇（作）爲六頪（律）”“伇（作）爲金桯三千”，“作”字皆作“伇”。《說文》：“作，起也。”産生，興起。《易·乾》：“雲從龍，風從

---

①　“旹”讀爲“時”，詳見本書《李頌》注釋。
②　或以爲是“安”字省寫。

89

上海博物館藏戰國竹書楚辭箋注

虎,聖人作而萬物覩。”《易繫辭下》:“包犧氏没,神農氏作。”

“旁時焉作”,與上海博物館藏楚竹書《李頌》“冟時而作”意思相近。

緩才萊可　緩,《説文》以爲“緌”字省體①,訓爲“綽”②,義爲舒緩,和緩。《禮記·樂記》:“其樂心感者,其聲嘽以緩。”《楚辭·九歌·東皇太一》:“疏緩節兮安歌,陳竽瑟兮浩倡。”《韓非子·亡徵》:“緩心而無成,柔茹而寡斷。”

才,讀爲“哉”。郭店楚簡《性自命出》“青(情)安(焉)遙(失)才(哉)”,《魯穆公問子思》“善才(哉)言虐(乎)”,《窮達以時》“可(何)懂(難)之又(有)才(哉)”,“哉”字皆作“才”。又,《老子》“荒兮其未央哉”“豈虚言哉”“吾何以知其然哉”,馬王堆帛書本“哉”作“才”。哉,語氣詞,表感歎。

萊,“蘭”字異構。“蘭”從“闌”聲,而“闌”從“柬”聲,故可省。信陽楚簡《墨子》佚文“猷(猶)苣(芝)萊(蘭)與(歟)?”“蘭”字亦作“萊”。“蘭”字異體或作“蕳”,《詩·鄭風·溱洧》“士與女方秉蕳兮”,陸璣疏:“蕳即蘭,香草也。”《初學記》卷四引《韓詩章句》:“鄭俗,上巳,溱洧兩水之上,秉蘭祓除。”是“蕳”即“蘭”。“蕳”字或作“蘰”,《説文》:“蘰,香艸也。”玄應《一切經音義》引《字書》:“蘰與蕳同。蘰,蘭也。”是“萊”“蕳”“蘰”皆爲“蘭”字異構,乃聲旁替換③。

《説文》:“蘭,香艸也。”古書稱“蘭”多指蘭草、澤蘭,屬菊科,多年生草本,有香氣,秋末開花,與今蘭(即春蘭)不是同一種植物。《易繫辭上》:“同心之言,其臭如蘭。”《楚辭·九歌·湘夫人》:“沅有茝兮醴有蘭,思公子兮未敢言。”《楚辭·九歌·東皇太一》:“蕙肴蒸兮蘭藉,奠桂酒兮椒漿。”按《楚辭》“蘭”字凡三十二見④,又多與“蕙”“芷”“椒”等芳草連文,其爲芳草無疑。簡文之“蘭”亦指芳草。

可,讀爲“兮”,語气詞⑤。

---

① 從古文字分析,“緩”字實爲異體。
② “綽”即“繛”字異體。
③ 參看孫機《古蘭與今蘭》,載楊泓、孫機:《尋常的精緻》,第 169 頁,遼寧教育出版社,1996 年。
④ 姜亮夫《楚辭通故》第三輯《博物部》“蘭”字條,第 524 頁,齊魯書社,1985 年。
⑤ “可”讀爲“兮”,詳見本書上篇《李頌》注釋。

[華]攸茖而猷不達氏芳　華,即"花"之本字,此處原缺一字,據文義補"華"字。

攸,讀爲"滌","滌"从"條"聲,而"條"从"攸"聲,可通。上海博物館藏楚竹書《容成氏》"墬(降)自鳴攸(條)之述(遂),呂(以)伐高神之門。"地名"鳴攸",經史作"鳴條",是其證。《説文》:"滌,洒也。"由"洗滌"義引申爲浄、除。《詩·豳風·七月》:"九月肅霜,十月滌場。"《書·禹貢》:"九山刊旅,九川滌源。"《後漢書·隗囂傳》:"緣邊之郡,江海之瀕,滌地無類。"

茖,《説文》謂"艸也",不符合簡文義,字當讀爲"落"。上海博物館藏楚竹書《李頌》"槀(燥)亓(其)方茖(落)","落"字亦作"茖"①。落,脱落。《説文》:"落,凡艸曰零,木曰落。"《楚辭·離騷》:"惟草木之零落兮,恐美人之遲暮。"

《文子·上德》:"華太早者不須霜而落。""華滌落"猶言"花落浄"。

而,連詞,相當於"卻""然而"。《莊子·養生主》:"今臣之刀十九年矣,所解數千牛矣,而刀刃若新發於硎。"《孟子·離婁下》:"問其與飲食者,盡富貴也,而未嘗有顯者來。"《楚辭·離騷》:"荃不察余之中情兮,反信讒而齌怒。""初既與余成言兮,後悔遁而有他。""而"字用法皆可參考。

猷,同"猶",副詞,相當於"仍""仍然"。《國語·晉語一》:"我戰死,猶有令名焉。"《楚辭·離騷》"亦余心之所善兮,雖九死其猶未悔","芳與澤其雜糅兮,唯昭質其猶未虧","猶"字用法同。

氏,讀爲"是"②,指示代詞。

芳,《説文》謂:"香艸也。"《楚辭·離騷》:"雖萎絶其亦何傷兮,哀衆芳之蕪穢!"引申爲香、香氣。《楚辭·離騷》:"佩繽紛其繁飾兮,芳菲菲其彌章。""蘇糞壤以充幃兮,謂申椒其不芳。"《楚辭·九章·悲回風》:"故茶薺不同畝兮,蘭茝幽而獨芳。"

"不失是芳",不失去其芬芳之香。

涅訕迟而達韻于四方　涅,讀爲"盈"。《老子》"持而盈之""大盈若沖",郭

————————————
①　"茖"讀爲"落",詳見本書《李頌》注釋。
②　"氏"讀爲"是",詳見本書《李頌》注釋。

店楚簡本"盈"皆作"浧"。上海博物館藏楚竹書《凡物流形》"水之東流，牆（將）可（何）浧（盈）"，"浧"也讀爲"盈"。又，《老子》"金玉滿堂，莫之能守"，郭店楚簡本作"金玉浧室，莫能獸（守）也"，"滿"字作"浧"，亦讀爲"盈"，乃是以同義字替代。《説文》："盈，滿器也。""滿，盈溢也。""盈""滿"互訓，可以爲證。簡文此處"盈"字以"充盈"義引申爲"全部""整個"的意思。

訾，字同"訾"，訾毁、誹謗。《説文》："訾，不思稱意也。从言，此聲。《詩》曰：'翕翕訾訾'。"朱熹集傳："訾訾，相詆也。"《荀子·非十二子》："禮節之中則疾疾然，訾訾然。"《楚辭·九思·遭厄》："指正義兮爲曲，訾玉璧兮爲石。"《禮記·曲禮上》："不苟訾，不苟笑。"《漢書·地理志下》："俗儉嗇愛財，趨商賈，好訾毁，多巧僞。"字或作"呰"。《荀子·修身》："《詩》曰：'噏噏呰呰，亦孔之哀。'""呰"即"訾"（呰）字異構。

迡，讀爲"邇"。上海博物館藏楚竹書《民之父母》①"亡（無）備（服）之喪，可（何）志（詩）是迡（邇）"，"邇"字作"迡"，今本作"近"，是以同義字替代。上海博物館藏楚竹書《從政》"君子之相讓（就）也，不必才（在）近迡（邇）"，"邇"字亦作"迡"，"近邇"連用，爲同義複詞。又，《晏子春秋·外篇》"仲尼見景公景公欲封之晏子以爲不可"章"欲封之以爾稽"，《墨子·非儒下》"爾稽"作"尼谿"②；《説文》"檷，讀若柅"；《詩·邶風·泉水》"飲餞于禰"，《儀禮·士虞禮》鄭玄注引"禰"作"泥"；《易·姤》"繫于金柅"，陸德明釋文"柅，子夏作鑈"，皆"尼""爾"相通之證，故"迡"可讀爲"邇"。

邇，距離（或時間）近。《説文》："邇，近也。"《書·舜典》"柔遠能邇，惇德允元"，孔安國傳："邇，近。"《詩·鄭風·東門之墠》："其室則邇，其人甚遠。"《左傳·昭公十二年》："深思而淺謀，邇身而遠志，家臣而君圖，有人矣哉！"《論語·陽貨》："邇之事父，遠之事君。"

達，顯達。《禮記·聘義》"孚尹旁達，信也"，孔穎達疏："達者，通達之名也。"《孟子·盡心上》："故士窮不失義，達不離道。……窮則獨善其身，達則兼善天下。"《論語·雍也》："己欲立而立人，己欲達而達人。"

---

① 即《禮記·孔子閒居》。
② 《史記·孔子世家》作"將欲以尼谿田封孔子"。

醌，从"耳"，"昏"聲，即"聞"字異構①。《說文》："聞，知聞也。"引申爲聲譽，名聲。《詩·大雅·卷阿》"如珪如璋，令聞令望"，鄭玄箋："人聞之則有善聲譽。"《詩·大雅·文王》"亹亹文王，令聞不已"，朱熹集傳："令聞，善譽也。"《書·微子之命》："舊有令聞。"《楚辭·九章·思美人》："羌居蔽而聞章。"

"達聞"，顯達有聲譽②。又，《論語·顏淵》："在邦必聞，在家必聞，……在邦必達，在家必達。""聞""達"同義對文。

"四方"，東南西北四個方向，泛指爲天下各處。《詩·小雅·節南山》："秉國之均，四方是維。"《易·姤》："后以施命誥四方。"《孟子·梁惠王下》："凶年饑歲，君之民老弱轉乎溝壑，壯而散之四方者，幾千人矣。"《楚辭·招魂》："天地四方，多賊姦些。"

《楚辭·九章·思美人》："芳與澤其雜糅兮，羌芳華自中出。紛郁郁其遠承兮，滿內而外揚。"與本句簡文表達的意思相似③。

以上兩句意思是説，雖然蘭草花落盡仍不失去芬芳之香，近處滿遭詆毀卻能受到四方稱譽。此實爲作者借物喻己，即《史記·屈原賈生列傳》所謂："其志絜，故其稱物芳。"又，《楚辭·離騷》"時曖曖其將罷兮，結幽蘭而延佇"，洪興祖補注："劉次莊云：'蘭喻君子，言其處於深林幽澗之中，而芬芳郁烈之不可掩，故《楚辭》云云。'"劉説對理解簡文很有幫助。

尻宎幽录 尻，舊以爲與"居"同字，從楚簡的用法看，實即《說文》"処"字異寫，亦即"處"字，訓爲"居處"之義④。

宎，"宅"字繁構，訓爲居，居處。《爾雅·釋言》"宅，居也。"邢昺疏："宅，謂居處也。"《詩·大雅·文王有聲》"宅是鎬京"，鄭玄箋："宅，居也。"《戰國策·

---

① 《説文》以爲是"聞"字古文。
② 後世因稱顯達有名望或受稱譽爲"聞達"，如諸葛亮《前出師表》："苟全性命於亂世，不求聞達於諸侯。"顯然是由"達聞"一詞轉換而來。
③ 此承網上讀者"魚游春水"指出，簡帛網，2011 年 8 月 13 日。
④ 詳見本書《有皇將起》"尻"字注釋。

秦策四》"大武遠宅不涉",鮑彪注:"宅,猶居也。"《荀子·大略》"故家五畮宅",楊倞注:"宅,居處也。"簡文"凥(處)""宅"同義疊用。

幽,《説文》謂:"隱也。"引申爲深遠。《詩·小雅·伐木》"出自幽谷,遷于喬木",毛亨傳:"幽,深。"《莊子·山木》:"彼其道幽遠而無人,吾誰與爲鄰?"《楚辭·九章·惜往日》:"君無度而弗察兮,使芳草爲藪幽。"

录,讀爲"麓"。《説文》"麓"古文作"棥";《周禮·地官·序官》"每大林麓,下士十有二人",陸德明釋文:"麓,本亦作棥。"又,《説文》"漉"或作"渌";葛陵楚簡"麓"作"棥",亦可爲證。麓,山腳,《詩·大雅·旱麓》"瞻彼旱麓,榛楛濟濟",毛亨傳:"麓,山足也。"

"凥宅幽麓",猶《楚辭·九章·涉江》謂:"哀吾生之無樂兮,幽獨處乎山中。"簡文此處是指蘭草生長在深山。按《楚辭·九章·悲回風》:"故茶薺不同畮兮,蘭茝幽而獨芳。"故屈原稱之爲"幽蘭",如《楚辭·離騷》:"時曖曖其將罷兮,結幽蘭而延佇""户服艾以盈要兮,謂幽蘭其不可佩"。又,《荀子·宥坐》:"芷、蘭生於深林,非以無人而不芳。"亦可參考。

宋人方岳《次韻蕭同年古意》詩:"猗猗者芳蘭,翳翳彼幽麓。"正可視爲本句寫照[1]。

第三簡

戔(殘)惻(賊)螻蛾(蟻)虫蛇。親衆秉志,綽遠行道,不躳又(有)折,菜(蘭)斯秉悳(德)。賢

本簡存上半段,長二十四點二釐米。上平頭、下殘。第一契口距上端十點九釐米。存二十三字。

---

[1]　此由復旦大學出土文獻與古文字研究中心網站 2011 年 7 月 17 日讀者跟帖意見指示。

戔惻螻蛾虫蛇　　戔，讀爲"殘"。上海博物館藏楚竹書《容成氏》"於是虖（乎）羿（樊）宗鹿（戮）族戔（殘）群安（焉）備（服）"，《三德》"救（求）利戔（殘）亓（其）新（親）"，《天子建州》"栽（仇）戲（讎）戔（殘）亡"，"戔"字皆讀爲"殘"。《易·賁》"束帛戔戔"，陸德明釋文："戔，子夏《傳》作殘。""殘"從"戔"聲，故可相通。殘，傷害，毀壞。《説文》："殘，賊也。"《莊子·胠篋》："殫殘天下之聖法，而民始可與論議。"《孟子·梁惠王下》："凶年饑歲，君之民老弱轉乎溝壑……有司莫以告，是上慢而殘下也。"《鹽鐵論·大論》："殘材木以成室屋者，非良匠也。"

惻，讀爲"賊"。《老子》"絶巧棄利，盜賊無有""法令滋彰，盜賊多有"，郭店楚簡本"賊"作"惻"；上海博物館藏楚竹書《容成氏》"不型（刑）殺而無頪（盜）惻（賊）"，《彭祖》"惻（賊）者自賊（賊）也"，《用曰》"佳（唯）心自惻（賊）"，《鬼神之明》"迅（及）桀受學（幽）萬（厲），焚聖人，殺訐者，惻（賊）百眚（姓），躍（亂）邦豙（家）"，"賊"字皆作"惻"。

賊，敗壞，傷害。《説文》："賊，敗也。"《左傳·文公十八年》"毀則爲賊，掩賊爲藏，竊賄爲盜，盜器爲姦"，杜預注："毀則，壞法也。"《論語·先進》"子路使子羔爲費宰，子曰：'賊夫人之子。'"鄭玄注引包咸謂："子羔學未熟習而使爲政，所以爲賊害。"《莊子·秋水》："至德者，火弗能熱，水弗能溺，寒暑弗能害，禽獸弗能賊。"《淮南子·主術》："若欲飾之，乃是賊之。"《楚辭·招魂》："歸來歸來，恐自遺賊些。"

"殘賊"，亦見《史記·淮南衡山列傳》："往者秦爲無道，殘賊天下。"《越絶書·吳人内傳》："殘賊奢佚，不顧邦政。"同義並用。

螻，螻蛄，昆蟲，齧食植物的根，對作物危害很大。

蛾，讀爲"蟻"，《禮記·學記》"蛾子時術之"，陸德明釋文："本或作蟻。"郭店楚簡《唐虞之道》"尊臤（賢）遺旻（親），我（義）而未忎（仁）也"，《語叢一》"悬（仁）生於人，我（義）生於道"，《語叢三》"不我（義）而加者（諸）己"，"義"字皆作"我"。"義"字從"我"得聲，故可相通。蟻，昆蟲，種類很多，《爾雅》、《説文》作"螘"，即"蚍蜉"。

古書常常"螻蟻"連言，如《莊子·列禦寇》："在上爲烏鳶食，在下爲螻蟻食。"《楚辭·惜誓》:"爲螻蟻之所裁。"《史記·伍子胥傳贊》:"向令伍子胥從(伍)奢俱死,何異螻蟻。"亦是同義並用。

虫,"虺"的本字,毒蛇。《山海經·南山經》:"(猨翼之山)多白玉,多蝮虫。"郭璞注:"虫,古虺字。"馬王堆帛書《老子》乙本"蠭(蜂)癘(蠆)虫蛇弗赫(蟄)",今本(王弼本)"虫蛇"作"虺蛇"。《説文》:"虫,一名蝮,博三寸,首大如擘指。象其臥形。"

"虫蛇",除見上引帛書《老子》外,亦見《韓非子·五蠹》:"上古之世,人民少而禽獸衆,人民不勝禽獸虫蛇。"蔡邕《篆勢》:"蘊若虫蛇之棼緼。"

"殘賊螻蟻虫蛇",即"螻蟻虫蛇殘賊",倒裝句,修辭的需要。

親衆秉志　親,親近。《説文》:"親,至也。"《書·堯典》:"克明俊德,以親九族。"《荀子·王霸》:"唯便僻親比己者之用,夫是之謂小用之。"《韓非子·愛臣》:"愛臣太親,必危其身。"

衆,衆人,群衆。《荀子·脩身》"庸衆而野",楊倞注:"衆,衆人。"《書·湯誓》:"夏王率遏衆力,率割夏邑。"《論語·學而》:"泛愛衆,而親仁。"《楚辭·離騷》:"衆皆競進以貪婪兮,憑不厭乎求索。""衆不可户説兮,孰云察余之中情?"《楚辭·九歌·大司命》:"衆莫知兮余所爲。"

"親衆",猶言"親民",親近愛撫民衆。《管子·形勢解》:"雖不言曰'吾親民',而民親矣。"意思相同。

秉,執持,堅持。《詩·小雅·小弁》"君子秉心,維其忍之。"鄭玄箋:"秉,執也。"《國語·晉語一》:"若不知辱,亦必不知固秉常矣。"《新語·懷慮》:"失道者誅,秉義者顯。"

志,意志,志向。《説文》:"志,意也。"《書·舜典》:"詩言志。"《論語·公冶長》:"盍各言爾志。"《楚辭·離騷》:"屈心而抑志兮,忍尤而攘詬。"《楚辭·九章·橘頌》:"嗟爾幼志,有以異兮。"

"秉志",持志,見皮日休《九諷·舍慕》:"粵吾秉志兮,潔於瑾瑜。"又,《楚辭·九章·惜誦》:"欲橫奔而失路兮,堅志而不忍。""堅志"與"秉志"義近。

蘭　賦

綽遠行道　綽,《説文》以爲"薂"字省體①,此處讀爲"逴"。"綽""逴"二字均從"卓"聲,例可相通。《説文》:"逴,遠也。"《楚辭・九歎・遠遊》"舒並節以馳騖兮,逴絶垠乎寒門",洪興祖補注:"逴,遠也。"皆以"遠"訓"逴"。《楚辭・九辯》:"春秋逴逴而日高兮,然惆悵而自悲。"《史記・衛將軍驃騎列傳》:"取食於敵,逴行殊遠而糧不絶。"

"逴遠",猶言"邈遠""遥遠",同義疊用。

行,道路。《詩・大雅・行葦》"敦彼行葦,牛羊勿踐履",毛亨傳:"行,道也。"《楚辭・九歎・怨思》"征夫勞于周行兮,處婦憤而長望",王逸注:"行,道也。"《詩・豳風・七月》:"女執懿筐,遵彼微行。"

道,道路。《説文》:"道,所行道也。"《詩・小雅・大東》:"周道如砥,其直如矢。"《楚辭・九歌・湘君》:"駕飛龍兮北征,邅吾道兮洞庭。"《史記・陳涉世家》:"會天大雨,道不通。"

"行道",見《詩・大雅・緜》"柞棫拔矣,行道兑矣",俞樾平議:"行道連文,行亦道也。"侯馬盟書:"𥦗(遇)之行道弗殺。"亦是同義疊用。

《楚辭・九章・抽思》"道卓遠而日忘兮,願自申而不得",王逸注:"卓,一作逴。""道卓(逴)遠"即簡文之"逴遠行道",可以互參。

不躳又折　躳,今作"躬"。《易・渙》"渙其躬,无悔",上海博物館藏竹書本"躬"作"躳";包山楚簡"躳(躬)身尚毋又(有)咎","躳身"即"躬身"。躬,身體、自身,《詩・邶風・谷風》"我躬不閲,遑恤我後",鄭玄箋:"躬,身。"《論語・堯曰》:"天之曆數在爾躬,允執其中。"引申爲親自、親身。《論語・憲問》:"禹、稷躬稼而有天下。"上海博物館藏楚竹書《姑成家父》:"躳(躬)與士凥(處)垏(館),旦夕絅(治)之,思(使)有君臣之節。"

"不躬"猶言"弗躬"。《詩・小雅・節南山》"弗躬弗親,庶民弗信",鄭玄箋:"此言王之政不躬而親之,則恩澤不信於衆民矣。"

又,讀爲"有",楚簡習見。折,責難。《正字通・手部》:"折,直指人過失曰

---

①　從古文字分析,"綽"字實爲異體。

97

折。"《後漢書·李育傳》"嘗讀《左氏傳》,雖樂文采,然謂不得聖人深意,以爲前世陳元、范升之徒更相非折",李賢注:"折,難也。"《史記·呂太后本紀》:"陳平、絳侯曰:'於今面折廷爭,臣不如君。'"

菄斯秉悳　"菄","蘭"字異構。

斯,虛詞,相當於"此"。《論語·學而》"先王之道,斯爲美",皇侃疏:"斯,此也。"上海博物館藏楚竹書《李頌》"木斯蜀(獨)生,秦(榛)朸(棘)之関(間)可(兮)",《弟子問》"女(汝)能訢(慎)訋(始)與冬(終),斯善歆(矣),爲君子虖(乎)?""斯"字用法同。《楚辭》"斯"字多見,皆用作虛詞,訓爲"此"①。

悳,同"德"。《説文》:"悳,外得於人,内得於己也。"又,"德,升也。"將悳、德分爲二字,從古文字看,實爲一字。如《禮記·緇衣》引《書·尹誥》"咸有一德",郭店楚簡本、上海博物館藏楚竹書本"德"作"悳";《老子》"上德如谷""含德之厚者""修之身,其德乃真。修之家,其德有餘。修之鄉,其德乃長。修之邦,其德乃豐",郭店楚簡本"德"字皆作"悳"。德,品德,操守。《易·乾》:"君子進德修業。"《左傳·成公十六年》:"民生厚而德正。"《楚辭·天問》:"夜光何德,死則又育?"

"秉德",秉持好的品德。《詩·周頌·清廟》"濟濟多士,秉文之德",鄭玄箋:"濟濟之衆士,皆執行文王之德。"《楚辭·天問》:"該(亥)秉季德,厥父是臧。""秉德"亦見《楚辭·九章·橘頌》:"秉德無私,參天地兮。"

賢,下文佚失。

第四簡

……年(佞)前亓(其)約會(儉),綨(端)後亓(其)不長,女(如)菄(蘭)之不芳。信菄(蘭)亓(其)藒(蔎)也,風汗(旱)

―――――――――
①　詳見本書《李頌》"斯"字注。

蘭　賦

本簡存下半段，長二十七點三釐米。上殘，下端平頭。第三契口距下端十點五釐米。存二十二字。

年前亓約會　年，讀爲"佞"。《左傳·襄公三十年》經文"天王殺其弟佞夫"，《公羊傳》"佞夫"作"年夫"；《春秋左傳異文釋》卷七："《大戴·公冠》：'祝雍曰，使王近於民，遠於年。'《説苑·脩文》作'遠於佞'。"又，馬王堆帛書《十六經·成法》"唯余一人，兼有天下，滑（猾）民將生，年（佞）辯用知（智），不可法組，吾恐或用之以亂天下"，"賢人減（咸）起，五邪乃逃，年（佞）辯乃止"，"年辯"即"佞辯"①。

佞，巧，善辯，口才好，《説文》："佞，巧讇高材也。"《書·吕刑》"非佞折獄，惟良折獄"，孔傳："非口才可以斷獄，惟平良可以斷獄。"《論語·公冶長》："或曰：'雍也仁而不佞。'子曰：'焉用佞？禦人以口給，屢憎於人。不知其仁，焉用佞？'"《列子·仲尼》："佞給而不中，漫衍而無家。"《尹文子·大道下》："佞辯可以熒惑鬼神。"引申爲巧言諂媚的人。《莊子·胠篋》："舍夫種種之民，而悦夫役役之佞。"

前，前面，與"後"相反，《楚辭·九辯》："前輕輬之鏘鏘兮，後輬乘之從從。"引申表示切近，面前，跟前。《孟子·梁惠王上》："便嬖不足使令於前與？"馬王堆帛書《戰國策·蘇秦謂燕王章》："謂燕王曰：'今日願藉（籍）於王前。'""佞前"，佞人面前。亓，讀爲"其"，代詞。

約，約束。《説文》："約，纏束也。"《莊子·駢拇》："約束不以纆索。"《論語·子罕》："博我以文，約我以禮。"《韓詩外傳》卷十："制禮約法於四方。"

會，即"僉"字繁構，下從"曰"爲古文字常見之繁飾②。僉，讀爲"儉"。《禮記·緇衣》"吾大夫恭且儉"③，上海博物館藏楚竹書本"儉"作"會"；郭店楚簡《性自命出》"悬（憂）谷（欲）會（儉）而毋悋"，"儉"作"會"；上海博物館藏楚竹書《容成氏》"墨（禹）肰（然）句（後）訂（始）行呂（以）會（儉）"，《曹沫之陳》"必共（恭）會

————————————

① 馬王堆帛書整理小組注："年，讀爲佞，巧。"《馬王堆帛書》，第 74 頁，文物出版社，1976 年。
② 此種繁飾"曰"，實爲於增飾的"口"旁中乘隙加點而成。
③ 文字從楚簡本。

(儉)目(以)得之",《慎子曰恭儉》"共(恭)會(儉)目(以)立身","儉"字皆作"會"。

儉,約束,節制。《説文》:"儉,約也。"《墨子・辭過》:"儉節則昌,淫佚則亡。"《左傳・僖公二十三年》:"晉公子廣而儉,文而有禮。"《史記・游俠列傳》:"及(郭)解年長,更折節爲儉,以德報怨,厚施而薄望。"

簡文"約""儉"同義,與《説文》合。又,簡文"約儉"是由兩個義近字組合而成的同義複詞,指行爲約束節制。古書亦有"約儉"一詞,是指節約省儉,兩者意思不同。

耑後亓不長 耑,讀爲"端"。包山楚簡《遣册》"絴(縢)組之耑(端)","端"作"耑",二字皆从"耑"聲,例可相通。端,直,正,《説文》:"端,直也。"《楚辭・九章・涉江》:"苟余心其端直兮,雖僻遠之何傷。"《禮記・玉藻》:"端行,頤霤如矢。"《説苑・至公》:"今棄法背令而釋犯法者,是爲理不端,懷心不公也。"亦指人的品行端莊正直,引申爲正直之人。《孟子・離婁下》:"夫尹公子他,端人也,其取友必端矣。"《大戴禮記・保傅》:"於是比選天下端士,孝悌閒博有道術者以輔翼之。"《淮南子・主術》:"其民樸重端慤。"

後,位置在後,與"前"相對。《玉篇》:"後,前後也。"《左傳・昭公二十三年》:"塞其前,斷其後。"《楚辭・離騷》:"前望舒使先驅兮,後飛廉使奔屬。"《論衡・寒温》:"後者,天已寒温於前,而人賞罰於後也。"

"端後",正直人的後面。"端後"與上句"佞前"相對。這裏"前""後"表達的意思相同,都是指在"佞"者或"端"者跟前。

長,居先,居首位。《國語・吴語》"吴晉争長未成,邊遽乃至,以越亂告",韋昭注:"長,先也。"《易・乾》:"元者,善之長也。"《素問・風論》:"故風者,百病之長也。""不長",不居先。

女蘘之不芳 "女",讀爲"如"。《老子》"慎終如始",郭店楚簡本"如"作"女";《禮記・緇衣》"好媺如好《緇衣》,惡惡如惡《巷伯》"①,郭店楚簡本、上海

① 文字據楚簡本改。

博物館藏竹書本"如"作"女";上海博物館藏竹書《容成氏》"女（如）是而不可"，《昔者君老》"女（如）祭祀之事"，《魯邦大旱》"女（如）天不雨"，"如"字皆作"女"。如，如同，好像。《詩·鄭風·大叔于田》："執轡如組，兩驂如舞。"《詩·王風·采葛》："一日不見，如三秋兮。"《楚辭·九章·惜往日》："情冤見之日明兮，如列宿之錯置。"

"不芳"，不復芳香，不發出芳香，即失去芳香。《楚辭·離騷》"恐鶗鴂之先鳴兮，使夫百草爲之不芳"，王逸注："言我恐鶗鴂以先春分鳴，使百草華英摧落，芬芳不得成也。""不芳"一詞屢見《楚辭》，如《楚辭·離騷》："蘇糞壤以充幃兮，謂申椒其不芳。""蘭芷變而不芳兮，荃蕙化而爲茅。"《楚辭·九章·悲回風》："鳥獸鳴以號群兮，草苴比而不芳。"又，《荀子·宥坐》："芷、蘭生於深林，非以無人而不芳。"皆可參看。

簡文這幾句大意是説，在兩種不同品德的人跟前採取不同的克制態度（即保持自己謙虛謹慎之心態），這如同蘭草之不發出芬芳之香，是有其一定的道理。可惜上半段簡文已佚，不知此處是自喻還是他指。

信蘪亓蘪也　信，《説文》謂："誠也。"用作副詞，訓爲確實、的確、誠然。劉文淇《助字辨略》卷四引《史記·田齊世家》"若夫語五音之紀，信未有如夫子者也"，按語："信，誠也，實也，允也，果也。"《楚辭·離騷》"苟余情其信姱以練要兮，長顑頷亦何傷"，朱熹集注："信，實也。"《書·金縢》："乃問諸史與百執事。對曰：'信，噫！公命，我勿敢言。'"《左傳·昭公元年》："子晳信美矣！"《論語·憲問》："信乎，夫子不言，不笑，不取乎？"

蘪，即《説文》"穰"字省體，讀爲"邁"[1]。古音"穰""邁"皆爲明母月部字，可通。簡文此句形容蘭品質之高邁，超凡不俗。《楚辭·九章·哀郢》："衆踥蹀而日進兮，美超遠而逾邁。"或可爲本句作注。

---

[1]　此字原釋爲"栽"字繁體，網上讀者已指出，字形可參看上博簡《曹沬之陳》。今從單育辰《占畢隨録之十五》意見改正，釋文亦同參。見復旦大學出土文獻與古文字研究中心網站，2011 年 7 月 22 日。

上海博物館藏戰國竹書楚辭箋注

第五簡

之不罔（罔），天道亓（其）迻（越）也。苫（黃）薛之方记（起），夫亦啻（適）亓（其）戤（歲）也。萊（蘭）又（有）異勿（物），蓉（容）惻（則）柬（簡）懈（逸），而莫之能斈（效）矣。身體肚（重）青（輕），而目耳袋（勞）矣。□立敳（亞）下，而比悉（擬）高矣。

本簡爲兩段綴合，上段長二十五點六釐米，下段長二十七點二釐米，綴合後簡基本完整，長五十二點八釐米。上、下端平頭。第一契口距上端十一釐米，第一契口與第二契口間距十五點六釐米，第二契口與第三契口間距十五點五釐米，第三契口距下端十點七釐米。存五十一字。

風汗之不罔　　"風汗"二字在上簡末。風，《説文》謂"八風也……風動蟲生"，亦指颶風。《詩·邶風·終風》："終風且暴，顧我則笑。"《書·金縢》："天大雷電以風，禾盡偃。"《淮南子·天文》："天之偏氣，怒者爲風。"汗，同"旱"。

"風旱"，指風災和旱災。"風旱"連稱亦見《周禮·春官·小祝》"掌小祭祀，將事侯禳禱祠之祝號，以祈福祥，順豐年，逆時雨，寧風旱，彌災兵，遠辠疾"，鄭玄注："禳，禳卻凶咎，寧風旱之屬。""風旱"爲災害，故祈求"寧"，即"止息"。

罔，即"网"字，下從"口"爲古文字習見之繁飾。网，讀爲"罔"。《説文》："网，庖犧所結繩以漁。……罔，网或從亡。"以"罔"爲"网"之或體。九店楚簡"凡戁日，不利㠯（以）□□，不利㠯（以）爲張罔（网）"，"埶（設）罔（网）得，大吉"，"网"字皆作"罔"；《楚辭·九歌·湘夫人》"罔薜荔兮爲帷"，"网"字亦作"罔"。罔，訓爲害，《論語·雍也》："君子可逝也，不可陷也；可欺也，不可罔也。"《孟子·梁惠王上》："焉有仁人在位，罔民而可爲也？"

天道亓逑也 "天道",自然界的變化規律。《荀子·天論》:"天有常道矣,地有常數矣。"《莊子·庚桑楚》:"夫春與秋,豈無得而然哉? 天道已行矣。"《論衡·亂龍》:"鯨魚死,彗星出,天道自然,非人事也。"皆可參看。

逑,即"越"字,古文字在表示行動義時,从"走"旁之字或可寫成从"辵",楚簡中這類例子甚多①。越,逾越,超出某種規定或範圍。《易繫辭下》"其稱名也,雜而不越",韓康伯注:"備物極變,故其名雜也。各得其序,不相踰越。"《文子·九守》:"故能有名譽者,必不以越行求之。"《孔子家語·五儀》:"油然若將可越,而終不可及者,此則君子也。"

苣薛之方记 苣,即"黃"字,與"薛"皆草名。

方,並也。《詩·小雅·十月之交》"楀維師氏,艷妻煽方處",鄭玄箋:"后嬖寵方熾之時,並處位。"俞樾《群經平議》指出:"方之本義爲兩舟相並,故方即訓爲並。經文方字,鄭蓋訓爲並。故經云'方處',箋云'並處位'也。"又,《老子》"萬物並作",郭店楚簡本"並"作"方",乃同義替代。《書·微子》:"小民方興,相爲敵讎。"《莊子·山木》:"方舟而濟於河,有虛舩來觸舟,雖有偏心之人,不怒。"

记,即"起"字古文,見《説文》。《老子》"奇物滋起",郭店楚簡本"起"作"记";上海博物館藏楚竹書《容成氏》"记(起)帀(師)昌(以)伐昏(岷)山""於是虖(乎)天下之兵大记(起)",《競建内之》"记(起)而言曰",《凡物流形》"记(起)而甬(用)之,練(陳)於四海(海)","起"字皆作"记"。起,興起。《説文》:"起,能立也。"《書·益稷》:"元首起哉。"《易·姤》:"包无魚,起凶。"《荀子·天論》:"一廢一起,應之以貫,理貫不亂。"

"方起"即"並起",猶《老子》之"並作",皆一同興起之義。

夫亦啻亓戠也 夫,指示詞,相當於"此""這"。亦,副詞,相當於"也"。

啻,讀爲"適"。《説文》謂"適"从"啻"聲,故可相通。適,順適、適合。

---

① 如"赴"作"让","起"作"记","趣"作"逜","越"作"遰",等例。

《詩·鄭風·野有蔓草》"邂逅相遇,適我願兮",毛亨傳:"不期而會,適其時願。"《莊子·天下》:"以反人爲實而欲以勝人爲名,是以與衆不適也。"《商君書·畫策》:"由此觀之,神農非高於黄帝也,然其名尊者,以適於時也。"《淮南子·人間》:"故直意適情,則堅强賊之。"

骰,楚文字"歲"字。《爾雅·釋天》"載,歲也",孫炎注:"四時一終曰歲。"《論衡·難歲》:"歲,則日、月、時之類也。"簡文之"歲",指歲時,亦即時節。

萊又異勿　萊,"蘭"字異體。又,通"有",古文字習見。

異,不平常、特别的。《詩·邶風·静女》:"自牧歸荑,洵美且異。"《論語·先進》:"對曰:'異乎三子者之撰。'"《史記·仲尼弟子列傳》:"孔子曰'受業身通者七十有七人',皆異能之士也。"《楚辭·九章·懷沙》:"文質疏内兮,衆不知余之異采。"

勿,讀爲"物"[1]。《説文》:"物,萬物也。"引申爲事物的内容、實質。《易·家人》:"君子以言有物而行有恆。"《詩·大雅·烝民》:"天生烝民,有物有則。"《論語·陽貨》:"四時行焉,百物生焉,天何言哉!"

"蘭有異物",意思是説蘭草具有不同一般的品質特色。白居易《與元九書》:"諷君子小人則引香草惡鳥爲比。"可以參考。

蓉惻朿牉　蓉,讀爲"容",亦見上海博物館藏楚竹書《蘭賦》:"觀(觀)虗(吾)桓(樹)之蓉(容)可(兮)"[2]。容,容貌,儀容。《周禮·地官·鄉大夫》"二曰容",鄭玄注引鄭司農云:"容,謂容貌也。"《孟子·盡心下》"動容周旋中禮者,盛德之至也",焦循正義引《禮記·少儀》"祭祀之容"注云:"容,即儀也。"《論語·泰伯》:"動容貌,斯遠暴慢矣。"

惻,讀爲"則"。長沙出土楚帛書"□敬隹(惟)備,天像是惻(則)","則"作"惻";上海博物館藏楚竹書《鮑叔牙與隰朋之諫》"肰(然)惻(則)奚女(如)",

---

[1]　"勿"讀爲"物",詳見本書《李頌》注釋。
[2]　"蓉"字原釋"蓼",今據復旦吉大古文字專業研究生聯合讀書會《上博八〈蘭賦〉校讀》意見改正,復旦大學出土文獻與古文字研究中心網站,2011 年 7 月 17 日。

《凡物流形》"出惻（則）或内（入）"，"惻"字皆讀爲"則"。則，連詞。

柬，讀爲"簡"。《史記·楚世家》："簡王卒，子聲王當立。聲王六年，盜殺聖王，子悼王熊疑立。"望山楚簡中祭禱的相應楚先王作"柬大王""聲王""邵王"，"簡"作"柬"①；葛陵楚簡"忻（祈）福於邵王、獻王、柬大王"，"簡"字也作"柬"。又，"柬擇"之柬，古書多作"簡"。簡，高傲。《吕氏春秋·恃君覽·驕恣》"自驕則簡士，自智則專獨。"高誘注："簡，傲也。"又，《書·皋陶謨》"直而溫，簡而廉"，孔穎達疏引鄭玄云："簡，謂器量凝簡。"

𨓜，古文字"逸"字，簡文構形與越國銅器者沪鐘"逸"字同，三體石經的"逸"字構形與之近似，下部所增爲"谷"旁之訛變②。逸，超逸。《文選·劉琨〈答盧諶詩〉》"逸珠盈椀"，李善注："逸，謂過於衆類。"《三國志·蜀書·諸葛亮傳》："亮少有逸群之才。"《文心雕龍·才略》："景純艷逸，足冠中興。"後世稱節行高逸之人爲"逸士"，超逸脱俗之志爲"逸志"，高潔之軌範爲"逸軌"，"逸"字皆用此義。

而莫之能詨矣　而，連詞。莫，無指代詞，表示"無人""無處""無物"之義。《易·益》："莫益之，或擊之。"《論語·憲問》："莫我知也夫！"

《左傳·莊公二十二年》："八世之後，莫之與京。"《韓非子·五蠹》："魯人從君戰，三戰三北。仲尼問其故，對曰：'吾有老父，身死莫之養也。'"《淮南子·説林》："狂者傷人，莫之怨也；嬰兒詈老，莫之疾也。""莫之"用法皆與簡文同。

能，能够。《書·西伯勘黎》："乃罪多參在上，乃能責命于天？"《論語·雍也》："能近取譬，可謂仁之方也已。"《孟子·告子下》："我能爲君辟土地，充府庫。"《楚辭·離騷》："余固知謇謇之爲患兮，忍而不能舍也。"

詨，從言，爻聲，讀爲"效"。《易繫辭上》"效法之謂坤"，陸德明釋文"效"作"爻"（李鼎祚集解同）。又，從"爻"與從"交"之字可以相通，如《詩·衛風·淇

---

① 參見湖北省文物考古研究所、北京大學中文系編：《望山楚簡·考釋》，中華書局，1995 年。
② 詳拙文《楚簡文字中的"兔"及相關諸字》，載謝維揚、朱淵清主編：《新出土文獻與古代文明研究》，上海大學出版社，2004 年。

奥》"寬兮綽兮,猗重較兮",《説文》"較"字作"較";《史記·司馬相如列傳》"楚王乃駕馴駁之駟",《漢書·司馬相如傳》、《文選·司馬相如〈子虛賦〉》"駁"作"駮";《爾雅·釋畜》"四骹皆白,驓",陸德明釋文:"骹,字書作跤。"亦"喬"可讀爲"效"之證。

效,仿效、效法。《説文》:"效,象也。"《易繫辭上》:"知崇禮卑。崇效天,卑法地。"《左傳·莊公二十一年》:"鄭伯效尤,其亦將有咎!"《國語·晉語四》:"效郵,非禮也。"

矣,語氣詞,此處表示肯定。《論語·學而》:"雖曰未學,吾必謂之學矣。"《論語·述而》:"我欲仁,斯仁至矣。"

身體賍寈 "身體",代指人的全身。《管子·任法》:"利身體,便形軀,養壽命,垂拱而天下治。"《墨子·非樂上》:"耳之所樂,口之所甘,身體之所安,以此虧奪民衣食之財,仁者弗爲也。"《列子·楊朱》:"身體偏枯,手足胼胝。"

賍,從"貝","主"聲,讀爲"重"。上海博物館藏楚竹書《曹沫之陳》"收而聚之,罙(束)而厚之,賍(重)賞泊(薄)莝(刑),思(使)忘亓(其)死而見亓(其)生,思(使)良車良士往取之餌(耳)","重"作"賍";信陽楚簡《遣册》"鈞(均)賍(重)八益(鎰)筍(間)益(鎰)一朱(銖)","重"作"賍"。"賍"字讀"重"亦見楚國銅器鄝陵君豆。又,葛陵楚簡"一臣,亓(其)銉(重)一勻(鈞)","重"作"銉",也從"主"聲;《老子》"孰能安以久動之徐生",郭店楚簡本"動"作"逆",亦從"主"聲,可爲佐證。重,分量重,與"輕"相對。《書·大禹謨》:"罪疑惟輕,功疑惟重。"《論語·泰伯》:"士不可以不弘毅,任重而道遠。仁以爲己任,不亦重乎?"

寈,即"青"字繁構,上從"宀"爲楚文字常見之繁飾。青,讀爲"輕"。古音"輕"在溪母耕部,"青"在清母耕部,二字疊韻,可以相通。輕,分量輕,與"重"相對。《後漢書·陳忠傳》:"輕者,重之端。"《論語·雍也》:"赤之適齊也,乘肥馬,衣輕裘。"

"重輕",猶言"輕重",本指物體重量的大小,《左傳·宣公三年》:"楚子問鼎之大小輕重焉。"《孟子·梁惠王上》:"權,然後知輕重。"《荀子·正名》:"疾養凔熱滑鈹輕重以形體異。"引申爲尊卑貴賤,亦指尊卑貴賤的人。《荀子·富國》:"禮者,貴賤有等,長幼有差,貧富輕重皆有稱者也。"

"身體重輕",猶言人之尊卑貴賤。

而目耳袋矣 "目耳",眼睛和耳朵,見《荀子·非相》:"昔者衞靈公有臣曰公孫呂,身長七尺,面長三尺,焉廣三寸,鼻目耳具,而名動天下。"《太玄經·疑》:"次七:鬼魂疑嚘鳴,弋木之烏,射穴之狐,反目耳,屬。""目耳"文獻常作"耳目",如《管子·心術上》:"耳目者,所以聞見也。"《易·鼎》:"巽而耳目聰明。"《禮記·仲尼燕居》:"若無禮,則手足無所錯,耳目無所加。"

袋,從"衣",從"熒"省,古文字"勞"字,其構形見於青銅器銘文和楚簡。《説文》:"勞,劇也。從力,熒省。……用力者勞。"勞,辛勞、操勞。《詩·邶風·凱風》:"棘心夭夭,母氏劬勞。"《書·金縢》:"昔公勤勞王家。"《論語·爲政》:"有事,弟子服其勞。"

《鬼谷子·權篇》謂:"耳目者,心思之助也。"是耳目之勞猶言心思之勞。此句意思謂人之尊卑貴賤,在於耳目(即心思)是否辛勞。此由蘭草比喻引申至人。

《墨子·辭過》:"故聖人之爲衣服,適身體,和肌膚而足矣,非榮耳目而觀愚民也。"《韓非子·説疑》:"適身體之所安,耳目之所樂。"《禮記·樂記》:"惰慢邪辟之氣不設於身體,使耳目鼻口心知百體。"皆"身體""耳目"並言,可以參看。

□**立寠下** "立"前一字原篆作"",原簡字迹不甚清楚,字待考。

立,讀爲"位"。《禮記·緇衣》《詩》云:'靖共爾位,好是正直。'"郭店楚簡本、上海博物館藏楚竹書本"位"字皆作"立";郭店楚簡《唐虞之道》"方才(在)下立(位),不㠯(以)匹夫爲至(輕)",《六德》"生民[斯必又(有)夫婦、父子、君臣,此]六立(位)也。……既又(有)夫六立(位)也,㠯(以)貢(任)此[六戠(職)也]""内立(位)父子夫也,外立(位)君臣婦也","位"皆作"立";上海博物館藏楚竹書《天子建州》"士象大夫之立(位),身不字(免);大夫象邦君之立(位),身不字(免);邦君象天子之立(位),身不字(免)","位"作"立"。

位，所在的位置，《説文》："位，列中庭之左右謂之位。"段玉裁注："引申之，凡人所處皆曰位。"《莊子·秋水》："知天人之行，本乎天，位乎得。"成玄英疏："位，居處也。"《論語·鄉黨》："復其位，踧踖如也。"《孟子·離婁下》："禮，朝廷不歷位而相與言，不踰階而相揖也。"

甄，字曾見於西周銅器史墻盤銘"甄毓子孫"。《詩·召南·殷其靁》"殷其靁"，安徽大學藏楚簡本"殷"字作"甄"①。分析其構形，字從"宀"、從"垔"，從"攵"，即"垔"字繁構。"垔"有動作義，故簡文從"攵"②。垔，堵塞。《説文》："垔，塞也。《尚書》曰：'鯀垔洪水。'""垔"字典籍或作"堙"，引申爲埋没。《國語·周語下》："絶後無主，堙替隸圉。"韋昭注："堙，没也。"《史記·伯夷列傳》："巖穴之士，趣捨有時若此，類名堙滅而不稱，悲夫！"《後漢書·應劭傳》："舊章堙没，書記罕存。""垔下"，埋没於下。

而比惢高矣　而，連詞，相當於"卻"。

比，比喻、比擬。《詩·邶風·谷風》："既生既育，比予于毒。"《論語·述而》："子曰：'述而不作，信而好古，竊比於我老彭。'"又，"比"爲《詩》六義之一，即比喻的手法。《詩·大序》："故《詩》有六義焉：一曰風，二曰賦，三曰比，四曰興，五曰雅，六曰頌。"《梁書·文學傳上·鍾嶸》："因物喻志，比也。"

惢，讀爲"擬"。上海博物館藏楚竹書《孔子詩論》"《少（小）文（旻）》多惢（擬），惢（擬）言不中志者也"，"目（以）蓥（琴）拜（瑟）之敓（悦），惢（擬）好色之忟（願）"，"擬"作"惢"③。擬，比擬。《漢書·揚雄傳》"雄心壯之，每作賦，常擬之以爲式"，顏師古注："擬，謂比象也。"《荀子·不苟》："言己之光美，擬於舜、禹，參於天地，非夸誕也。"上引《孔子詩論》文，"擬"也訓爲比擬。簡文"比""擬"是同義疊用，後世即以"比擬"爲一詞。

高，在一般標準或平均程度之上。《廣雅·釋詁》："高，上也。"《論語·子

---

① 參見程燕《談楚文字中的"垔"字》，《安徽大學學報》（哲學社會科學版）2017 年第 5 期。
② 古文字表動作義之字，構形往往從"攵"（或隸作"攴"）旁，或增之。
③ "惢"字從"心"，"矣"聲，爲楚簡"疑"字異體，郭店簡、上博簡例子甚多。"疑"與心理有關，故簡文"惢"字構形從"心"旁。

罕》:“仰之彌高,鑽之彌堅。”《荀子・非十二子》:“高上尊貴,不以驕人。”《淮南子・泰族》:“無被創流血之苦,而有高世尊顯之名。”

《莊子・讓王》:“屠羊説居處卑賤而陳義甚高。”馬王堆帛書《十六經・前道》:“是故君子卑身以從道,知(智)以辯之,强以行之,貴道以並世,柔身以寺(待)之時。”意思皆與本句近似,可以參看。

鶹

鷞

一

敦煌

鶗鶒

二

説　　明

　　本篇現存簡二支，是一篇楚辭體的作品，未見今本《楚辭》。由于第二支簡的大部分已殘缺，現存只有四十五字（其中合文一字）。從文義推測，全篇文字不會太長，可能僅爲兩簡。

　　本篇楚辭以"鶹鷅"起興。"鶹鷅"即"梟"，或作"流離"，見《詩·邶風·旄丘》："瑣兮尾兮，流離之子。"詩義本以鶹鷅少美長醜比喻衛臣始有小善，終無成功①。本篇謂鶹鷅"欲衣而惡枲""不織而欲衣"，詩義似爲斥責不勞而獲的現象，所喻不同。惜殘損過甚，難以深究。《楚辭》中也有以"梟"爲諷喻之對象，如《楚辭·七諫·怨世》"梟鴞既以成群兮"，王逸注："言貪狼之人並進成群。"《楚辭·七諫·怨思》"梟鴞並進而俱鳴兮"，王逸注："言小人相舉而論議。"白居易《與元九書》"諷君子小人則引香草惡鳥爲比"，是其謂。

　　本篇楚辭的句式主要爲五字句、四字句交叉運用（均不計語氣詞），從體裁形式看尚未演變爲典型的五字句格式。而且於每句末都使用雙音節語氣詞"含兮"，這除了見於上海博物館藏戰國竹書《有皇將起》外，今本楚辭皆未見之。對研究楚辭的形成和發展歷史，很有幫助。

　　本篇原無篇題，今取篇中所詠對象爲名。

---

①　參看《説文》"鶹"字段玉裁注。

第一簡

子遺余變（鶹）栗（鶹）含可（兮），變（鶹）栗（鶹）之止含可（兮）。欲衣而亞（惡）裑（枲）含可（兮），變（鶹）栗（鶹）之羽含可（兮）。子可（何）舍＝（舍余）含可（兮），變（鶹）栗（鶹）羿（膀）飛含

本簡爲兩段綴合，上平頭，下略殘。上段長十七點四釐米，下段長二十一點七釐米，綴合後簡長三十九點一釐米。編繩三道，第一契口距上端一點二釐米，第一契口與第二契口間距二十三點四釐米，第三契口恰爲竹簡殘斷之處。據第二簡，第三契口距下端一點四釐米，故完簡長度約爲四十二釐米。存三十七字，其中合文一。從竹簡長度及編繩情況，參照文體及書法分析，此兩支簡原當與本書《有皇將起》篇同編爲一册。

子遺余變栗含可　子，對男子的客氣稱呼。《詩·衛風·氓》"送子涉淇，至于頓丘"，鄭玄箋："子者，男子之通稱。"又《詩·王風·大車》"豈不爾思，畏子不敢"，鄭玄箋："子者，稱所尊敬之辭。"《左傳·昭公十二年》："從我者子乎，去我者鄙乎。"《楚辭·漁父》："漁父見而問之曰：'子非三閭大夫與？ 何故至於斯?'"

遺，給與，餽贈。《楚辭·九歌·湘君》"采芳洲兮杜若，將以遺兮下女"，王逸注："遺，與也。"《書·大誥》："寧（文）王遺我大寶龜，紹天明即命。"《史記·留侯世家》："漢王亦因令良厚遺項伯，使請漢中地。"

余，代詞，表第一人稱，我。本篇表第一人稱用"余"字，而《楚辭》表第一人稱，也是以"余"字爲主[1]。

變[2]栗，讀爲"鶹鶹"。變，讀爲"鶹"。"鶹"从"留"聲，古音"變"爲來母元部

---

[1]　詳見本書《有皇將起》注釋。
[2]　"變"字構形有訛誤，上部左右之"糸"訛爲"爪"。或以爲是"婁"字之誤。

字，“留”爲來母幽部字，“留”“䜌”雙聲，可以通假。栗，讀爲“鶹”，“鶹”从“栗”聲，故可相通。

鶹鷅，鳥名，“梟”的別稱。《爾雅·釋鳥》：“鳥少美長醜爲鶹鷅。”“鶹鷅”或作“鶹離”，《説文》：“鳥少美長醜爲鶹離。”或作“流離”“留離”。《詩·邶風·旄丘》“瑣兮尾兮，流離之子”，毛亨傳：“瑣、尾，少好之貌。流離，鳥也，少好長醜。”孔穎達疏：“陸璣云：‘流離，梟也。自關西謂梟爲流離。其子適長大，還食其母。故張奐云鶹鷅食母，許慎云梟不孝鳥是也。’流與鶹，蓋古今之字。”

王念孫《讀書雜志·〈漢書〉第四·禮樂志》“關流離，抑不詳”按語云：“流離者，梟也，所以喻惡人。”本篇以“鶹鷅”起興，《楚辭》中也有以“梟”爲諷喻之對象，如《楚辭·七諫·怨世》“梟鴞既以成群兮”，王逸注：“言貪狼之人並進成群。”《楚辭·七諫·怨思》“梟鴞並進而俱鳴兮”，王逸注：“言小人相舉而論議。”可以參看。

含可，讀爲“含兮①”，語氣詞，相當於現代詩歌中的“哎啊”。雙音節語氣詞“含兮”，亦見於本書《有皇將起》篇，在傳世楚辭作品中則不見。

䜌栗之止 止，鳥棲息。《詩·秦風·黃鳥》：“交交黃鳥，止于棘。”“交交黃鳥，止于桑。”“交交黃鳥，止于楚。”《詩·大雅·卷阿》：“鳳皇于飛，翽翽其羽，亦集爰止。”《楚辭·離騷》：“鳳皇既受詒兮，恐高辛之先我。欲遠集而无所止兮，聊浮遊以逍遥。”

欲衣而亞䊷 欲，想，想要。《左傳·僖公十年》：“欲加之罪，其無辭乎！”《論語·子罕》：“夫子循循然善誘人，博我以文，約我以禮，欲罷不能。”《商君書·更法》：“今吾欲變法以治。”《楚辭·離騷》：“心猶豫而狐疑兮，欲自適而不可。”

衣，穿衣服。《詩·小雅·斯干》：“乃生男子，載寢之牀，載衣之裳。”《論語·雍也》：“赤之適齊也，乘肥馬，衣輕裘。”《莊子·盜跖》：“不耕而食，不織而

---

① 語氣詞“兮”，楚簡皆作“可”，詳本書《李頌》注釋。

衣。”又,《史記·淮陰侯列傳》:“(漢王)解衣衣我,推食食我,言聽計用。”後一“衣”字亦用作動詞。而,卻,連詞。

亞,讀爲“惡”。《老子》“天下皆知美之爲美,斯惡已”,郭店楚簡本、馬王堆帛書本“惡”作“亞”;《禮記·緇衣》“惡惡如[惡]《巷伯》”“故上之所好惡”“則民不得大其美而小其惡”,郭店楚簡本、上海博物館藏楚竹書本“惡”皆作“亞”;《禮記·緇衣》“慎惡以御民之淫”“而惡惡不著也”,上海博物館藏楚竹書本作“惡”同,郭店楚簡本“惡”作“亞”;上海博物館藏楚竹書《君子爲禮》“蜀(獨)智(知),人所亞(惡)也。蜀(獨)貴,人所亞(惡)也。蜀(獨)賻(富),人所亞(惡)也”,“惡”皆作“亞”。又,《儀禮·覲禮》“路下四亞之”,《白虎通·考黜》引“亞”作“惡”;《史記·韓信盧綰列傳》“封爲亞谷侯”,《集解》引徐廣曰:“亞一作惡。”惡,厭惡,討厭。《易·謙》:“人道惡盈而好謙。”《論語·里仁》:“唯仁者,能好人,能惡人。”《禮記·緇衣》:“好媺如好《緇衣》,惡惡如惡《巷伯》。”①“惡”字用法同。

綵,即“枲”字,見《説文》“枲”字籀文。《説文》作“檾”,其構形上從“辝”,即“厶”字異體,下從“枺”,即“麻”字。《説文》:“枺,葩之總名也”,“麻,與枺同”。《儀禮·喪服》記服妻與昆弟之喪時都有“疏衰裳齊,牡麻経”,郭店楚簡《六德》寫作“絑(疏)衰齊,戉枺實(経)”,“麻”作“枺”②。《説文》:“枲,麻也。”《楚辭·天問》“靡萍九衢,枲華安居?”朱熹集注:“枲,麻之有子者。《山海經》云:‘浮山有草,其葉如枲。’”“麻”可製衣,上海博物館藏楚竹書《平王與王子木》:“王子曰:疇(疇)可(何)㠯(以)爲?曰:㠯(以)穜(種)枺(麻)。王子曰:可(何)㠯(以)枺(麻)爲?倉(答)曰:㠯(以)爲衣。”“枲”是粗麻,用來編製的衣服稱爲“褐衣”。《説文》:“褐,編枲韤。一曰粗衣。”《孟子·滕文公上》“許子衣褐”,趙岐注:“或曰:褐,枲衣也。”是古時貧賤者穿的衣服。《詩·豳風·七月》:“無衣無褐,何以卒歲。”《史記·平原君虞卿列傳》:“(君之後宮)婢妾被綺縠,餘粱肉,而民褐衣不完,糟糠不厭。”又,《淮南子·覽冥》:“夫瞽師庶女,位賤尚菜。”

---

① 文句從楚簡本改。
② 參看荆門博物館:《郭店楚墓竹簡·六德》“釋文注釋”裘錫圭先生按語,注[18],第189頁,文物出版社,1998年。

舊注以《周禮・天官・冢宰》之"典枲"釋"尚枲"爲小官，未必是的詁。

變栗之羽　羽，鳥的羽毛。《説文》："羽，鳥長毛也。"引申爲鳥的翅膀。《詩・邶風・燕燕》"燕燕于飛，差池其羽。"鄭玄箋："謂張舒其尾翼。"《戰國策・秦策一》："毛羽不豐滿者，不可以高飛。"《太玄・翕》："翕其羽，利用舉。"

子可舍꞊　子，對男子的客氣稱呼。可，讀爲"何"①，何故，爲什麼。《詩・召南・殷其靁》："何斯違斯，莫敢或遑。"《論語・先進》："夫子何哂由也?"《楚辭・九歌・湘夫人》："麋何食兮庭中? 蛟何爲兮水裔?"《楚辭・漁父》："衆人皆醉，何不餔其糟而歠其醨?"

舍꞊，"舍"字下有合文符號，讀爲"舍余"。因爲"舍"字構形从"余"、从"口"，本身就包含有"余"字，故可作合文。此形式爲借字合文，楚簡中例子甚多②。舍，給予。《墨子・耕柱》"見人之生餅，則還然竊之曰：'舍余食。'"孫詒讓閒詁："舍，予之假字。古賜予字或作舍。"

余，我，第一人稱。"舍余"，給我，與上文"遺余"異文同義。

變栗羃飛　羃，構形上从"羽"、中从"目"、下从"旁"，字从"旁"得聲，當即"翅膀"之"膀"字或體。按在楚簡文字中，有些並不从"羽"的字，往往也寫成从"羽"旁，如"旗"作"羿"；"旄"作"翆"；"施"作"帑"；"輕"作"翌"，"雩"作"翆"等③。這些字因其所狀之物或表達的意思與"羽毛"有一定關聯，故其或體也可从"羽"旁。簡文"膀"字是用爲"翅膀"之意，所以也寫成从"羽"。膀，本指肩膀，特指鳥類的翅膀。

膀飛，猶言翅膀。鳥之翅膀是用來飛翔的，所以簡文稱之爲"膀飛"。"膀飛"與上句"羽"所指相同，變換同義字（詞）重複歌詠，這是詩歌中常見的修辭手法。

---

① "可"讀爲"何"，詳本書《蘭賦》注釋。
② 例如"大夫"寫作"夫꞊"，"子孫"寫作"孫꞊"，"之戲"寫作"戲꞊"，"之時"寫作"岢꞊"，"艸茅"寫作"茅꞊"，"窵身"寫作"窵꞊"，"先人"寫作"先꞊"，"骨肉"寫作"骨꞊"等等，例多不備舉。
③ 見包山楚簡、郭店楚簡、上博楚簡等。

第二簡

……可（兮），不戠（織）而欲衣含可（兮）。

本簡長十點三釐米。上殘，下平頭。第三契口距下端一點四釐米。存八字。内容雖與上簡可銜接，但中間所缺文字較多。

不戠而欲衣　“戠”，讀爲“織”，織从“戠”聲，可通。織，織布，《説文》：“織，作布帛之總名也。”《詩·大雅·瞻卬》：“婦無公事，休其蠶織。”《墨子·非攻下》：“婦人不暇紡績織絍。”《孟子·滕文公上》：“許子必織布而後衣乎？”

而，卻，連詞。“欲”，想，想要。

衣，穿衣服。“不織而欲衣”，亦見《莊子·盗跖》：“多辭繆説，不耕而食，不織而衣。”刺其“不勞而獲”也。

非売品

凡物流形 甲 一

123

凡物流形　甲　二

凡物流形　甲

三正

凡物流形 甲 三背

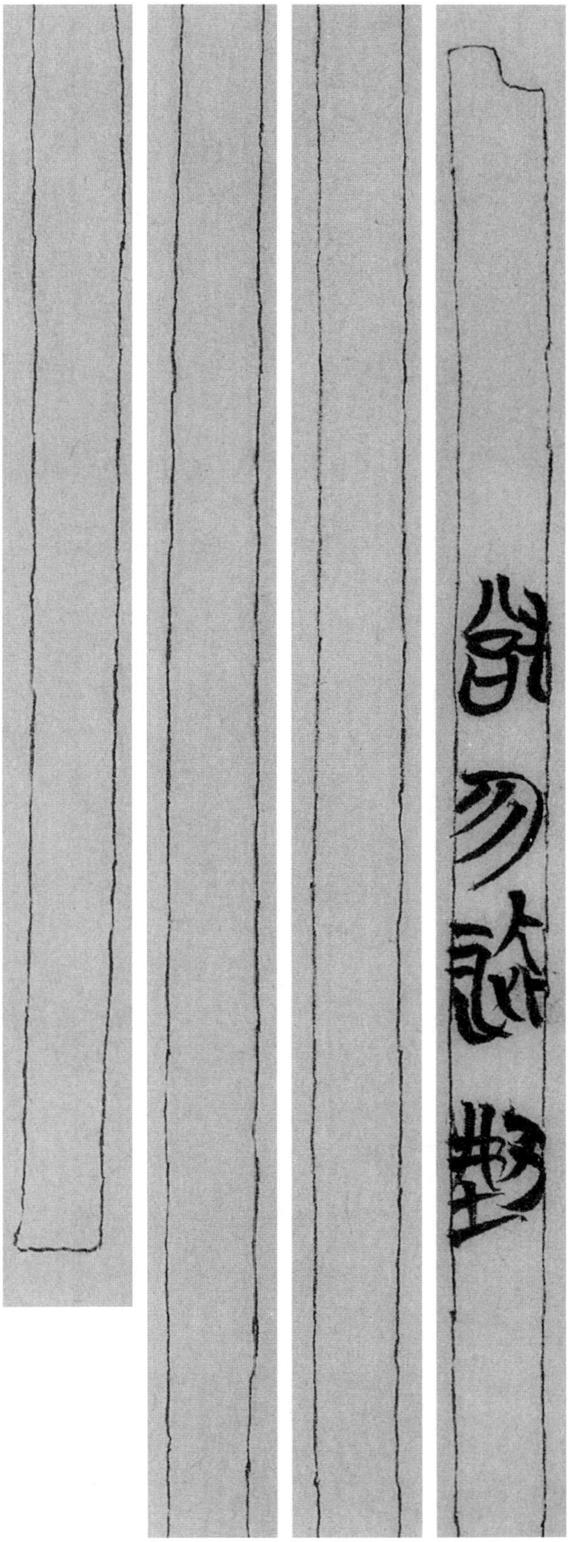

凡物流形　甲

四

凡物流形　甲

五

凡物流形　甲　六

凡物流形 甲 七

凡物流形　甲

八

凡物流形　甲

九

凡物流形　甲

十

凡物流形　甲　十一

凡物流形　甲　十二

凡物流形　甲　十三

凡物流形　甲　十四

凡物流形　甲

十五

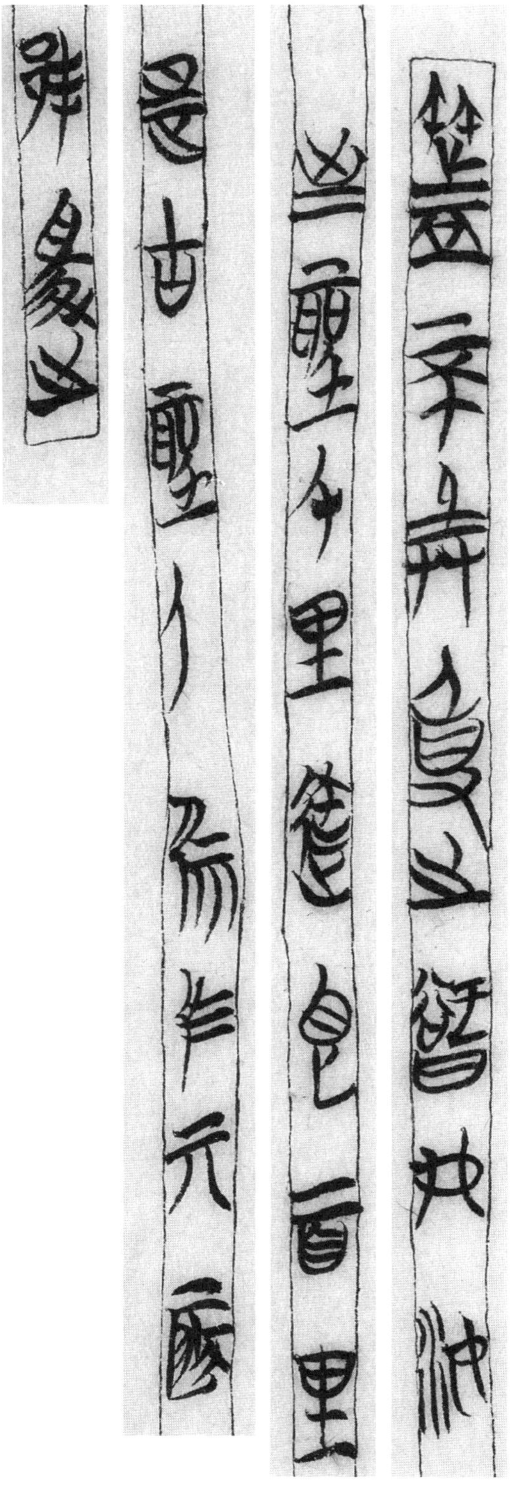

凡物流形　甲　十六

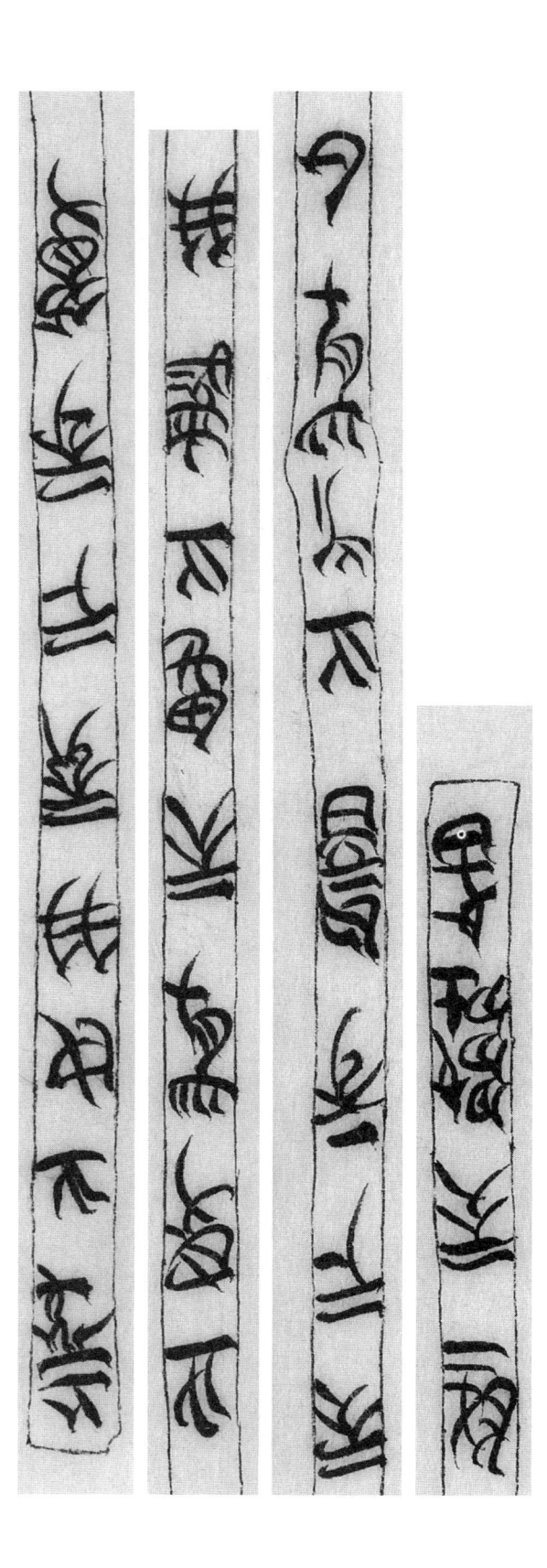

凡物流形　甲　十七

凡物流形 甲 十八

凡物流形　甲

十九

凡物流形 甲　二十

143

凡物流形 甲 二十一

144

凡物流形 甲 二十二

凡物流形　甲　二十三

凡物流形　甲　二十四

凡物流形　甲　二十五

二七二　甲種楚帛書

凡物流形　甲　二十七

150

二十八 甲骨文

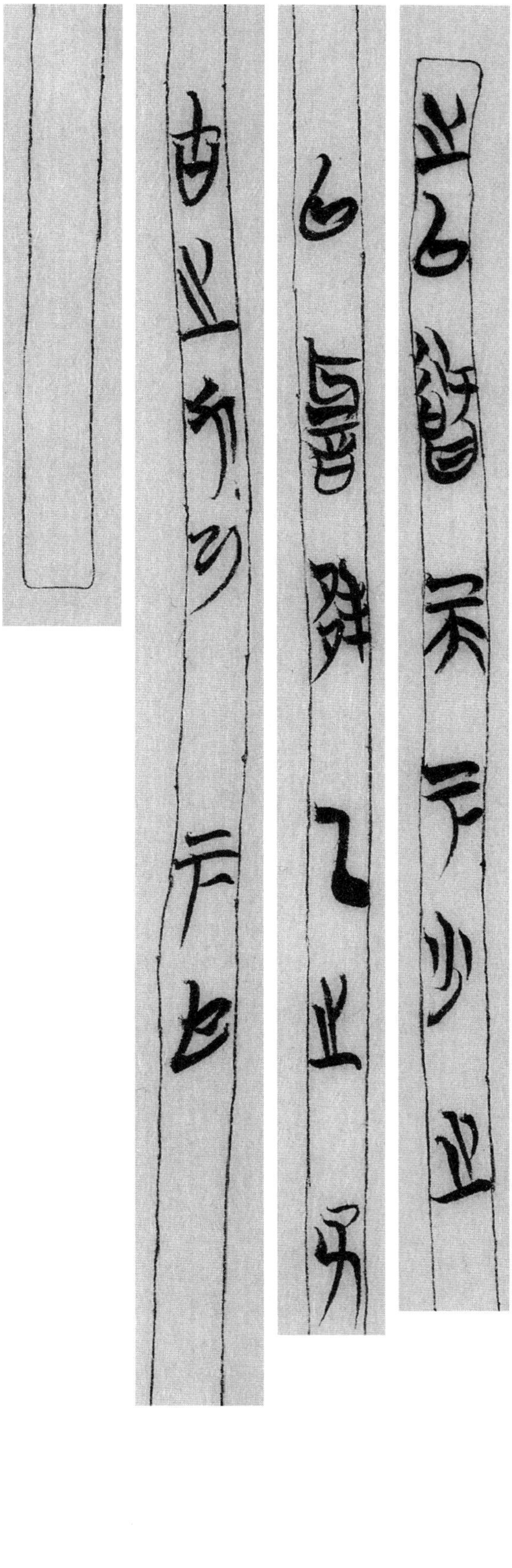

凡物流形 甲 二十九

凡物流形 乙 一

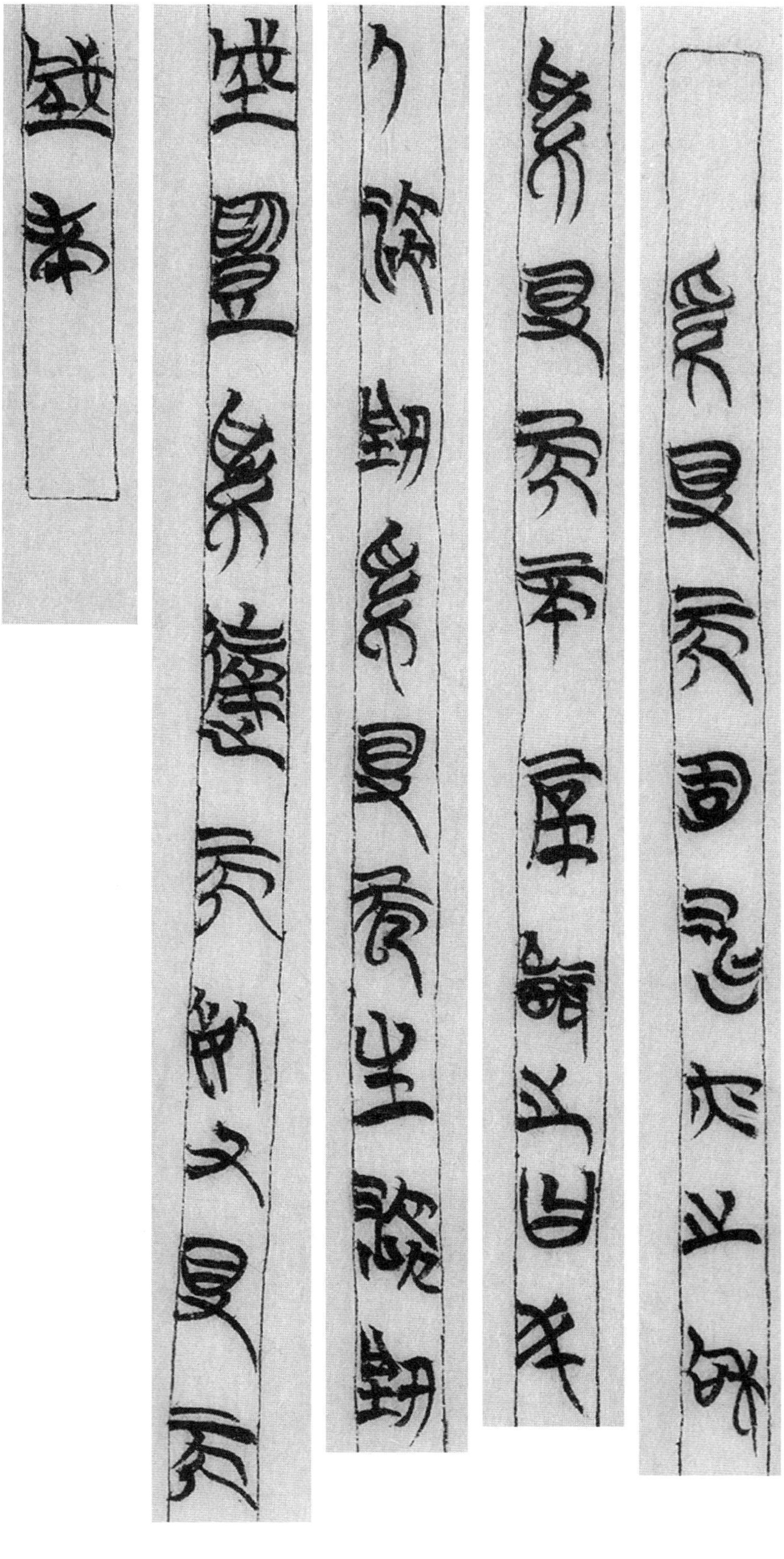

凡物流形 乙 三

凡物流形　乙　四

凡物流形 乙

五

157

凡物流形　乙

六

凡物流形 乙

七

凡物流形　乙　八

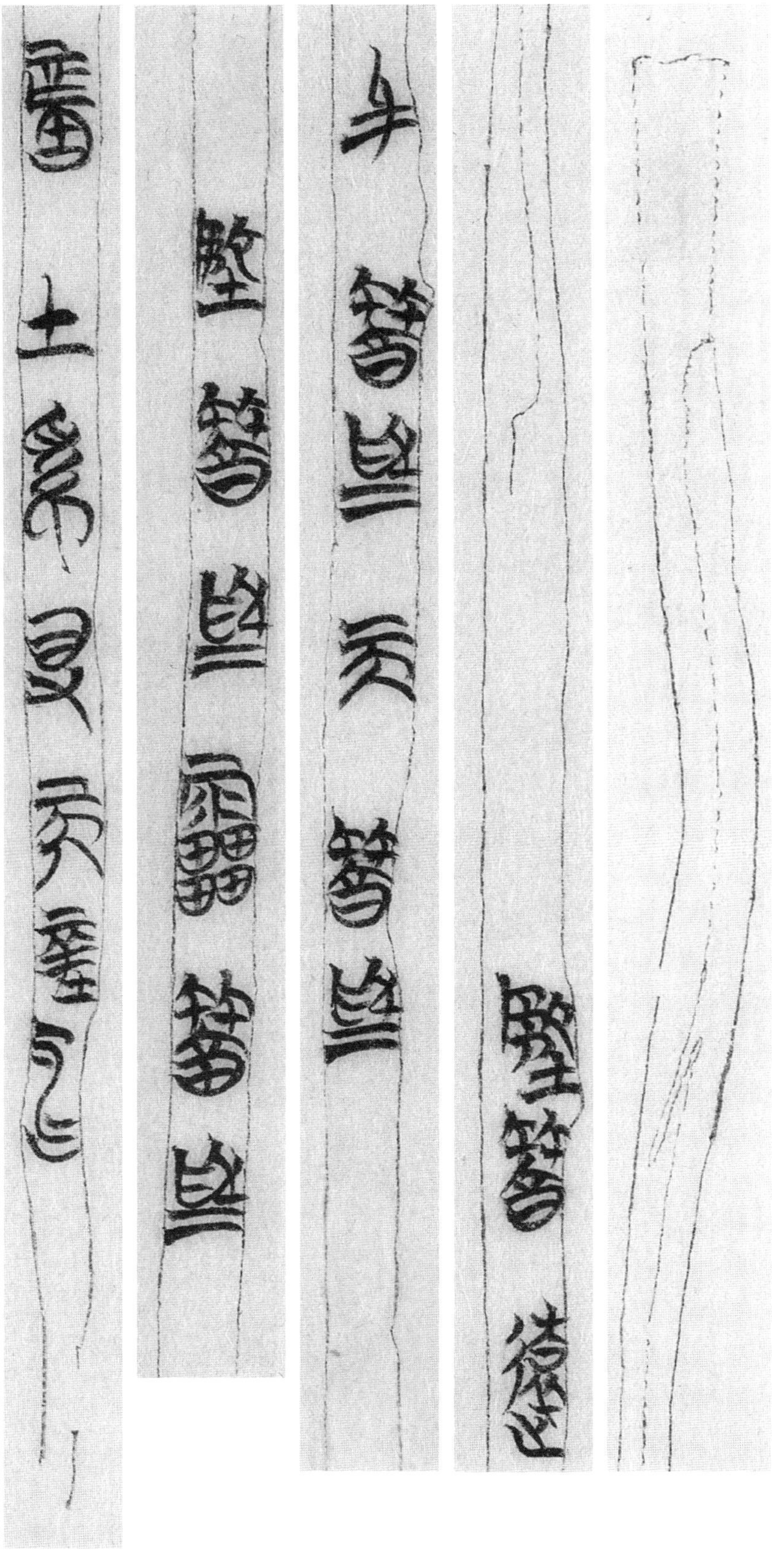

凡物流形　乙　十

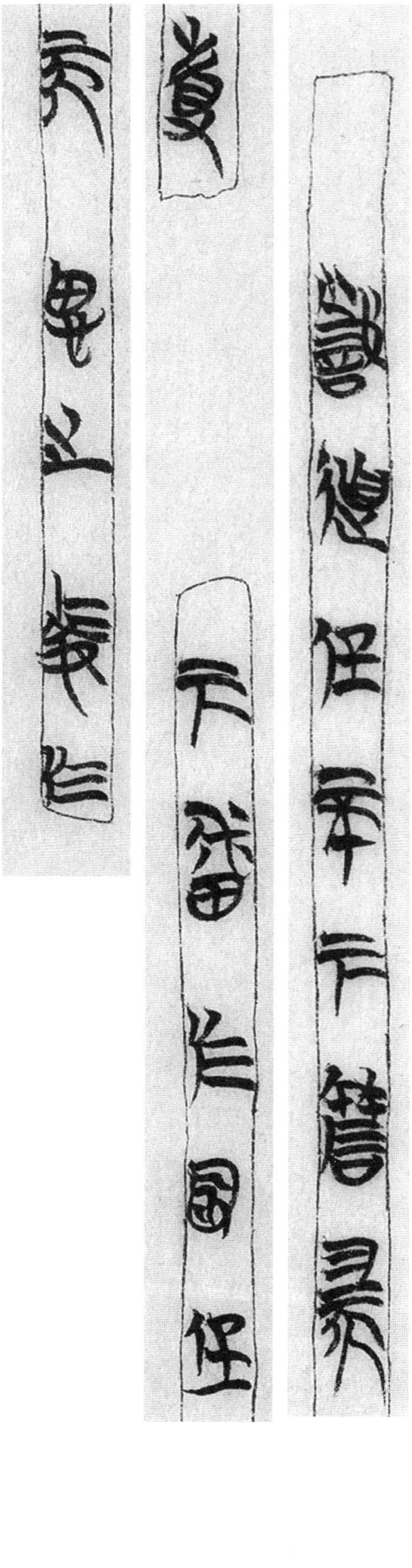

凡物流形　乙　十一

凡物流形 乙 十二

凡物流形　乙　十三

凡物流形　乙

十五

一六八　乙　瑟縢

七十 乙 縱橫家

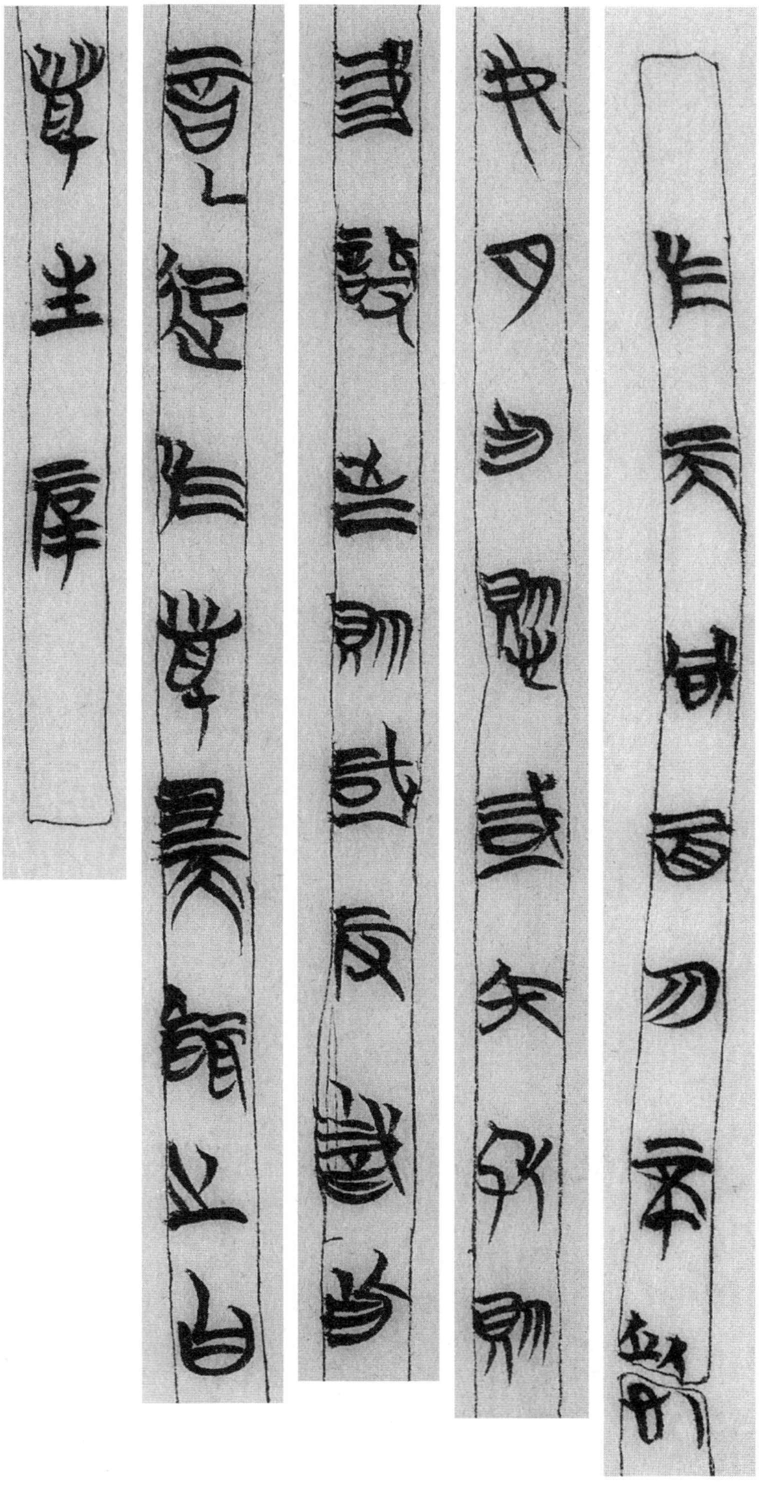

凡物流形 乙 十八

凡物流形　乙　十九

凡物流形　乙　二十

凡物流形 乙 二十一

説　　明

《凡物流形》凡甲、乙兩本。

甲本完整，共有簡二十九支，内容相接續，其中少數簡首尾略有殘損，有缺字，可據乙本補足，全篇文字共存八百二十二字（計合文、重文及簡背文字，不計缺文）。完簡長度爲三十三點六釐米，每簡書寫字數不等，一般爲二十七至三十字，個別最少爲二十五字，最多爲三十二字。據乙本，簡文有抄漏、抄錯現象。書法疏朗，未及乙本工整。

乙本有殘缺，現存簡二十一支，全篇文字共存六百零八字（計合文、重文）。完簡長度爲四十釐米，每簡書寫字數一般在三十七字左右，略有上下。内容可與甲本互補和校正，簡文有不少抄漏、抄重現象。書法工整，書體不同於甲本，顯然爲另一書手所抄。

《凡物流形》共分爲九章，無章節號。除第一章開篇省略、第四章首句省寫爲“問”、第九章首句省寫爲“曰”外，其餘各章皆以“問之曰”起首。全篇每章均是問句，特別是前四章，每章幾乎全都是以若干問句組成，在已見的出土楚竹書中，體裁尤爲獨特新穎。

從簡文内容分析，全篇可分爲兩大部分。前四章爲第一部分，主要涉及自然規律；後五章爲第二部分，主要涉及人事。如第一章是有關物體之形成，陰陽、水火等較爲原始抽象的命題。第二章是關於人之生死由來，天地之立終立始、五度、五氣、五言以及人鬼等内容。第三、四章主要是天地、日月、水土、風雨、雷電、草木、禽獸等自然事物或現象。第五至九章主要是聖人之能及關於人才之選拔，着重強調“識貌”的積極意義及其重要性，並圍繞“貌”這個中心議題展開討論。全篇有問無答，層次清晰，結構嚴密，步步深入，中心突出。這種採用問而不答的啟迪語氣,更加促使人們對真理的不斷求索。

"天地之大,有非恆情所可測者,設難以問之。"①楚竹書《凡物流形》篇所提出的問題,包括自然界和人世間,亦即指自然和社會的相關問題。關於客觀世界萬事萬物的疑問,是先秦思想家所共同關心的問題。屈原在《楚辭·天問》篇所提出的一連串問題,就是最典型的例子,如問:"遂古之初,誰傳道之? 上下未形,何由考之? 冥昭瞢闇,誰能極之? 馮翼惟像,何以識之?"莊子著作中也有類似的記載,如《莊子·天運》謂:"天其運乎? 地其處乎? 日月其爭於所乎? 孰主張是? 孰維綱是? 孰居无事推而行是? 意者其有機緘而不得已邪? 意者其運轉而不能自止邪? 雲者爲雨乎? 雨者爲雲乎? 孰隆施是? 孰居无事淫樂而勸是? 風起北方,一西一東,有上彷徨,孰噓吸是? 孰居无事而披拂是? 敢問何故?"《莊子·天下》篇云:"南方有倚人焉,曰黃繚,問天地所以不墜不陷,風雨雷霆之故。"《列子·湯問》亦載有借小兒之口問孔子有關太陽遠近大小的問題。再如鄒衍之推驗物理等,均是超越了現實生存與具體現象經驗,討論宇宙時空的問題,其皆爲時代思潮所致。明確這點,對我們瞭解楚竹書《凡物流形》篇的創作背景,頗有幫助。

《凡物流形》是一篇有層次、有結構的長詩,體裁、性質與之最爲相似,幾乎可以稱之爲姐妹篇的,當屬我國古代偉大詩人屈原的不朽之作——《楚辭·天問》。《天問》也是有問無答,全詩三百七十四句,將近一百七十個提問,就內容可分爲四章和一個尾聲。清代學者王夫之指出:"(《天問》)篇內事雖雜舉,而自天地山川,次及人事;追述往古,終之以楚先,未嘗無次序存焉。"②用王夫之的"自天地山川,次及人事"來概括楚竹書《凡物流形》,也是十分妥帖的。雖然《凡物流形》的內容和思想比不上屈原《天問》的"奇氣縱橫,獨步千古"③,其文采詞藻也稍遜一籌,但其"創格奇,設問奇"④,與《天問》一樣,的確是別具一格。非楚人之浪漫性格,焉能有此詭麗奇譎之作品? 因此,從文章體裁,與《天問》

---

① 戴震:《屈原賦注》,乾隆二十五年汪氏刻本。
② 王夫之:《楚辭通釋》,中華書局,1959 年。
③ 夏大霖:《屈騷心印》,乾隆三十九年一本堂刊本。
④ 同上。

内容的參照，以及文字構形的地域特色等，我們將《凡物流形》篇歸入于楚辭類作品。

學術界曾評介屈原的《楚辭·天問》，"非但在中國古代文學寶庫裏，而且在世界文學寶庫裏，都是獨一無二，不可再得的珍品"[1]。楚竹書《凡物流形》的發現，可謂是"無獨有偶"。相信這篇早於屈原時代的楚辭資料之公佈，必將對楚辭研究和中國文學史、先秦學術史、先秦思想史的研究，起到積極作用。

本篇原有篇題，見於甲本第三簡簡背，係摘取簡文首句四字"凡物流形"以題篇。若取篇中旨意標爲題目，可據每章之首字及參考《天問》篇的命名，取之謂《問》，似更確切。今仍從慣例，保持舊題。

---

[1]　程嘉哲：《天問新注·代序》，第 1 頁，四川人民出版社，1984 年。

上海博物館藏戰國竹書楚辭箋注

甲　本

第一簡

凸（凡）勿（物）流型（形），系（奚）尋（得）而城（成）？流型（形）城（成）豊（體），系（奚）尋（得）而不死？既城（成）既生，系（奚）寡（呱）而鳴？既枲（本）既槿（根），系（奚）逡（後）

完簡，長三十三點一釐米，上、下平頭。第一契口距頂端十釐米，第一契口與第二契口間距爲十四點七釐米，第二契口距尾端八點四釐米。存三十一字。

凸勿流型　凸，即“凡”字，原篆下从“口”，爲“凡”字繁構，戰國文字習見增“口”爲繁構①。上海博物館藏楚竹書《從政》“凸（凡）此七者，正（政）之所絧（殆）也”，“凡”字也作“凸”。《説文》：“凡，最括也。”概括之辭，意爲所有的，一切的。《書·微子》“凡有辜罪，乃罔恆獲”，孔穎達疏引鄭玄云：“凡猶皆也。”《荀子·榮辱》“故薄薄之地，不得履之，非地不安也，危足無所履者，凡在言也”，楊倞注：“凡，皆也。”

勿，讀爲“物”②。《説文》：“物，萬物也。牛爲大物，天地之數，起於牽牛。故从牛，勿聲。”《玉篇》：“凡生天地之間皆謂物也。”《荀子·正名》：“故萬物雖衆，有時而欲徧舉之，故謂之物。物也者，大共名也。”《易繫辭上》：“方以類聚，物以群分。”《莊子·達生》：“凡有貌象聲色者，皆物也。”

“凡物”一辭，亦見《莊子·齊物論》：“凡物無成與毁，復通爲一。”用法與簡文相同。

---

① 如“士”作“吉”；“壴”作“喜”；“辰”作“唇”；“丙”作“酉”等，皆其例。

② “勿”讀爲“物”，詳本書《李頌》注釋。

178

流①，《説文》謂"水行也"，本指水或其他液體移動，《詩・大雅・常武》："如山之苞，如川之流。"《易・乾》："水流濕，火就燥。"《戰國策・秦策一》："引錐自刺其股，血流至足。"亦泛指物體之移動、變換位置。《詩・豳風・七月》"七月流火"，毛亨傳："流，下也。"《管子・侈靡》"鄉殊俗，國異禮，則民不流矣"，尹知章注："流，移也。"

型，原篆構形作"型"，讀爲"形"。《老子》"長短相形"，郭店楚簡本作"長耑（短）之相型也"，"形"作"型"；郭店楚簡《成之聞之》"型（形）於中，發於色"，《五行》"悬（仁）型（形）於内胃（謂）之悳之行，不型（形）於内胃（謂）之行。義型（形）於内胃（謂）之悳之行，不型（形）於内胃（謂）之行"，"形"皆作"型"。又，"型"從"刑"聲，而"刑"字從"井"聲，"形"字亦從"井"聲②，故"刑"可通"形"。《墨子・非儒下》"桼雕刑殘"，《孔叢子・詰墨》"刑"作"形"；《管子・權脩》"見其不可也，惡之有刑"，《韓非子・難三》"刑"作"形"；《荀子・彊國》"愛利則形"，《韓詩外傳》卷六"形"作"刑"；《逸周書・武紀》"其形慎而殺"，朱右曾校釋："形、刑古通。"

形，形體。《易繫辭上》："在天成象，在地成形，變化見矣。"《吕氏春秋・離俗覽・適威》："有必緣其心愛之謂也，有其形不可謂有之。"《楚辭・天問》："上下未形，何由考之？"

"流形"一詞亦見《管子・水地》"人，水也。男女精氣合，而水流形。"尹知章注："陰陽交感，流布成形也。"謂人是因受陰陽之精氣交感而孕育成形體。又，《淮南子・繆稱》："金錫不消釋，則不流刑（形）。"則以金屬的凝鑄比喻器物形成。馬王堆帛書《衷》："陰陽流刑（形），剛柔成禮（體）。""流刑"亦讀爲"流形"③。

"凡物流形"，謂所有之物（猶言"萬物"）受自然之滋育而運動變化成其形體，《易・乾》象傳："雲行雨施，品物流形。"意思相似。

---

① 楚簡"流"字構形有訛誤，舊不識，郭店楚簡公佈後學者始知。
② 《説文》謂"形"字"從彡，开聲"，桂馥《義證》指出："开聲者，當爲井聲。"
③ 曹錦炎：《馬王堆漢墓竹書〈十問〉與楚竹書〈凡物流形〉——讀〈長沙馬王堆漢墓簡帛集成〉劄記》，《長沙馬王堆漢墓簡帛集成》修訂國際研討會論文，復旦大學，2015年。

上海博物館藏戰國竹書楚辭箋注

奚㝵而城 奚，構形从“爪”从“糸”，爲“奚”字異體。馬王堆帛書《明君》“明君之實奚（奚）若才（哉）”，《戰國策·見田僕於梁南章》“則奚（奚）貴於智矣”，《天下至道談》“吾奚（奚）以止之”，“奚”字皆寫作“奚”。又，郭店楚簡《語叢四》“利亓（其）渚者，不賽（塞）亓（其）溪（溪）”，“溪”作“溪”；葛陵楚簡“滍（瀆）溪（溪）一豬（豬）”“解溪（溪）三黏”“濁溪（溪）”，“溪”字所从“奚”旁亦皆作“奚”。

奚，表示疑問，相當於“何”“爲何”。《論語·子路》“衛君待子而爲政，子將奚先”，皇侃疏：“奚，何也。”《莊子·逍遥遊》“奚以知其然也”，成玄英疏：“奚，何也。”《韓非子·和氏》：“天下之刖者多矣，子奚哭之悲也？”《楚辭·九歎·遠遊》：“春秋忽其不淹兮，奚久留此故居？”

㝵，“得”字古文，見《説文》，楚簡習見。《説文》：“得，行有所得也。”引申爲可能，能够。《管子·心術上》：“得也者，其謂所得以然也。”《國語·楚語上》：“民實瘠矣，君安得肥？”《論語·述而》：“聖人，吾不得而見之矣。”

“奚得”，爲何可能，爲何能够。而，連詞。

城，讀爲“成”，在楚簡中，“成”字大都寫作“城”①。《説文》：“成，就也。”成就，形成。《詩·大雅·靈臺》：“庶民攻之，不日成之。”《詩·小雅·雨無正》：“戎成不退，飢成不遂。”《老子》“有物混成”“大器晚成”，郭店楚簡《太一生水》：“侌（陰）昜（陽）之所不能城（成）”，“成”字用法同。

《國語·吴語》：“唯是車馬、兵甲、卒伍既具，無以行之，請問戰奚以而可？”“奚以而可”與簡文“奚得而成”修辭手法相同。

流型城豊 “流型”，讀爲“流形”。城，讀爲“成”，成爲，變成。《荀子·勸學》：“積土成山，風雨興焉。”《史記·李將軍列傳》：“桃李不言，下自成蹊。”

豊，讀爲“體”。郭店楚簡《語叢一》“亓（其）豊（體）又（有）公（容）又（有）頤（色），又（有）聖（聲）又（有）臭（嗅）”，“體”作“豊”；葛陵楚簡“疥不出匀，亦（液）豊（體）出”，“體”作“豊”。又，豊，《説文》：“讀與禮同。”而“禮”與“體”相通。上

---

① “城”讀爲“成”，詳見本書《有皇將起》注釋。

180

海博物館藏楚竹書《慎子曰恭儉》"共（恭）呂（以）爲體（禮）"，"體"讀爲"禮"；《詩·邶風·谷風》"無以下體"，《韓詩外傳》卷九引"體"作"禮"；《易繫辭上》"知崇禮卑"，陸德明釋文"禮，蜀才作體"，李鼎祚集解"禮"作"體"；《易繫辭上》"而行其典禮"，陸德明釋文："典禮，姚作典體。"

體，形體，身體。《詩·鄘風·相鼠》"相鼠有體，人而無禮"，毛亨傳："體，支（肢）體也。"《孟子·告子上》"體有貴賤，有小大"，孫奭疏："一身合而言之則謂之體。"《禮記·仲尼燕居》"萬物服體，而百官莫敢不承事矣"，孔穎達疏："體謂形體。"《楚辭·離騷》："雖體解吾猶未變兮，豈余心之可懲。"

《淮南子·說山》："魄問於魂曰：'道何以爲體？'曰：'以無有爲體。'""爲體"猶簡文言"成體"。

系尋而不死　死，終，亡。人之生命終結曰"死"。《説文》："死，澌也，人所離也。"《書·康誥》："暋不畏死，罔弗憝。"《孟子·梁惠王上》："樂歲終身飽，凶年免於死亡。"《楚辭·離騷》："寧溘死以流亡兮。"萬物一切消亡亦皆可曰"死"。《楚辭·天問》："天式從橫，陽離爰死？"《楚辭·九章·哀郢》："狐死必首丘。"《楚辭·九辯》："泊莽莽與壄草同死。"

"不死"，亦見《楚辭·天問》："何所不死？""延年不死，壽何所止？"古代有關不死的傳説以南方爲獨多，如《山海經·海外南經》："不死民，在其（交脛國）東，其爲人黑色，壽不死。"《大荒南經》："有不死之國，阿姓，甘木是食。"《吕氏春秋·慎行論·求人》："南至交阯……羽人裸民之處，不死之鄉。"皆是。《楚辭·九歎·遠遊》亦謂："仍羽人於丹丘兮，留不死之舊鄉。"[1]

《莊子·天下》："芴漠无形，變化无常，死與生與！"或可作以上兩句注解。

又，《楚辭》中"而不"連用者多達一百五十九見，其義多作"然而不"解，如《楚辭·哀郢》："心絓結而不解兮，思蹇産而不釋。"僅《楚辭·離騷》篇就有"世溷濁而不分""循繩墨而不頗""武丁用而不疑""判獨離而不服""縱欲而不忍"等例，此式在全部《楚辭》中使用最多，除《楚辭·九歌》、《楚辭·天問》、《楚

---

[1]　參看林庚：《天問論箋》，第 25 頁，人民文學出版社，1983 年。

辭·漁父》外皆有之①,可参看。

既城既生 既,已經,已然。《書·堯典》"克明俊德,以親九族,九族既睦,平章百姓。"孔安國傳:"既,已也。"《詩·周南·汝墳》"既見君子,不我遐棄",毛亨傳:"既,已。"《易·既濟》"既濟",陸德明釋文引鄭玄云:"既,已也,盡也。"《楚辭·九歌·雲中君》"靈連蜷兮既留,爛昭昭兮未央",王逸注:"既,已也。"

城,讀爲"成",成就,形成。生,本指植物長出、生長,《説文》:"生,進也。象艸木生出土上。"亦指人的出生。《詩·小雅·蓼莪》:"哀哀父母,生我劬勞。"《孟子·離婁下》:"舜生於諸馮。"《史記·秦始皇本紀》:"(秦始皇)以秦昭王四十八年正月生於邯鄲。"

《老子》:"有物混成,先天地生。""故有無相生,難易相成。"《呂氏春秋·季夏紀·明理》:"凡生非一氣之化也,長非一物之任也,成非一形之功也。"郭店楚簡《太一生水》:"大(太)一生水,水反補(輔)大(太)一,是以城(成)天。""成""生"並見,用法皆與此同。

系募而鳴 募,"寡"字省體。《老子》"少私寡欲",郭店楚簡本"寡"作"募";郭店楚簡《魯穆公問子思》"募人惑焉","募人"即"寡人";上海博物館藏楚竹書《曹沬之陳》"必(四)夫募(寡)婦之獄詞(訟),君必身聖(聽)之","募婦"即"寡婦";上海博物館藏楚竹書《孔子詩論》"巽(饌)募(寡),慝古也",《容成氏》"衆募(寡)不聖(聽)訟","寡"皆作"募"。

簡文之"募"讀爲"呱"。"募""呱"古音均隸見母魚部,二字爲雙聲疊韻關係,例可相通。呱,小兒哭聲。《説文》:"呱,小兒唬聲。從口,瓜聲。《詩》曰:'后稷呱矣。'"《詩·大雅·生民》"鳥乃去矣,后稷呱矣",陸德明釋文:"呱,泣聲也。"《書·益稷》"啟呱呱而泣,予弗子,惟荒度土功",孔安國傳:"聞啟泣聲,不暇子名之,以大治度水土之功故。"江聲集注音疏:"呱呱,小兒唬聲。"《文選·班固〈幽通賦〉》:"姒聆呱而劾石兮,許相理而鞠條。"李善注引《字林》曰:

---

① 參見姜亮夫《楚辭通故》第四輯《詞部》"而不"條,第336頁,齊魯書社,1985年。

“呱，子啼聲也。”

鳴，本指鳥鳴。《易·中孚》：“鶴鳴在陰，其子和之。”《説文》“鳴，鳥聲也。”段玉裁注：“鳴，引申之凡出聲皆曰鳴。”《玉篇》：“鳴，聲出也。”《莊子·寓言》“鳴而當律，言而當法”，成玄英疏：“鳴，聲也。”簡文“鳴”指嬰兒啼哭出聲。小孩一出生，哭叫天生自成。

既杲既槿　杲，“本”字異體。楚簡“本”字繁體一般作“杳”，構形上從“本”下增從“臼”，亦見戰國行氣玉杖首銘，即《説文》古文所本①。郭店楚簡《六德》“孝，杳（本）也，下攸（修）亓（其）杳（本），可以剗（剸）杏（獄）”，《成之聞之》“不求者（諸）丌（其）杳（本）而戏（攻）者（諸）丌（其）末，弗尋（得）怣（矣）”“不反其杳（本），未有可尋（得）也者”“非從末流者之貴，窮潒（源）反杳（本）者之貴”，“本”皆作“杳”；上海博物館藏楚竹書《中弓》“夫行，巽（選）雫（華）臯（學）杳（本）也”，“本”亦作“杳”。又，上海博物館藏楚竹書《孔子詩論》“敬宗宙（廟）之豊（禮），吕（以）爲丌（其）杳（本）”，“本”作“杳”，構形上從“木”，下從“臼”。而此簡“本”字作“杲”②，構形是將“臼”置於“木”上，這種寫法的“本”字也見上海博物館藏楚竹書《曹沫之陳》：“君必不已，則緜（由）亓（其）杲（本）虖（乎）。”

《説文》：“本，木下曰本。”指草木的根部，《詩·大雅·蕩》：“枝葉未有害，本實先撥。”也指草木的莖、幹或植株，《説文》“榦，一曰本也。”段玉裁注：“木下曰本，木身亦曰本。”《廣雅·釋木》：“本，榦也。”《禮記·昏義》“夫禮始於冠，本於昏。”鄭玄注：“本，猶榦也。”《吕氏春秋·士容論·審時》“是以得時之禾，長秱長穗，大本而莖殺，疏機而穗大”，高誘注：“本，根也。”夏緯英校釋：“本，不是根的意思，應當是指植株的。”謂指植物本體而言。

槿，讀爲“根”。《老子》“夫物芸芸，各復歸其根”，郭店楚簡甲本作“天道員員，各逡（復）丌（其）葷（根）”，“根”作“葷”；《易·艮》“艮其輔”，馬王堆帛書本作“根”，帛書《易之義》作“謹”；上海博物館藏楚竹書《易·大畜》“九厽（三）：良馬由（逐），利葷（艱）貞”，馬王堆帛書本“葷（艱）”作“根”。按“葷”“根”古音皆

---

①　《説文》“本”字古文構形上從“木”，下從之“臼”已訛成並列三“口”。
②　“杲”原誤釋爲“拔”字，今據上海博物館藏楚竹書《曹沫之陳》李零先生注釋改正。

183

隸見母文部，兩字爲雙聲疊韻關係，"槿""謹""艱"皆从"堇"聲，故與"根"可通。

根，一般指植物長在土中（或水中）吸收營養的部分。《急就篇》"斬伐材木斫株根"，顔師古注："樹木曰根。"王應麟補注引《説文通釋》云："入土曰根，在土上者曰株。"《説文》謂："根，木株也。""株，木根也。"是"根""株"互訓。

按典籍"根"與"本"也可互訓。《孟子·盡心上》"君子所性，仁義禮智根於心"，朱熹集注："根，本也。"《楚辭·離騷》："擥木根以結茝兮，貫薜荔之落蕊"，王逸注："根，以喻本。"《國語·晉語八》："枝葉益長，本根益茂。"俞樾《諸子平議·〈淮南〉内篇》"根深則本固"按："根，即本也。"是"本""根"混言無別，分舉則異。簡文是"本""根"對言，其義有別。

系逡之系先 "之系先"三字在下簡。逡，"後"字異體。傳世本《老子》"欲先民，必以身後之"，郭店楚簡本作"聖人之才（在）民前也，以身逡（後）之"；上海博物館藏楚竹書《姑成家父》"虔（吾）惪（直）立經（徑）行，遠慮者（圖）逡（後）"，"後"作"逡"。

郭店楚簡《唐虞之道》："先聖與（與）逡（後）耵（聖），考逡（後）而逳（歸）先。"亦是同句"後""先"並見。

"本"與"根"義正相關，所以簡文接下來問"奚後之奚先？"即問誰先誰後，這猶如後世哲學命題之"蛋""雞"孰先孰後，是同樣的問題。

第二簡

之系（奚）先？ 会（陰）易（陽）之尻（尻），系（奚）尋（得）而固？ 水火之咊，系（奚）尋（得）而不垕（厚）？ 餌（問）之曰：民人流型（形），系（奚）尋（得）而生？

完簡，長三十三點五釐米，上下平頭。第一契口距頂端十點三釐米，第一契口與第二契口間距爲十四點八釐米，第二契口距尾端八點四釐米。存三十一字。

佥易之尿 佥，讀爲“陰”。《韓詩外傳》卷二“伊尹去夏入殷田饒去魯適燕介子推去晉入山”章記田饒謂魯哀公語，有云“陰其樹者，不折其枝”①，郭店楚簡《語叢四》作：“利木佥（陰）者，不折其枳（枝）”，“陰”作“佥”；清華大學藏戰國竹簡《繫年》第十六章“爲坪（平）佥（陰）之自（師）㠯（以）回（圍）齊”“㠯（以）返（復）坪（平）佥（陰）之自（師）”，《筮法·得》“内（入）於佥（陰）”，《筮法·雨旱》“才（在）上，佥（陰）”，《三壽》“唯（雖）佥（陰）或（又）明”，“陰”皆作“佥”。

易，讀爲“陽”。《淮南子·覽冥》的“魯陽公”，包山楚簡作“魯易公”；《史記·楚世家》記載楚懷王六年敗晉師於襄陵的大司馬“昭陽”，包山楚簡、鄂君啟節作“大司馬卲（昭）易”；上海博物館藏楚竹書《天子建州》“文佥（陰）而武易（陽）”，即“文陰而武陽”；清華大學藏戰國竹簡《管仲》“亓（其）佥（陰）則晶（叄），亓（其）易（陽）則五”，“陽”皆作“易”。

“佥易”，即“陰陽”。上海博物館藏楚竹書《容成氏》“乃攴（辨）佥（陰）易（陽）之氣（氣）”；郭店楚簡《太一生水》“神明返（復）相補（輔）也，是㠯（以）城（成）佥（陰）易（陽）。佥（陰）易（陽）返（復）相補（輔）也，是㠯（以）成四時”，“四時者，佥（陰）易（陽）之所生〔也〕。佥（陰）易（陽）者，神明之所生也”，“佥（陰）易（陽）之所不能城（成）”，“陰陽”二字皆寫作“佥易”。“陰陽”，中國古代哲學認爲是宇宙中通貫物質和人事的兩大對立面，《易繫辭上》：“一陰一陽之謂道。”簡文此處“陰陽”，是指天地間化生萬物的二氣。《文子·九守》：“天地未形，窈窈冥冥，渾而爲一，寂然清澄，重濁爲地，精微爲天，離而爲四時，分而爲陰陽。”《易繫辭上》：“陰陽不測之爲神。”馬王堆帛書《衷》：“陰陽流刑（形），剛柔成禮（體）。”皆可參考。

尿，從“示”，從“尸”，楚文字“尸”之繁構。但從簡文義及下文“凥”字訛作“尿”來看②，此處原本也是“凥”字，乃形近致訛。從楚簡及典籍的用法看，“凥”實即“處”字異體，義同“居”③。

---

① 劉向《新序·雜事五》亦記其事，“陰”字作“蔭”。
② 見第十六簡，乙本作“凥”不誤。此處之“尿”字，乙本適殘。
③ 詳見本書《有皇將起》“凥”字注釋。

系尋而固　固，穩固，固定。《書·五子之歌》：“民惟邦本，本固邦寧。”《國語·魯語上》：“晉始伯而欲固諸侯，故解有罪之地以分諸侯。”《楚辭·天問》：“安得夫良藥，不（而）能固臧？”《楚辭·九辯》：“竊美申包胥之氣盛兮，恐時世之不固。”

屈原《楚辭·天問》：“陰陽三（參）合，何本何化？”與本句可互參。《文子·上德》：“萬物負陰而抱陽，沖氣以爲和，和居中央。”或可作爲本句之回答。

水火之咊　水火，水與火。《易·乾》：“水流濕，火就燥。”《管子·法法》：“蹈白刃，受矢石，入水火，以聽上令。”《周禮·天官·亨人》：“掌共鼎鑊，以給水火之齊。”《孟子·盡心上》：“民非水火不生活，昏暮叩人之門户求水火，無弗與者，至足矣。”

咊，今作“和”。《説文》：“咊，相應也。”本義指聲音相應。《大戴禮記·曾子立事》“人言不信不和”，王聘珍解詁：“和，聲相應也。”此處引申爲調和，融合。《周禮·天官·内饔》“饔人掌王及后、世子膳羞之割亨煎和之事”，賈公彦疏：“凡言和者，皆用酸苦辛鹹甘。”孫詒讓正義：“煎和，蓋謂煎熬而以五味調和之。”《莊子·人間世》“就不欲入，和不欲出”，郭慶藩集釋引郭嵩燾曰：“和，如五味之相濟，甘辛並用，混合無形。”《禮記·郊特牲》：“樂由陽來者也，禮由陰作者，陰陽和而萬物得。”“和”字用法皆可參考。

系尋而不垕　垕，“厚”字古文，《説文》：“垕，古文厚，从后、土。”從簡文構形分析，當是“从石、土”會意。厚，指物體上下兩面距離大，與“薄”相對。《詩·小雅·正月》：“謂天蓋高，不敢不局。謂地蓋厚，不敢不蹐。”《易·坤》：“坤厚載物，德合無疆。”《禮記·月令》：“審棺槨之薄厚，塋丘壟之大小，高卑厚薄之度，貴賤之等級。”“不厚”，没有距離。

《易説卦》“水火不相射”，俗言亦曰“水火不相容”，此謂“水火之和”，所以要問“奚得而不厚？”此句大意是問怎麽能够使水火相融合而没有距離。按《文子·上德》：“水火相憎，鼎鬲在其間，五味以和。”成語“水火相濟，鹽梅相成”意思相近，謂烹飪賴水火而成，調味兼鹽梅而用。喻人之才性雖各異，而可以和衷共濟。可以參看。又,《左傳・昭公十七年》:"水者,火之牡也。"《莊子・外物》:"陰陽錯行,則天地大絯,於是乎有雷有霆,水中有火,乃焚大槐。"或可作解。

餌之曰 餌,从"耳","昏"聲,即"聞"字異體[①],楚簡習見。《説文》:"聞,知聞也。"簡文"餌(聞)"字則讀爲"問"。望山楚簡"齊客張果餌(問)王於栽(戚)郢之戢(歲)""郙客困芻餌(問)王於栽(戚)郢之戢(歲)",上海博物館藏楚竹書《容成氏》"乃出文王於虘(夏)臺(臺)之下而餌(問)焉","餌"字皆讀爲"問"。《詩・大雅・雲漢》"群公先正,則不我聞。"王引之《經義述聞》:"聞,猶問也,謂相恤問也。古字聞與問通。"《易・旅》"'喪牛于易',終莫之聞也",《荀子・堯問》"不聞,則物少至,少至則淺","聞"字亦通"問"。

問,詢問,詰問。《莊子・知北遊》:"無問問之,是問窮也。"《論語・泰伯》:"以能問於不能,以多問於寡。"簡文之"問"訓爲詰問。

曰,説。《易・乾》:"子曰:'同聲相應,同氣相求。'"《論語・公冶長》:"子貢問曰:'賜也何如?'子曰:'女,器也。'"

"問之曰",亦見《楚辭・漁父》:"漁父見而問之曰:'子非三閭大夫與?何故至於斯?'""問之曰"云云,詰問之辭。

屈原《楚辭・天問》篇以"曰"字起首,前人已經指出,"曰"爲"問曰"之省。"問曰",即"問之曰"。本篇起首雖不用"問之曰",但一連用七個"奚"字問句,參照《天問》及以下各章節,可見篇首省略了"問之曰"三字,這是因以"凡"字起首最括所致。本章以後,簡文每章開始用"問之曰"。

民人流型 "民人",人民。《詩・大雅・瞻卬》:"人有土田,女反有之。人有民人,女覆奪之。"《左傳・哀公十五年》:"寡君聞楚爲不道,薦伐吳國,滅厥民人。"《管子・心術下》:"民人操,百姓治,道其本至也。"楚帛書:"卉木民人"。

簡文"民人"是泛指"人"。《詩・大雅・生民》"厥初生民,時維姜嫄",朱熹

---

① 《説文》以爲是"聞"字古文。

集傳:"民,人也。"《左傳·昭公二十五年》"夫禮,天之經也,地之義也,民之行也",孔穎達疏:"民,謂人也。"《楚辭·離騷》"長太息以掩涕兮,哀民生之多艱",蔣驥注:"民,人也。""民""人"同義疊用,修辭的需要。

"民人流形",謂人是受天地陰陽之精氣而孕育成形體(生命)。《左傳·成公十三年》"劉子曰:'吾聞之:民受天地之中以生,所謂命也。'"楊伯峻注:"古人以爲天地有中和之氣,人得之而生。命謂生命。"

系尋而生 "奚得而生"猶首章之"奚得而成"。

第三簡正

流型(形)城(成)豊(體),系(奚)達(失)而死? 又(有)尋(得)而城(成),未智(知)左右之請? 天埅(地)立冬(終)立嚻(始),天墬(降)五厇(度),虘(吾)系(奚)

完簡,長三十三點三釐米,上、下平頭。第一契口距頂端十點二釐米,第一契口與第二契口間距爲十四點七釐米,第二契口距尾端八點四釐米。存三十字。

系達而死 達,楚文字用爲"失",亦即其異構[①]。《説文》:"失,縱也。"訓爲喪失。《老子》"輕則失本,躁則失君",王弼注:"失本,爲喪身也。"《荀子·富國》"則人有失合之憂,而有争色之禍矣",楊倞注:"失合,謂喪其配偶也。"《易·比》:"王用三驅,失前禽。"《論語·陽貨》:"既得之,患失之。"

值得指出的是,馬王堆漢墓竹書《十問》第四章載:"黃帝問於容成曰:'民始蒲淳溜刑,何得而生? 溜刑成膿(體),何失而死?'"黃帝之問即簡文之問:

---

① "達"字用爲楚文字"失",詳見本書《蘭賦》注釋。

"民人流形，奚得而生？流形成體，奚失而死？"兩相對讀，不難發現《十問》內容顯然脫胎於本章簡文，或者説兩者來源於同一母本。《十問》之"蒲淳"當讀爲"樸淳"或"樸沌"，"溜刑"即"流形"，"民始樸沌流形"謂人之生命開始是處於樸素渾沌之狀，因受陰陽之精氣而孕育成形體，全句意思與本篇此章完全一致。又，《十問》記黃帝之問後，容成答曰："天地之至精，生於無徵，長於無刑（形），成於無臄（體），得者壽長，失者夭死。"便是對此問的回答和解釋，可以參看①。

又尋而城 又，讀爲"有"，楚簡及典籍習見。"有得"，即《説文》之"行有所得也"，引申爲能够。

未智左右之請 智，讀爲"知"。《老子》"故知足不辱，知止不殆""禍莫大於不知足""知者不言，言者不知"等句，郭店楚簡本"知"皆作"智"；郭店楚簡《緇衣》、《五行》凡"智"字，今本及帛書本皆作"知"；包山楚簡"皆智（知）亓（其）殺之""邦智（知）之""不智（知）亓（其）州名"，"知"皆作"智"。

知，知道，瞭解。《孟子·萬章上》"天之生此民也，使先知覺後知，使先覺覺後覺也"，朱熹集注："知，謂識其事之所當然。"《公羊傳·宣公六年》"趙盾知之，躇階而走"，何休注："由人，曰知之……自己知，曰覺焉。"《書·皋陶謨》："知人則哲，能官人。"《論語·爲政》："知之爲知之，不知爲不知，是知也。"

《墨子·兼愛下》"未知得罪于上下"，"未知"用法同。

左右，方位，指左面和右面。《孟子·離婁下》"資之深則取之左右逢其原"，朱熹集注："左右，身之兩旁，言至近而非一處也。"《詩·周南·關雎》："參差荇菜，左右流之。"簡文"左右"是泛指。《管子·九守》："一曰天之，二曰地之，三曰人之，四方、上下、左右、前後，熒惑之處安在？"②"左右"用法相似。

請，請求。《爾雅·釋言》郭璞注："（告、謁、請，）皆求請也。"《管子·國蓄》"租税者，所慮而請也"，尹知章注："請，求也。"《莊子·盜跖》"內則疑劫請之

---

① 曹錦炎：《馬王堆漢墓竹書〈十問〉與楚竹書〈凡物流形〉——讀〈長沙馬王堆漢墓簡帛集成〉劄記》，《長沙馬王堆漢墓簡帛集成》修訂國際研討會論文，復旦大學，2015 年。
② 相同文字也見《鬼谷子·符言》。

賊，外則畏寇盜之害”，成玄英疏：“請，求也。”《論語·八佾》：“儀封人請見。”

“有得而成，未知左右之請？”承上文“流形成體”而言，謂其能够成爲形體，不知道是請求哪方面幫助得到的。馬王堆帛書《十六經·兵容》謂：“天地刑（形）之，聖人因而成之。”不知可否視爲一種回答。

天埅立冬立諰　埅，“地”字異構。《老子》“人法地，地法天”，郭店楚簡本“地”作“埅”；葛陵楚簡“埅（地）宔（主）一痒（牂）”“埅（地）宔（主）、霝（靈）君子”，“埅宔”即“地主”；郭店楚簡《太一生水》“此天之不能殺，埅（地）之不能釐”，上海博物館藏楚竹書《互先》“砫（濁）燹（氣）生埅（地），清燹（氣）生天”，“地”皆作“埅”。

“天地”，天和地，泛指自然界。《書·泰誓》：“惟天地萬物父母，惟人萬物之靈。”《荀子·天論》：“星隊木鳴……是天地之變，陰陽之化，物之罕至者也。”《老子》：“天地之間其猶橐籥乎？虛而不屈，動而愈出。”《楚辭·哀時命》“生天墬（地）之若過兮，忽爛漫而無成”，王逸注：“言己生於天地之間，忽若風雨之過。”

立，設置，建立。《書·泰誓》“天將有立父母，民之有政有居”，孫星衍《今古文注疏》引高誘注《淮南》云：“（立，）置也。”《周禮·春官·肆師》“肆師之職，掌立國祀之禮，以佐大宗伯”，孫詒讓正義：“立與建義同。”《楚辭·大招》“諸侯畢極，立九卿只”，蔣驥注：“立，設也。”《詩·小雅·賓之初筵》：“既立之監，或佐之史。”

冬，古文“終”字，見《説文》，楚簡“終”字皆寫作“冬”①。終，事物的結局，與“始”相對。《易繫辭下》：“《易》之爲書也，原始要終，以爲質也。”《詩·大雅·蕩》：“靡不有初，鮮克有終。”《楚辭·離騷》：“怨靈脩之浩蕩兮，終不察夫民心。”

諰，構形從“言”、從“心”、從“台”聲，讀爲“始”。按楚簡“始”字或作“台”，或作“訂”，或作“忄”。如郭店楚簡《性自命出》“衍（道）台（始）於青

———————————————

①　詳見本書《李頌》“冬”字注釋。

（情）”“時（詩）、箸（書）、豊（禮）、樂，丌（其）𤔲（始）出，皆生於人”，“始”作“𤔲”；《老子》“萬物作而弗始也”“始制有名”，郭店楚簡甲本“始”作“訂”；《老子》“慎終如始”，郭店楚簡甲本“始”作“𠬝”，丙本“始”作“訂”。“𤔲”“訂”“𠬝”均從“𠬝”（“司”字省形）聲，“司”聲和“台”聲相通，故可讀爲“始”。而“𤔲”字構形是在“𠬝”聲上疊加“台”聲，所以“𤔲”字也可以看成是從“台”聲，與“始”字從“台”聲同，故可相通。“𢤱”則是上述諸異體的混合構形，所以也可以讀爲“始”。

始，事物的開端，與“終”相對。《禮記·郊特牲》“大報本反始也”，孔穎達疏：“以終言之，謂初爲始。”《吕氏春秋·有始覽·有始》“天地有始”，高誘注：“始，初也。”《易·乾》：“大哉乾元，萬物資始。”《論語·泰伯》：“師摯之始，《關雎》之亂，洋洋乎盈耳哉！”

文獻常見“始”“終”並提。《莊子·達生》：“而藏乎无端之紀，遊乎萬物之所終始。”《禮記·大學》：“物有本末，事有終始。”《老子》：“慎終如始，則無敗事。”《戰國策·秦策五》謂秦王章：“詩云：‘靡不有初，鮮克有終。’故先王之所重者，唯始與終。”郭店楚簡《性自命出》：“𤔲（始）者近青（情），冬（終）者近義。”上海博物館藏竹書《弟子問》：“女（汝）能訢（慎）𤔲（始）與冬（終），斯善歖（矣），爲君子虗（乎）？”皆可參看。

此句謂“終”“始”皆由天地所設置。《詩·大雅·皇矣》：“天立厥配，受命既固。”“天立”用法與之相似。按《鶡冠子·度萬》謂：“所謂‘天’者，非是蒼蒼之氣之謂天也；所謂‘地’者，非是膊膊之土謂之地也。”“所謂‘天’者，言其然物而無勝者也；所謂‘地’者，言其均物而不可亂者也。”簡文云“天地立終立始”，其所指的語境也一樣，朝向偏於形而上的意義轉化。

天𨺅五尼 𨺅，“降”字繁構，古文字表示行動之字或贅增“止”旁。郭店楚簡《五行》“既見君子，心不能𨺅（降）”；上海博物館藏竹書《容成氏》“傑（桀）乃逃之鬲（鬲）山是（氏），湯或（又）從而攻之，𨺅（降）自鳴攸（條）之述（遂）”“豐、喬（鎬）之民䎽（聞）之，乃𨺅（降）文王”，“降”字皆作“𨺅”。降，降落，降下。《詩·大雅·崧高》：“維嶽降神，生甫及申。”鄭玄箋：“降，下也。”《荀子·議兵》：“若時雨之降，莫不説喜。”《楚辭·九歎·遠遊》：“微霜降而下淪兮。”《吕氏春秋·孟秋紀·孟秋》：“涼風至，白露降。”

厇，古文“宅”字①，此處讀爲“度”。上海博物館藏楚竹書《彭祖》“乃牆（將）多昏（聞）因由，乃不逴（失）厇（度）”，《三德》“憙（喜）樂無堇（限）厇（度），是胃（謂）大巟（荒）”、“宫室迆（過）厇（度），皇天之所亞（惡）”、“毋揣（揣）深，毋厇（度）山”、“宫室汙池，各慭（慎）亓（其）厇（度）”，“度”皆作“厇”。又，《書·堯典》“宅西曰昧谷”，《周禮·天官·縫人》鄭玄注引作“度西”。《説文》：“度，法制也。”

“五度”，見《鶡冠子·天權》：“兵有符而道有驗，備必豫具，慮必蚤定，下因地利，制以五行，左木、右金、前火、後水、中土，營軍陳士，不失其宜，五度既正，無事不舉。”陸佃注：“左木、右金、前火、後水、中土是也。”是謂“五度”亦即“五行”。

“天降”云云，常見文獻，如《書·君奭》：“弗弔天降喪于殷。”《詩·小雅·節南山》：“昊天不惠，降此大戾。”《國語·周語下》：“天災降戾。”上海博物館藏楚竹書《三德》“訢（忌）而不訢（忌），天乃墜（降）材（災）”，《用曰》“禃（禍）不墜（降）自天”，皆可參看。

第三簡背

呂（凡）勿（物）流型（形）

呂勿流型　呂，即“凡”字，其構形是在“凸”上又疊增“口”爲繁構。“呂勿流型”，讀爲“凡物流形”，係本篇原有之篇題②，書於第三簡簡背，係摘取簡文首句四字爲名。古書篇名取名，大都如此。

---

① 詳見本書《蘭賦》“厇”字注釋。
② 余嘉錫《古書通例》指出，古書多無大題（書題）而只有小題（篇題），上海古籍出版社，1985 年。

192

第四簡

奐（衡）系（奚）從（縱）？五既（既）竝至，虞（吾）系（奚）異系（奚）同？五言才
（在）人，管（孰）爲之公？九図出詴（誨），管（孰）爲之逆？虞（吾）既長而

完簡，長三十三點二釐米，上、下平頭。第一契口距頂端十點二釐米，第一
契口與第二契口間距爲十四點七釐米，第二契口距尾端八點三釐米。存三十
二字。

虞系奐系從　"虞系"二字在上簡末。虞，从"壬"，"虍"聲，楚文字用作
"吾"，楚簡習見[1]。吾，第一人稱代詞。《論語·學而》："吾日三省吾身。"《孟
子·梁惠王下》："吾之不遇魯侯。"

奐，"衡"字省體，見《説文》古文。望山楚簡遣册"奐尼"即"衡軶"，曾侯乙
墓竹簡遣册或稱"衡尼（軶）"，或稱"奐尼（軶）"，可證。《説文》分析"衡"字構形
爲"从角，从大，行聲"，從金文看，其説甚是。簡文"奐"字構形下從之"大"中有
飾筆，形似"矢"[2]。

衡，同"橫"。《詩·陳風·衡門》"衡門之下，可以棲遲"，陸德明釋文"衡，
橫也"，毛亨傳："衡門，橫木爲門。"《左傳·桓公九年》"鬬廉衡陳其師於巴師之
中，以戰，而北"，杜預注："衡，橫也。"《孟子·梁惠王下》"一人衡行於天下，武
王恥之"，趙岐注："衡，橫也。"《楚辭·九歎·離世》"身衡陷而下沈兮，不可獲
而復登"，王逸注："衡，橫也。"橫，與"縱"相對。

從，通"縱"。《楚辭·招魂》："豺狼從目，往來侁侁些。""從目"即"縱目"，
指豎目，見五臣注。李斯《諫逐客書》："遂散六國之從。"此"從"指"合縱"。《墨
子·備城門》"以柴搏從橫施之"；《荀子·賦》"公正無私，反見從橫"；《韓非

---

① 詳見本書《李頌》"虞"字注釋。
② 楚簡"因"字所從之"大"構形亦有類似的情況。

子·忠孝》"故世人多不言國法而言從橫";宋玉《高唐賦》"岩嶇參差,從橫相追"。"從橫"皆即"縱橫",縱向與橫向。亦以南北爲縱,東西爲橫。縱,與"橫"相對。

"虐奚衡奚縱",猶《楚辭·七諫·沈江》謂:"不別橫之與縱。"又,《詩·齊風·南山》:"蓺麻如之何? 衡從其畝。""橫縱"亦作"衡從",同於簡文。

五既竝至　既,讀爲"槩","槩"從"既"得聲,可以相通。槩,同"氣",見《玉篇》:"槩,古氣字。"《老子》"益生曰祥,心使氣曰强",郭店楚簡本"氣"作"槩"。郭店楚簡《語叢一》"凡有血槩(氣)者""又(有)槩(氣)又(有)志""誓天道㠯(以)㦣(化)民槩(氣)",上海博物館藏楚竹書《從政》"志槩(氣)不旨(詣)",《容成氏》"㚔(舜)乃欲會天堅(地)之槩(氣)",《互先》"又或(域)安(焉)又(有)槩(氣),又(有)槩(氣)安(焉)又(有)又(有)","氣"皆作"槩"。

又,郭店楚簡《六德》"非我血既(氣)之新(親),畜我女(如)丌(其)子弟","氣"作"既";《論語·鄉黨》"不使勝食氣",《説文·皀部》引"氣"作"既";《禮記·孔子閒居》"志氣塞乎天地",上海博物館藏楚竹書本(即《民之父母》)作"而㝷(得)既(氣)塞於四洅(海)矣"①,"氣"字亦作"既",同於簡文。

"五槩",即"五氣",五行之氣,亦指五方之氣。《史記·五帝本紀》:"軒轅乃修德振兵,治五氣,蓺五種,撫萬民,度四方。"裴駰集解引王肅曰:"五行之氣。"庾信《配帝舞》:"四時咸一德,五氣或同論。"

竝,一起,俱。《説文》謂:"竝,併也。從二立。"《淮南子·本經》:"明與日月竝。"高誘注:"竝,併也。"《吕氏春秋·季夏紀·明理》:"有四月竝出,有二月竝見。"高誘注:"竝猶俱也。"按"竝"字經典多作"並",邵瑛《群經正字》謂:"(竝)今經典作並,隸變。見漢夏承、曹全等碑。"《書·費誓》:"徂兹淮夷、徐戎並興。"《詩·秦風·車鄰》:"既見君子,並坐鼓瑟。"

至,到,來到。《詩·小雅·天保》:"如川之方至,以莫不增。"《論語·子罕》:"鳳鳥不至,河不出圖,吾已矣夫。"《荀子·致士》:"口行相反,而欲賢者之

---

① 《孔子家語·論禮》作:"志氣塞於天地,行之充於四海。"

至，不肖者之退，不亦難乎？”

虘系異系同　異，不同。《詩·邶風·静女》：“自牧歸荑，洵美且異。”《論語·子張》：“異乎吾所聞。”《楚辭·九辯》：“以爲君獨服此蕙兮，羌無以異於衆芳。”

同，相同，一樣。《書·泰誓》：“同力度德，同德度義。”《易·乾》：“同聲相應，同氣相求。”《論語·述而》：“君取於吴爲同姓，謂之吴孟子。”

“同”與“異”義正相反。《左傳·襄公二十九年》：“棄同即異，是謂離德。”《荀子·正名》：“物有同狀而異所者，有異狀而同所者，可别也。狀同而爲異所者，雖可合，謂之二實。”《楚辭·離騷》：“民好惡其不同兮，惟此黨人其獨異。”《禮記·樂記》：“樂者爲同，禮者爲異。同者相親，異則相敬。”

《墨子·經上》：“同，異而俱於之一也。”《禮記·曲禮上》：“别同異，明是非也。”或可爲本句作解。

五言才人　“五言”，五德之言。《書·益稷》：“予欲聞六律、五聲、八音，在治忽，以出納五言，汝聽。”孔安國傳：“以出納仁、義、禮、智、信五德之言，施于民以成化。”

才，讀爲“在”，古文字習見。在，在於、取決於。《書·湯誥》：“其爾萬方有罪，在予一人。”《書·皋陶謨》：“皋陶曰：‘都，在知人，在安民。’”《荀子·勸學》：“駑馬十駕，功在不舍。”

“在人”，取決於人。

簹爲之公　簹，通“孰”。《老子》：“名與身孰親？身與貨孰多？得與亡孰病？”郭店楚簡本“孰”作“簹”。郭店楚簡《成之聞之》“民簹（孰）弗從”“民簹（孰）弗信”，上海博物館藏楚竹書《容成氏》“簹（孰）天子而可反”，《曹沫之陳》“今天下之君子既可智（知）已，簹（孰）能并兼人才（哉）”，《君子爲禮》“中（仲）尼與虗（吾）子産簹（孰）臤（賢）”“與壐（禹）簹（孰）臤（賢）”“〔與叁（舜）〕簹（孰）臤（賢）”，“孰”皆作“簹”。

孰,疑問代詞,相當於"誰""哪個"。《論語·公冶長》:"女與回也孰愈?"《論語·雍也》:"弟子孰爲好學?"《戰國策·齊策》:"吾與徐公孰美?"《楚辭·天問》:"圜則九重,孰營度之? 惟茲何功? 孰初作之?"

公,《説文》謂:"平分也。"公正,公平。《吕氏春秋·孟春紀·貴公》:"昔先聖王之治天下也,必先公,公則天下平矣。"高誘注:"公,正也。"《書·周官》:"以公滅私,民其允懷。"《莊子·天下》:"公而不當(黨),易而無私。"《楚辭·七諫·謬諫》:"邪説飾而多曲兮,正法弧而不公。"

九囗出諬 九,泛指多數。《楚辭》常見"九某"之稱,如《離騷》之"九死",《招魂》之"九關""九約",《河伯》之"九河"等,尤以《天問》爲最,如"九重""九天""九子""九則""九州""九首""九衢""九辯""九歌""九會"等,皆其例。

囗[1],讀爲"攝"。《説文》:"囗,下取物縮藏之。从口从又。讀若聶。"《禮記·緇衣》"朋友攸攝,攝以威儀",上海博物館藏楚竹書本"攝"作"囗";上海博物館藏楚竹書《曹沫之陳》"是古(故)倀(長)民者毋囗(攝)箮(爵),毋众(從)軍,毋辟(避)皋,甬(用)都(諸)斈(教)於邦","囗"亦讀爲"攝"。"攝"从"聶"得聲,故《説文》謂囗字"讀若聶"之説確有所據。

"九攝",當讀爲"九則"[2]。《楚辭·天問》:"地方九則,何以墳之?"一本"則"作"州",朱熹集注:"九則,謂九州之界,如上所謂圜則也。"是"九則"猶言"九州",泛指天下。《鶡冠子·泰録》:"天有九鴻,地有九州。"《詩·商頌·玄鳥》:"方命厥后,奄有九有。"毛亨傳:"九有,九州也。"《韓詩》"九有"作"九域"。是"九州"即"九有",亦即"九域"。又,《淮南子·俶真》:"竅領天地,襲九窾,重九㷒。""九㷒"指"九地"而言,意思亦相同。

---

[1] "囗"字因整理用的黑白照片複印本模糊原誤釋爲"叵(區)",今據放大彩照及網上讀者意見改正。復旦大學出土文獻與古文字研究中心讀書會:《〈上博七·凡物流形〉重編釋文》,復旦大學出土文獻與古文字研究中心網站,2008 年 12 月 31 日。

[2] 古音"攝"爲緝部字,"則"爲之部字,緝、之二部有相通的例子。如《漢書·朱博傳》"豪强慹服",顏師古注:"慹,音之涉反。""慹"爲之部字,从執聲,而"執"爲緝部字。《漢書·陳湯傳》"萬夷慴伏",顏師古注:"慴,恐也。音之涉反。""慴"爲之部字,从習聲,而"習"爲緝部字。參看王力《同源字典》"叁-p,-m 類",商務印書館,1982 年。或以爲"囗"从"又"聲,字當讀爲"囿","九囿"即《詩·商頌·玄鳥》《荀子·解蔽》之"九有",可備一説。

誨，同"誨"，楚簡从"每"之字或从"母"旁，如"海"或作"洖"，"晦"或作"睸"，"悔"或作"畮"等①。誨，教導，訓誨。《説文》："誨，曉教也。"《詩·小雅·緜蠻》："飲之食之，教之誨之。"《論語·述而》："學而不厭，誨人不倦。"亦指教誨、勸諫的話。《書·説命上》："朝夕納誨，以輔台德。"孔安國傳："言當納諫誨直辭，以輔我德。"

箮爲之逆　箮，通"孰"，疑問代詞。逆，《説文》謂："迎也。"引申爲接受，《周禮·夏官·太僕》"掌諸侯之復逆"，鄭玄注引鄭司農云："逆，謂受下奏。"《儀禮·聘禮》："衆介皆逆命不辭。"鄭玄注："逆，猶受也。"又，《周禮·天官·司會》"以逆邦國都鄙官府之治"，鄭玄注："逆，受而鉤考之。""逆"字用法皆可參考。

第五簡

或老，箮（孰）爲伕（侍）奉？槐（鬼）生於人，系（奚）古（故）神畏（盟）？骨₌（骨肉）之既杕（靡），亓（其）智（知）愈暲，亓夬（缺）▬系（奚）堂（適）？箮（孰）智（知）

完簡，長三十三釐米，上、下平頭。第一契口距頂端十釐米，第一契口與第二契口間距爲十四點七釐米，第二契口距尾端八點三釐米。存二十九字，其中合文一。"夬"字下有句讀號。

虗既長而或老　"虗既長而"四字在上簡。虗，吾，第一人稱。既，已經。

長，年長，年高。《孟子·萬章下》："不挾長，不挾貴，不挾兄弟而友。"趙岐注："長，年長。"《國語·晉語四》："齊侯長矣，而欲親晉。"韋昭注："長，老也。"

---

① 詳見本書《有皇將起》"誨"字注釋。

《管子·中匡》:"道血氣以求長年長心長德,此爲身也。"《淮南子·説山》:"文公棄荏席後黴黑,咎犯辭歸,故桑葉落而長年悲也。"而,連詞。

或,副詞,猶"又"。《左傳·哀公元年》:"今吴不如過,而越大於小康。或將豐之,不亦難乎?"《史記·吴世家》"或將豐之"作"又將寬之"。《禮記·檀弓》:"父死之謂何,或敢有他志,以辱君義?"《戰國策·秦策四》:"秦白起拔楚西陵,或拔鄢、郢、夷陵,燒先王之墓。"

《詩·小雅·賓之初筵》:"既立之監,或佐之史。"亦是先用"既"後用"或",簡文修辭手法與之相同。

老,年老,衰老。《説文》:"老,考也。七十曰老。"《論語·季氏》:"及其老也,血氣既衰,戒之在得。"邢昺疏:"老謂五十以上。"《左傳·僖公二十八年》:"師直爲壯,曲爲老。"《吕氏春秋·先識覽·去宥》:"人之老也,形益衰,而智益盛。"《楚辭·離騷》:"老冉冉其將至兮,恐脩名之不立。"

箸爲狹奉　狹,構形從二倒"矢"①,字亦見上海博物館藏楚竹書《緇衣》,與今本對讀,"狹"字讀爲"葉公"之"葉"。按"狹"字從"矢"得聲,此處讀爲"侍"。古音"矢"爲書母脂部字,"侍"爲禪母之部字,兩字音近可通。《説文》:"侍,承也。"段玉裁注:"凡言侍者,皆敬恭承奉之義。"引申爲在尊者旁邊陪從伺候。《論語·先進》:"閔子侍側,誾誾如也。"邢昺疏:"卑在尊側曰侍。"《左傳·襄公十四年》:"師曠侍於晉侯。"《孝經·開宗明義章》:"仲尼居,曾子侍。"

"侍奉",伺候奉養,見《太平經》卷一百一十二《貪財色災及胞中誡》第一百八十五:"群神精氣,莫不自來侍奉承顏色。"李白《贈歷陽褚司馬》詩:"北堂千萬壽,侍奉有光輝。"

禨生於人　禨,"鬼"字繁構,從"示"旁,見於《説文》古文。上海博物館藏楚竹書《柬大王泊旱》、《競建内之》、《三德》、《平王問鄭壽》以及《墨子》佚文《鬼神之明》篇,"鬼神"皆作"禨神"。古代迷信者稱人死後離開形體而存在的精靈

---

① 楚文字構形"矢"字或"矢"旁往往倒寫,這種寫法實源自殷商甲骨文。

爲鬼。《説文》：“鬼，人所歸爲鬼。”《禮記·祭義》：“衆生必死，死必歸土，此之謂鬼。”《論衡·論死》：“人死精神昇天，骸骨歸土，故謂之鬼。鬼者，歸也。”

《墨子·明鬼下》：“子墨子曰：古之今之爲鬼，非他也，有天鬼，亦有山水鬼神者，亦有人死而爲鬼者。”簡文謂“鬼生於人”，即“人死而爲鬼”的另一種説法。

奚古神䚓　“奚古”，讀爲“奚故”，表疑問，同“何故”。《莊子·知北遊》：“今予問乎若，若知之，奚故不近？”《晏子春秋·内篇諫上》：“晏子朝，杜扃望羊待于朝。晏子曰：‘君奚故不朝？’”《吕氏春秋·審應覽·不屈》：“蝗螟，農夫得而殺之，奚故？爲其害稼也。”“何故”例見《左傳·莊公三十二年》：“惠王問諸内史過曰：‘是何故也？’”上海博物館藏楚竹書《子羔》：“可（何）古（故）㠯（以）尋（得）爲帝？”亦其例。

神，本指神靈。《説文》：“神，天神，引出萬物者也。”《書·微子》：“今殷民乃攘竊神祇之犧牷牲。”陸德明釋文：“天曰神，地曰祇。”《詩·大雅·雲漢》：“敬恭明神，宜無憤怒。”《論語·述而》：“子不語怪力亂神。”《楚辭·離騷》：“百神翳其備降兮，九疑繽其並迎。”按《論語·爲政》：“非其鬼而祭之，諂也。”何晏集解引鄭玄曰：“人神曰鬼。”《吕氏春秋·季秋紀·順民》：“無以一人之不敏，使上帝鬼神傷民之命”，高誘注：“天神曰神，人神曰鬼。”是“鬼”亦可稱之“人神”。

䚓，“盟”字異構。包山楚簡“埶（執）事人爲之䚓（盟）䚓（證），凡二百人一十人。既䚓（盟），皆言曰”“郙之正既爲之䚓（盟）䚓（證）”，“盟”作“䚓”；包山楚簡“由攻解於䚓禱”，九店楚簡《日書》“利以敓䚓禱”，望山楚簡“與䚓禱”，“䚓禱”即“盟詛”。盟，古代在神前誓約、結盟。《禮記·曲禮下》：“約信曰誓，涖牲曰盟。”《詩·小雅·巧言》：“君子屢盟，亂是用長。”《左傳·僖公二十八年》：“癸亥，王子虎盟諸侯于王庭，要言曰：‘皆獎王室，無相害也。有渝此盟，明神殛之！’”

“鬼生於人，奚故神盟？”意思是説人死而成爲鬼，何故要將其當作盟誓時的神靈來對待。

上海博物館藏戰國竹書楚辭箋注

骨₌之既林 "骨"字下有合文符號,讀爲"骨肉"。因爲"骨"字構形本身就包含有"月(肉)"字,故可作合文。此形式爲借字合文,楚簡中例子甚多①。"骨肉",指身體。《禮記‧檀弓下》:"骨肉歸復于土,命也。"《論衡‧無形》:"故人老壽遲死,骨肉不可變更,壽極則死矣。"

林,"麻"之本字,見《説文》:"林,葩之總名也。""麻,與林同。"《儀禮‧喪服》記服妻與昆弟之喪時都有"疏衰裳齊,牡麻経",郭店楚簡《六德》寫作"絟(疏)衰齊,戊林實(経)","麻"作"林"②;上海博物館藏楚竹書《平王與王子木》"王子曰:'菶(疇)可(何)㠯(以)爲?'曰:'㠯(以)穜林(麻)。'""麻"作"林"。又,《禮記‧緇衣》:"白圭之玷,尚可磨也。""磨"字,郭店楚簡本作"礬",上海博物館藏楚竹書本作"磊",皆寫作从"石"从"林",可證。麻,讀爲"靡"。郭店楚簡本《緇衣》引佚詩"虘(吾)大夫共(恭)虔(且)龏(儉),林(靡)人不敍(儉)"③,"林(麻)"字也讀作"靡"。靡,滅亡,《荀子‧大略》:"利夫秋豪,害靡國家。"王念孫《讀書雜誌》按語:"靡者,滅也。"《莊子‧胠篋》:"昔者龍逢斬,比干剖,萇弘胣,子胥靡。"陸德明釋文:"靡,崔云:'爛之於江中也。'"是"靡"字亦通"糜",碎爛,毀傷之意。《楚辭‧九思‧傷時》:"愍貞良兮遇害,將夭折兮碎糜。"《孟子‧盡心下》:"梁惠王以土地之故,糜爛其民而戰之,大敗。"簡文之"麻"若直接讀爲"糜",亦通。

"骨肉之既靡",謂骨肉即身體已經糜爛毀亡,猶言人之已死。

亓智愈暲 亓,讀作"其"④,代詞。

智,讀爲"知"。《釋名‧釋言語》:"智,知也。"《荀子‧正名》:"所以知之在人者謂之知。知有所合謂之智。"知,知識。《論語‧子罕》:"吾有知乎哉?無知也。"《淮南子‧道應》:"知可否者,智也。"

愈⑤,副詞,相當於"益""越""更加"。《詩‧小雅‧小明》:"曷云其還,政事

---

① 詳見本書《鵬鵼》"舍₌"字注釋。
② 參看《郭店楚墓竹簡》注釋裘錫圭先生按語。
③ 今本《緇衣》無此句詩。
④ 詳見本書《李頌》"亓"字注釋。
⑤ 《説文》失收"愈"字。

愈蹙。”鄭玄箋：“愈，猶益也。”《國語·晉語二》“吾聞申生之謀愈深”，韋昭注：“愈，益也。”《左傳·哀公二十五年》：“公愈怒。”《老子》：“聖人不積，既以爲人，己愈有；既以與人，己愈多。”

暲，讀爲“障”，“暲”“障”均從“章”聲，可通。障，蔽、阻塞，阻隔。《説文》：“障，隔也”，《爾雅·釋言》“障，畛也”，陸德明釋文：“障，蔽也。”《吕氏春秋·貴直論·貴直》“欲聞枉而惡直言，是障其源而欲其水也”，高誘注：“障，塞也。”《管子·法法》：“令而不行，謂之障。”《墨子·親士》：“善議障塞，則國危矣。”

《説苑·辨物》記載：“子貢問孔子：‘死人有知無知也？’孔子曰：‘吾欲言死者有知也，恐孝子順孫妨生以送死也；欲言無知，恐不孝子孫棄不葬也。賜，欲知死人有知將無知也，死徐自知之，猶未晚也。’”[1]可以參看。

亓夬系壹　夬，讀爲“缺”，“缺”字從“夬”聲[2]，可通。《老子》“大成若缺”，郭店楚簡本“缺”作“夬”；《易·夬》“君子夬夬，獨行遇雨”，“夬夬”，上海博物館藏楚竹書本同，馬王堆帛書本作“缺缺”；郭店楚簡《語叢一》“夬（缺），生虖（乎）未旲（得）也”，“夬”亦讀爲“缺”。缺，殘缺，缺少。《説文》：“缺，器破也。”《詩·豳風·破斧》：“既破我斧，又缺我斨。”《莊子·逍遥遊》：“堯讓天下於許由，曰：‘……夫子立而天下治，而我猶尸之，吾自視缺然，請致天下。’”

壹，當是“壹”字之訛[3]，讀爲“適”。“適”從“啻”聲，而“啻”從“帝”聲，故可相通。上海博物館藏楚竹書《融師有成氏》“□䎩（聞）壹（適）易（湯）”，“適”字省體也從“帝”聲，可證。適，實，慧琳《音義》卷五十三“適莫”注引《考聲》：“適，指實也。”引申爲補滿。《漢書·循吏傳·黄霸》：“坐發民治馳道不先以聞，又發騎士詣北軍，馬不適士。”顔師古注引孟康曰：“關西人謂補滿爲適。馬少士多，不相補滿也。”

《史記·趙世家》：“願得補黑衣之缺，以衛王宫。”“補”“缺”用法亦可參看。

---

[1]　亦見《孔子家語·致思》，文字稍有不同。
[2]　《説文》謂“缺”從“決省聲”，徐灝注箋指出：“《六書故》引唐本‘夬聲’。”
[3]　“止”旁訛作“土”。“壹”字原直接隸作“壹”，今改正。

201

上海博物館藏戰國竹書楚辭箋注

第六簡

亓疆？媿（鬼）生於人，虛（吾）系（奚）古（故）事之？骨＝（骨肉）之既林（靡），身豐（體）不見，虛（吾）系（奚）自飤之？亓（其）坴（來）▆亡厇（託），

完簡，長三十二點八釐米，上、下平頭。第一契口距頂端十釐米，第一契口與第二契口間距爲十四點五釐米，第二契口距尾端八點三釐米。存二十九字，其中合文一。"坴"字下有句讀號。

篙智亓疆　"篙智"二字在上簡，讀爲"孰知"。

疆，通"彊"。郭店楚簡《語叢三》"思亡（無）疆（彊），思亡（無）亓（期），思亡（無）紉（邪）"，"亡疆"即"無彊"；《吕氏春秋·孝行覽·長攻》"凡治亂存亡，安危彊弱，必有其遇，然後可成"，"彊弱"即"彊弱"；《樂府詩集·郊廟歌辭·康王歌》"嚴恭盡禮，永錫無疆"，"無疆"即"無彊"。又，《左傳·襄公二十五年》"表淳鹵，數疆潦"，楊伯峻注："疆，當作彊。彊潦，謂土性剛硬，受水則潦。"彊，《説文》謂"弓有力也"，引申爲有力、强壯之稱，通作"强"，指"弱"的反面。《詩·周頌·載芟》"侯彊侯以"，陸德明釋文："强，有餘力。"《國語·楚語下》"彊忍犯義"，韋昭注："彊，彊力。"《書·洪範》："身其康彊。"《六韜》："太彊必折，太張必缺。"

系古事之　"系古"，讀爲"奚故"，何故。

事，侍奉，供奉。《論語·學而》："事父母，能竭其力；事君，能致其身。"《孟子·梁惠王上》："必使仰足以事父母，俯足以畜妻子。"《荀子·王制》："能以事親謂之孝，能以事兄謂之弟。"

鬼須供奉，故亦曰"事"。《論語·先進》："季路問事鬼神。子曰：'未能事人，焉能事鬼？'"上海博物館藏楚竹書《天子建州》："事媿（鬼）則行敬。"用法相

同,可以參看。

身豊不見　"身豊",讀爲"身體"。《禮記·祭義》:"身也者,父母之遺體也。"故"身體"聯言,代指人的全身。《管子·君臣下》:"君之在國都也,若心之在身體也。"《戰國策·楚策四》:"襄王聞之,顏色變作,身體戰栗。"《韓非子·外儲説》:"墨子者,顯學也。其身體則可,其言多而不辯,何也?"

"不見",看不見。《詩·王風·采葛》:"一日不見,如三秋兮。"《易·艮》:"行其庭,不見其人。"《禮記·大學》:"心不在焉,視而不見,聽而不聞,食而不知其味。""不見"用法皆相同。

虐系自飤之　"系自"讀爲"奚自",自何處,從哪裏。

飤,同"食"字。《説文》:"飤,糧也。从人、食。"段玉裁注:"以食食人物。其字本作食,俗作飤,或作飼。"從古文字看,"食""飤"當爲一字。金文"飤鼎""飤簋""飤瑚""飤繁"名數十見,容庚先生指出,"飤"義皆當訓"食"[1];余義鐘銘"飲飤歌舞","飲飤"即"飲食"。《楚辭·七諫·怨思》"子推自割而飤君兮,德日忘而怨深","飤"亦同"食"。

《詩·小雅·緜蠻》:"飲之食之,教之誨之。""食之"用法與簡文"飤之"同。

亓埜亡尻　亓,讀爲"其",代詞。

埜,"來"字繁構,古文字表示行動之字,其構形往往贅增"止"旁或"辵"旁。《楚辭·九辯》:"去鄉離家兮徠遠客,超逍遥兮今焉薄?""來"字作"徠",亦爲異體。"來"本指小麥,爲西方傳入的外來物種,引申爲"到來"義。《説文》:"來,周所受瑞麥來麰。一來二縫,象芒束之形。天所來也,故爲行來之來。"《詩·小雅·采薇》"憂心孔疚,我行不來",毛亨傳:"來,至也。"《爾雅·釋詁》"來,至也",邢昺疏:"來者,自彼至我也。"《書·武成》:"王來自商。"《論語·學而》:"有朋自遠方來,不亦樂乎?"

---

[1]　見陳初生《金文常用字典》"飤"字條引,第571頁,陝西人民出版社,1987年。

厇，即"宅"字古文①，此處讀爲"託"。《老子》"故貴以身爲天下，若可以託天下矣"，郭店楚簡本"託"作"厇"；《禮記·緇衣》"則大臣不治，而褻臣託也"，郭店楚簡本"託"作"恀"；郭店楚簡《太一生水》"㠯（以）道從事者，必恀（託）丌（其）名，古（故）事城（成）而身長。聖人之從事也，亦恀（託）丌（其）名，古（故）社（功）城（成）而身不剔（傷）"，"恀"字亦讀爲"託"。厇、宅、恀、託皆从"乇"聲，故可相通。託，寄託，依附。《説文》："託，寄也。"《孟子·萬章下》"士之不託諸侯，何也"，趙岐注："託，寄也。"《楚辭·招魂》"魂兮歸來，東方不可以託些"，王逸注："託，寄也。《論語》曰'可以託六尺之孤。'"《管子·水地》："唯知其託者能爲之正具者，水也。"尹知章注："託，依也。"《楚辭·九歎·遠遊》"焉託乘而上浮"，王逸注："將何引援而升雲也。"《戰國策·趙策四》："一旦山陵崩，長安君何以自託於趙？""其來無託"，是説人死爲鬼後若其到來則無所可以寄託。

第七簡

虗（吾）系（奚）旹（時）之窒（塞）？祭異（禩）系（奚）迸（升）？虗（吾）女（如）之可（何）思歠（餐）？川（順）天之道，虗（吾）系（奚）㠯（以）爲頁（首）？虗（吾）既䢷（得）

完簡，長三十三釐米，上、下平頭。第一契口距頂端十釐米，第一契口與第二契口間距爲十四點七釐米，第二契口距尾端八點三釐米。存二十七字。

虗系旹之窒 旹，"時"字古文，見《説文》。《楚辭·九章·思美人》"遷逡次而勿驅兮，聊假日以須旹"，洪興祖補注："旹，古時字。"郭店楚簡《忠信之道》"至信女（如）旹（時）"，《語叢四》"善吏（使）丌（其）民者，若四旹（時）一遣一坙（來）"，《唐虞之道》"旹（時）事山川""竝於大旹（時）""旹（時）弗可及歉（矣）"，

———————————
① 詳見本書《蘭賦》"厇"字注釋。

"時"字皆作"旹";上海博物館藏楚竹書《容成氏》"天地四旹（時）"，《三德》"智（知）天足吕（以）川（順）旹（時）"，《孔子詩論》"《棣木》之旹（時），則吕（以）亓（其）录（祿）也""《又（有）兔》不奉（逢）旹（時）"，"時"字皆作"旹"。時，時候，時間。《論語·季氏》："少之時，血氣未定，戒之在色。"《莊子·養生主》："始臣之解牛之時，所見無非牛者。"《呂氏春秋·孝行覽·首時》："天不再與，時不久留。""奚時"，何時，什麼時候。

窀，"塞"字異體。郭店楚簡《窮達以時》"塞"字作"空"，其構形也見於《龍龕手鑒·穴部》和《正字通·穴部》，均以"空"爲"塞"字①。《説文》"塞"字篆文作"𡫳"，簡文"窀"字構形是在"空"字中間部位增加"又"旁，是更接近小篆的寫法。塞，酬神。《韓非子·外儲説右下》："（秦襄王）病癒，殺牛塞禱。"《史記·封禪書》："冬塞禱祠。"司馬貞索隱："（塞）與賽同。賽，今報神福也。""塞禱"也作"賽禱"，見楚簡②。

祭異系迸　異，讀爲"禩"，"禩"字从"異"得聲，可通。"禩"，"祀"的異體字。《説文》："祀，祭無已也。从示，巳聲。禩，或从異。"《周禮·春官·大宗伯》："以血祭祭社稷、五祀、五嶽……以貍沉祭四方百物。"鄭玄注："故書祀作禩，貍爲罷。鄭司農云：'禩當爲祀，書亦或作祀。'"《周禮·春官·小祝》："有寇戎之事，則保郊，祀于社。"鄭玄注引鄭司農云："杜子春讀禩爲祀，書亦或爲祀。"祀，祭祀，《詩·小雅·楚茨》："祝祭于祊，祀事孔明。"《左傳·成公十三年》："國之大事，在祀與戎。"

"祭禩"，即"祭祀"，對陳物供奉神鬼祖先的通稱。《荀子·禮論》："祭祀，敬事其神也。"《周禮·春官·雞人》："凡祭祀，面禳釁，共其雞牲。"《史記·白起王翦列傳》："死而非其罪，秦人憐之，鄉邑皆祭祀焉。"

迸，"升"字繁構。古文字表示行動之字，其構形往往贅增"辵"旁或"止"

---

① 參見李零《郭店楚簡校讀記》，《道家文化研究》第 17 輯，三聯書店，1999 年。

② "塞禱"一詞，戰國楚卜筮類簡多作"賽禱"，在包山楚簡、望山楚簡中"塞"字都寫作"賽"，葛陵楚簡或作"賽"，或作"塞"。上海博物館藏楚竹書《卉茅之外》"疾（喉）胥（舌）宔（堵）賽（塞），安（焉）能聰明"，"塞亦作"賽"。《説文》原無"賽"字，新附則有之。

旁。“升”字構形作“迀”“盄”，皆見曾侯乙墓遣册。升，進獻，進奉。《吕氏春秋·孟秋紀·孟秋》：“是月也，農乃升穀。天子嘗新，先薦寢廟。”高誘注：“升，進也。”《吕氏春秋·孟夏紀·孟夏》“農乃升麥”，高誘注：“升，獻。”《儀禮·少牢饋食禮》：“司馬升羊右胖，髀不升。”

虗女之可思歠　女，讀爲“如”。可，讀爲“何”①。“女之可”即“如之何”，怎麽，怎麽樣。《詩·齊風·南山》：“蓺麻如之何？衡從其畝。”“取妻如之何？匪媒不得。”《論語·先進》：“仍舊貫，如之何？”

思，思念，懷念。《爾雅·釋詁》：“懷，思也。”邢昺疏：“思，思念也。”《孟子·公孫丑上》“思與鄉人立”，趙岐注：“思，念也。”《詩·小雅·我行其野》：“不思舊姻，求爾新特。”《楚辭·九歌·山鬼》：“君思我兮不得閒。”

《詩·王風·君子于役》：“君子于役，如之何勿思！”語句類似。

歠，構形從“飤”“卯”聲。按“飤”與“食”義同，用作偏旁時可以互換，如“饋”字本從“食”旁，包山楚簡或寫作從“飤”旁②，故“歠”即“䉋”字異體。䉋，“飽”字古文，見《説文》。飽，飽滿。《説文》：“飽，猒也。”《論語·學而》：“君子食無求飽，居無求安。”引申爲飽滿，滿足。《詩·大雅·既醉》：“既醉以酒，既飽以德。”《左傳·僖公二十八年》：“我曲楚直，其衆素飽，不可謂老。”

川天之道　川，讀爲“順”。《禮記·緇衣》“四國順之”，上海博物館藏楚竹書本“順”作“川”；郭店楚簡《尊德義》“善者民必衆，衆未必訌（治），不訌（治）不川（順），不川（順）不坪（平）”，《成之聞之》“君子訌（治）人侖（倫）以川（順）天悳（德）”“而可以至川（順）天棠（常）怠（矣）”，“順”字皆作“川”；上海博物館藏楚竹書《三德》“智（知）天足吕（以）川（順）旹（時）”，“順”作“川”。順，循，順應。《淮南子·時則》“以征不義，詰誅暴慢，順彼四方”，高誘注：“順，循也。”《大戴禮記·主言》“是故聖人等之以禮，立之以義，行之以順，而民棄惡也如灌”，王

---

① 詳見本書《蘭賦》“可”字注釋。
② 見簡243、248“饋”字構形，湖北省荆沙鐵路考古隊《包山楚簡》圖版一〇七、一〇八，文物出版社，1991年。

聘珍解詁:"順,循也,循其理也。"《詩・大雅・皇矣》:"不識不知,順帝之則。"
《易・説卦》:"昔者聖人之作易也,將以順性命之理。"

天,此處指日月星辰運行、四時寒暑交替、萬物受其覆育的自然之體。
《荀子・天論》:"大天而思之,孰與物畜而制之? 從天而頌之,孰與制天命而
用之?"《莊子・大宗師》:"知天之所爲,知人之所爲者,至矣。"《易・革》:"湯
武革命,順乎天而應乎人。"《越絶書・計倪内經》:"凡舉百事,必順天地四
時,參以陰陽。用之不審,舉事有殃。""順乎天""必順天地四時",即簡文之
"順天"。

道,方法。《韓非子・解老》:"聖人觀其玄虚,用其周行,强字之曰'道'。"
《荀子・儒效》:"道者,非天之道,非地之道,人之所以道也,君子之所道也。"
《商君書・更法》:"治世不一道,便國不必法古。"郭店楚簡《唐虞之道》:"效
(教)民大川(順)之道也。"

"順天之道",指順應自然規律,《大戴禮記・盛德》"天道不順,生於明堂不
飾",義正相反。《莊子・大宗師》"知天之所爲者,天而生也",成玄英疏:"天
者,自然之謂也。"《管子・輕重戊》:"作九九之數以合天道,而天下化之。"《孔
子家語・禮運》:"孔子曰:'夫禮,先王所以承天之道,以治人之情。'"皆可
參看。

"順天之道",亦見《管子・中匡》:"臣聞壯者無怠,老者無偷,順天之道,必
以善終者也。"《孔子家語・五刑解》:"而明好惡順天之道,禮度既陳,五教畢
修,而民猶或未化,尚必明其法典以申固之。"《吕氏春秋・孟秋紀・懷寵》"今
兵之來也,將以誅不當爲君者也,以除民之讎而順天之道也。"又,上海博物館
藏楚竹書《三德》:"是胃(謂)川(順)天之棠(常)","順天之常"與"順天之道"意
思也相近。

虗系吕爲頁　吕,古"以"字[1]。《説文》:"吕,用也。"

頁,同"首"。《説文》:"頁,頭也。从百,从儿。古文頴首如此。"[2]徐鍇《繫

---

[1]　詳見本書《李頌》"吕"字注釋。
[2]　從古文字看,"頁""首""百"爲一字分化。

傳》："古文以爲首字也。"仰天湖楚簡"一笿柜，玉頁（首）"，"首"作"頁"。首，首先，第一。《莊子·天下》："齊萬物以爲首。"王先謙集解引宣穎注："以此爲第一事。"《左傳·昭公元年》："令尹享趙孟，賦《大明》之首章。"《老子》："夫禮者，忠信之薄而亂之首。"《禮記·月令》："首種不入。"

"奚以爲首"，用什麼做爲首先。《墨子·法儀》："然則奚以爲治法而可？"《論語·子路》："雖多，亦奚以爲？"亦是"奚以爲"連用。

第八簡

百眚（姓）之咊，虗（吾）系（奚）事之？ 敬天之盟（盟）系（奚）尋（得）？ 禔（鬼）之神系（奚）飤？ 先王之智＿系（奚）備？ 酳（問）之曰：迀（升）

完簡，長三十三點三釐米，上、下平頭。第一契口距頂端十點二釐米，第一契口與第二契口間距爲十四點七釐米，第二契口距尾端八點四釐米。存二十九字。"智"字下有句讀號。

虗既尋百眚之咊 "虗既尋（得）"三字在上簡末。"既得"，已經得到。《左傳·襄公十七年》："聞守卞者將叛，臣帥徒以討之，既得之矣。"《穆天子傳》："農工既得。"郭店楚簡《語叢四》："既得其急，言必有以及之。"

《楚辭·離騷》："跪敷衽以陳辭兮，耿吾既得此中正。""吾既得"亦即"虗既尋（得）"。

百眚，讀爲"百姓"。"眚""姓"皆从"生"得聲，故可相通。《老子》"百姓皆謂我自然"，郭店楚簡本作"而百眚（姓）曰我自然也"；《禮記·緇衣》"上人疑則百姓惑"，郭店楚簡本、上海博物館藏楚竹書本"百姓"作"百眚"；上海博物館藏楚竹書《鬼神之明》"返（及）桀受（紂）學（幽）萬（厲），焚聖人，殺訐者，惻（賊）百眚（姓），麤（亂）邦豪（家）"，"百姓"亦作"百眚"。

"百姓"，百官。《書·堯典》："九族既睦，平章百姓。"孔安國傳："百姓，百官。"《國語·周語中》:"百姓兆民,夫人奉利而歸諸上,是利之内也。"韋昭注:"百姓,百官也,官有世功受氏姓也。"《詩·小雅·天保》:"群黎百姓,遍爲爾德。"馬瑞辰《傳箋通釋》:"百姓,本百官賜姓之稱,故曰百官族姓,後遂通以爲百官之稱,又以稱衆民。"

咊,今作"和"。和,和諧。《廣雅·釋詁》:"和,諧也。"《周禮·天官·大宰》:"三曰禮典,以和邦國,以統百官,以諧萬民。"孫詒讓正義:"和、諧訓同,變文以見義。"《禮記·祭義》:"天下之禮,致反始也,致鬼神也,致和用也,致義也,致讓也。"孔穎達疏:"和,謂百姓和諧。"《左傳·隱公四年》:"臣聞以德和民,不聞以亂。"《國語·越語下》:"天時不作而先爲人客,人事不起而創爲之始,此逆於天而不和於人。"《易·乾》象傳:"保合大和乃利貞。"

《荀子·富國》:"百姓之群,待之而後和。"可爲本句參考。

虖系事之 事,《説文》謂"職也",引申爲職事。《國語·魯語上》"卿大夫佐之受事焉",韋昭注:"事,職事也。"《周禮·天官·小宰》"待乃事",孫詒讓正義:"事,謂當職之事也。"《左傳·昭公二十五年》"爲政事庸力行務",杜預注:"在君爲政,在臣爲事。"

敬天之禜系㝵 敬,恭敬,嚴肅。《説文》:"敬,肅也。"《大戴禮記·曾子立孝》"忠愛以敬",王聘珍解詁:"敬,謂嚴肅。"《史記·五帝本紀》"敬順昊天",張守節正義:"敬,猶恭勤也。"《論語·公冶長》"其事上也敬",朱熹集注:"敬,謹恪也。"《逸周書·周祝》"陳五刑,民乃敬",孔晁注:"敬,敬上命也。"上海博物館藏楚竹書《孔子詩論》"敬宗宙(廟)之豊(禮)""㝵(得)宗宙(廟)之敬",《天子建州》"事禓(鬼)則行敬","敬"字用法相同。

禓之神系飤 "鬼之神",猶言"鬼神"。《禮記·祭義》:"明命鬼神。"孔穎達疏:"天曰神,地曰祇,人曰鬼,散而言之,通曰鬼神。"《禮記·中庸》"質諸鬼神而無疑",朱熹章句:"鬼神者,造化之跡也。"《論衡·論死》:"陰陽稱鬼神,人死亦稱鬼神。"《禮記·祭義》:"致鬼神,以尊上也。"

先王之智系備 "先王",前代君王,《左傳·昭公二十六年》"昔先王之命曰"云云,孔穎達疏:"先王,先世之王。"《書·伊訓》:"惟元祀,十有二月,乙丑,伊尹祠于先王。"亦指上古賢明君王。《莊子·天運》"亦取先王已陳芻狗",成玄英疏:"先王,謂堯舜禹湯,先代之帝王也。"《戰國策·秦策五》謂秦王章:"故先王之所重者,唯始與終。"高誘注:"先王,聖王也。"《易·比》:"先王以建萬國,親諸侯。"《莊子·天運》:"夫'六經',先王之陳迹也。"

智,智慧。《管子·心術下》:"一事能變曰智。"《老子》:"絕聖棄智,民利百倍。"王弼注:"聖、智,才之善也。"《孫子兵法·計》:"將者,智、信、仁、勇、嚴也。"王晳注:"智者,先見而不惑,能謀慮,通權變也。"《孟子·公孫丑上》:"是非之心,智之端也。"

備,具備,齊備。《書·費誓》"備乃弓矢",孔穎達疏:"備,訓具也。"《書·呂刑下》"其刑上備",孫星衍《今古文注疏》:"備,同葡,《説文》云'具也'。"《易繫辭下》:"《易》之爲書也,廣大悉備。"《詩·小雅·楚茨》:"禮儀既備。"《楚辭·招魂》:"招具該備,永嘯呼些。"

以上幾句是問:怎麼得到恭敬天神之盟誓? 怎麼讓鬼神去飲食? 而先王的這些智慧是如何具備的?

第九簡

高從坤,至遠從迹(邇)。十回(圍)之木,亓(其)旨(始)生女(如)萌(蘖)。足牂(將)至千里,必從斦(寸)旨(始)▄。日之又(有)

完簡,長三十三釐米,上、下平頭。第一契口距頂端十點一釐米,第一契口與第二契口間距爲十四點四釐米,第二契口距尾端八點五釐米。存二十八字。後一"旨"字下有章節號。

进高從埤　　"迒"字在上簡末。迒，"升"字繁構①。升，登，上。《詩·鄘風·定之方中》："升彼虛矣，以望楚矣。"《書·湯誓》："伊尹相湯伐桀，升自陑，遂與桀戰于鳴條之野。"《易·同人》："伏戎于莽，升其高陵。"《論語·先進》："由也，升堂矣，未入於室也。"

高，與"下"相對。《説文》："高，崇也。象臺觀高之形。"《詩·小雅·漸漸之石》："漸漸之石，維其高矣。"《國語·楚語上》："地有高下，天有晦明。"《淮南子·脩務》："相土地，宜燥濕肥墝高下。"

"升高"，亦見《荀子·儒效》："身不肖而誣賢，是猶傴伸而好升高也。"《大戴禮記·勸學》："吾嘗跂而望之，不如升高而博見也。"義同。

從，介詞，自，由。《説文》"從"字下，段玉裁注云："從，自也。其引申之義也。"《漢書·李廣利傳》"從泝河山"，顏師古注："從，由也。"又，《詩·齊風·南山》"衡從其畝"，陸德明釋文："從，《韓詩》作由。"是同義互換。《左傳·宣公二年》："晉靈公不君……從臺上彈人，而觀其辟丸也。"《史記·五帝本紀》："瞽叟從下縱火焚廩。"

埤，低下，《荀子·宥坐》："其流也，埤下裾拘。"亦指低窪潮濕之處。《國語·晉語八》："拱木不生危，松柏不生埤。"韋昭注："埤，下濕也。"《漢書·司馬相如傳》："其埤濕則生藏莨蒹葭。"

《漢書·劉向傳》"增埤爲高"，亦可作本句參考。

至遠從迩　　至，到。《説文》："至，鳥飛从高下至地也。"《楚辭·九章·抽思》"夫何極而不至兮，故遠聞而難虧"，朱熹集注："至，到也。"《詩·秦風·渭陽》："我送舅氏，曰至渭陽。"《楚辭·天問》："驚女采薇鹿何祐？北至回水萃何喜？"《楚辭·九歌·少司命》："與女遊兮九河，衝風至兮水揚波。"

遠，遠處，距離遥遠。《説文》："遠，遼也。""遼，遠也。""遠""遼"互訓。《詩·豳風·七月》"取彼斧斨，以伐遠揚"，孔穎達疏："遠者，謂長枝去人遠也。"《孟子·梁惠王上》："王曰：'叟！不遠千里而來，亦將有以利吾國乎？'"

---

①　表"上"義之詞，經傳多寫作"升"，故"迒"也可以視爲"陞"字異體。

《楚辭・離騷》:"回朕車以復路兮,及行迷之未遠。"

從,自,由。

远,古文"邇"字,見《説文》:"邇,近也。从辵,爾聲。远,古文邇。"《禮記・緇衣》"邇者不惑,而遠者不疑",上海博物館藏楚竹書本"邇"作"远"。《詩・周南・汝墳》"雖則如燬,父母孔邇",毛亨傳:"邇,近也。"《書・仲虺之誥》"惟王不邇聲色,不殖貨利",孔安國傳:"邇,近也。"《左傳・成公四年》:"國大臣睦,而邇於我。"《禮記・中庸》:"舜好問,而好察邇言。"

"從邇",亦見《左傳・襄公二十八年》:"君子有遠慮,小人從邇。"

《書・舜典》:"柔遠能邇,惇德允元。"《詩・鄭風・東門之墠》:"其室則邇,其人甚遠。"《孟子・離婁上》:"道在邇而求諸遠。"《國語・晉語四》:"黶邇逐遠。"上海博物館藏楚竹書《容成氏》:"乃因迩(邇)以智(知)遠。"皆"邇""遠"對舉,可以參看。

"升高從埤,至遠從邇",即《書・太甲下》"若升高必自下,若陟遐必自邇"之謂。

十回之木　回,讀爲"圍"。《左傳・襄公二十六年》"公子圍",《史記・楚世家》"康王寵弟公子圍",裴駰集解引徐廣曰:"圍,《史記》多作回";上海博物館藏楚竹書《申公臣靈王》"王子回敓(奪)之,繡(申)公爭之。王子回立爲王","王子回"即"王子圍""公子圍",也就是楚靈王圍;《史記・田敬仲完世家》"楚圍雍氏",馬王堆帛書《戰國策》"圍"作"回"。圍,計量圓周的約略單位,指兩隻胳膊合圍起來的長度[1]。《莊子・人間世》:"匠石之齊,至於曲轅,見櫟社樹。其大蔽數千牛,絜之百圍。"

木,樹,木本植物的通稱。《詩・周南・漢廣》:"南有喬木,不可休思。"《易・離》:"百穀草木麗乎土。"《論語・子張》:"譬諸草木,區以別矣。"《楚辭・九歌・湘夫人》:"嫋嫋兮秋風,洞庭波兮木葉下。"

---

[1]　《莊子・人間世》"絜之百圍"陸德明釋文引李云"徑尺爲圍",同篇"三圍四圍"陸德明釋文引崔云"圍環八尺爲一圍",而《文選・枚乘〈上書諫吳王〉》"夫十圍之木"張銑注則謂"三尺曰圍",諸説皆不同。或説"圍"指兩隻手的拇指和食指合圍的長度。

"十圍之木",見《文子·上義》:"十圍之木,持千鈞之屋,得所勢也。"《淮南子·主術》:"是故十圍之木,持千鈞之屋;五寸之鍵,制開闔之門。"

丌乿生女蒴　　丌,同"其",代詞。

乿,讀爲"始"。郭店楚簡《五行》"[君]子之爲善也,又(有)與乿(始),又(有)與冬(終)也",《性自命出》"丌(其)出内(入)也訓(順),乿(始)丌(其)惪(德)也","始"作"乿"。始,開始,當初。《說文》:"始,女之初也。"《戰國策·秦策四》"孰與始強",高誘注:"始,初也。"《禮記·祭義》"教民反古復始",孔穎達疏:"始,謂初始。"《詩·小雅·何人斯》:"始者不如今,云不我可。"《孟子·萬章下》:"金聲也者,始條理也;玉振之也者,終條理也。"

生,長出,生長。《說文》:"生,進也。象艸木生出土上。"《詩·大雅·卷阿》:"梧桐生矣,于彼朝陽。"《管子·形勢》:"春夏生長,秋冬收藏,四時之節也。"

《吕氏春秋·季春紀·季春》:"虹始見,萍始生。"《黄帝内經·靈樞》:"人始生,先成精。""始生"用法與簡文同。《素問·五常政大論》:"氣始而生化。"亦可參考。

女,讀爲"如",似,像。《詩·鄭風·大叔于田》:"執轡如組,兩驂如舞。"《老子》:"不欲琭琭如玉,落落如石。"《史記·項羽本紀》:"猛如虎,很如羊,貪如狼,彊不可使者,皆斬之。"

蒴,字亦見後世字書《廣韻》和《玉篇》,爲草名,與簡文之"蒴"字非同義。從構形和讀音考慮,以及參考其他文獻,簡文之"蒴"當是"蘖"之異體字。蒴,從"艸""朔"聲,分析其構形,當是一個會意兼形聲的字。《說文》:"朔,月一日始蘇也。從月,屰聲。"《禮記·禮運》:"治其麻絲,以爲布帛,以養生送死,以事鬼神上帝,皆從其朔。"鄭玄注:"朔,亦初也。"按月之初始稱"朔",則"蒴"字從"艸"從"朔"是表草之初始,"朔"亦聲。《說文》謂"朔"從"屰"聲,而從"屰"聲的"逆"與"蘖"古音皆爲疑母,聲母相同;韻部分别爲鐸、月部,極相近,"蒴""蘖"兩字例可通假。又據《漢書·賈鄒枚路傳》記枚乘諫吴王濞書曰:"夫十圍之木,始生如蘖,足可搔而絶,手可擢而拔,據其未生,先其未形也。"枚乘所引成語“十圍之木，始生如蘖”，即簡文之“十回之木，其始生如蘖”，從文獻對讀的角度看，“蘖”字正同“蘖”。蘖，旁生萌芽。《詩·商頌·長發》“苞有三蘖，莫遂莫達”，朱熹注：“蘖，旁生萌蘖也。”《孟子·告子上》：“非無萌蘖之生焉。”“蘖”字或作“枿”①，《廣雅·釋詁》：“枿，始也。”王念孫疏證：“枿，與萌芽同義。《盤庚》云：‘若顛木之有由枿。’”《説文》“枿”字段玉裁注：“凡木萌旁出皆曰枿，人之支子曰枿，其義略同。”“萌芽”，指植物剛長出來可以發育成莖、葉或花的雛體。《説文》：“芽，萌芽也。”“萌，艸芽也。”東方朔《非有先生論》：“甘露既降，朱草萌芽。”《淮南子·俶真》：“所謂有始者，繁憤未發，萌兆牙蘖。”“蘖”字與“萌”“牙（芽）”同義並列。

按上引《漢書》枚乘諫書，亦見《説苑·正諫》，作“夫十圍之木，始生於蘖，可引而絕，可擢而拔，據其未生，先其未形。”文字稍有不同。又《文子·道德》：“十圍之木始於把，百仞之臺始於下。”“蘖”字作“把”，顯然不如作“蘖”妥貼。《文選·張衡〈東京賦〉》“尋木起於蘖栽”，亦可參看。

《老子》：“合抱之木，生於毫末。”陳鼓應注：“毫末，指細小的萌芽。”②簡文作“蘖”，正可爲《老子》之“毫末”作注。

足牁至千里　足，腳。《詩·小雅·小弁》：“鹿斯之奔，維足伎伎。”《書·説命上》：“若跣弗視地，厥足用傷。”《孟子·離婁上》：“滄浪之水濁兮，可以濯我足。”《莊子·胠篋》：“足迹接乎諸侯之境，車軌結乎千里之外。”簡文此處之“足”代指人之行走。

牁，“醬”字古文，見《説文》。牁，讀爲“將”③，副詞，相當於“打算”“準備”。《左傳·莊公十年》：“十年春，齊師伐我，公將戰。”《論語·陽貨》：“孔子曰：‘諾；吾將仕矣。’”《楚辭·離騷》：“冀枝葉之峻茂兮，願竢時乎吾將刈。”

至，到達。《説文》：“親，至也。”段玉裁注：“到其地曰至，情意懇到曰至。”引申指“及”“致”。《戰國策·趙策三》“能盡知秦力之所至乎”，鮑彪注：“至，猶

---

① “枿”，《説文》以爲是“櫱”字或體。
② 陳鼓應：《老子注譯及評介》，中華書局，1984年。
③ 詳見本書《有皇將起》“牁”字注釋。

及也。”《莊子・盜跖》“此至德之隆也”，成玄英疏：“至，致也。”

“千里”，言其遠。《詩・商頌・玄鳥》：“邦畿千里，維民所止。”《左傳・僖公三十二年》：“且行千里，其誰不知？”《墨子・大取》：“不至尺之不至也，與不至千里之不至異。”《楚辭・大招》：“接徑千里，出若雲只。”

必從夲訇　必，副詞，必然，一定。《詩・齊風・南山》：“取妻如之何？必告父母。”《詩・邶風・旄丘》：“何其處也？必有與也。”《左傳・隱公元年》：“多行不義，必自斃。”《論語・學而》：“夫子至於是邦也，必聞其政。”從，由，自。

夲，即“朕”字所從的聲旁[①]。夲，讀爲“寸”。信陽楚墓所出遣策中，記有隨葬品玉珮的尺寸，如：“其佩：一少環，徑二寸；一□□堯，長六寸，泊組之繃；一青□□之璧，徑四寸間寸，博一寸少寸，厚錢寸。”“寸”字皆寫作“夲”，借“夲”爲“寸”[②]。寸，長度單位，《説文》：“寸，十分也。”十分爲一寸，十寸爲尺。《左傳・昭公二十六年》：“射之，中楯瓦，繇胸汏輈，匕入者三寸。”《孟子・離婁下》：“其間不能以寸。”《荀子・儒效》：“人主之所以爲群臣寸尺尋丈檢式也。”

訇，讀爲“始”，開始。

《荀子・勸學》：“故不積跬步，無以致千里。”[③]與此句意義相近。

簡文以上爲三則成語，在傳世典籍中均有其蹤影，特別是《老子》中有一段話與此十分相似，見第十章：“合抱之木，生於毫末；九層之臺，起於累土；千里之行，始於足下。”可與簡文互相參看。

第十簡

耳（珥）▂，牂（將）可（何）聖（聽）？月之又（有）軍（暈）▂，牂（將）可（何）正（征）？水之東流▂，牂（將）可（何）涅（盈）？日之訇（始）出，可（何）古（故）大而

---

① 《説文》小篆訛爲“夲”。
② 參看劉國勝《信陽長臺關楚簡〈遣策〉編聯二題》，《江漢考古》2001 年第 3 期。
③ 《大戴禮記・勸學》作“是故不積跬步，無以致千里”。

上海博物館藏戰國竹書楚辭箋注

不啟（燿）？亓（其）人（入）

完簡，長三十三點三釐米，上、下平頭。第一契口距頂端十釐米，第一契口與第二契口間距爲十四點八釐米，第二契口距尾端八點五釐米。存三十字。"耳""軍""流"字下皆有句讀號。

日之又耳　"日之又"三字在上簡。日，太陽。《詩·邶風·柏舟》："日居月諸，胡迭而微。"《書·湯誓》："時日曷喪，予及女皆亡。"《易·豐》："日中則昃，月盈則食。"《穀梁傳·莊公七年》："日入至於星出，謂之昔。"又，讀爲"有"，楚簡習見。

耳，讀爲"珥"，"珥"从"耳"聲，可通。馬王堆帛書《日月風雨雲氣占》"珥"字多見，皆寫作"耳"。珥，本指用珠玉做的耳飾，《説文》："珥，瑱也。"引申爲日珥、月珥即日、月兩旁的光暈。《漢書·天文志》："抱珥虹蜺。"顏師古注引如淳曰："凡氣在日上爲冠、爲戴，在旁直對爲珥。"《開元占經》卷七"日珥"引石氏説："日兩傍有氣，短小，中赤外青，名爲珥。"《隋書·天文志》："青赤氣圓而小，在日左右爲珥。"《吕氏春秋·季夏紀·明理》："其日有鬥蝕，有倍僪，有暈珥，有不光，有不及景，有衆日並出。"

牂可聖　牂，讀爲"將"，副詞，打算，準備。可，讀爲"何"，何處，哪里。

聖，讀爲"聽"。《書·無逸》"此厥不聽"，漢石經"聽"作"聖"；《禮記·樂記》"小人以聽過"，陸德明釋文："聽本或作聖"；《老子》"視之不足見，聽之不足聞"，郭店楚簡丙本"聽"作"聖"；郭店楚簡《性自命出》"聖（聽）琹（琴）弄（瑟）之聖（聲）"，"聽"作"聖"；上海博物館藏楚竹書《容成氏》"舜聖（聽）正（政）三年""禹聖（聽）正（政）三年""[堯]聖（聽）不聰""舜乃老，視不明，聖（聽）不聰"，"聽"字皆作"聖"。聽，以耳受聲。《書·泰誓》："天視自我民視，天聽自我民聽。"《詩·小雅·伐木》："神之聽之，終和且平。"《禮記·大學》："心不在焉，視而不見，聽而不聞，食而不知其味。"《韓非子·解老》："使失路者而肯聽習問知，即不成迷也。"

216

古占星術認爲日珥與人事有關，如《開元占經》卷七"日珥"引《孝經內記》謂："日珥，人主有喜，爲拜將軍若有子孫。"又引郗萌説："日珥，人主有熹。兵在外，亦有熹。"馬王堆帛書《日月風雨雲氣占》："日左耳（珥），左國有喜；日右耳（珥），右國有喜；左右皆耳（珥），三軍喜和。"可以參看。

月之又軍　月，月亮。《詩·陳風·月出》："月出皎兮，佼人僚兮。"《詩·小雅·天保》："如月之恆，如日之升。"《易·離》："日月麗乎天，百穀草木麗乎土。"《論語·子張》："君子之過也，如日月之食焉。"

軍，讀爲"暈"。馬王堆帛書《日月風雨雲氣占》"月軍（暈）""月交軍（暈）"，甲、乙本"暈"字皆作"軍"。暈，見《説文》新附字，謂"日月气也"，指日、月周圍的光圈。《開元占經》卷十五"月暈一"引石氏説："月傍有氣圓而周匝黃白名爲暈。"《史記·天官書》："日月暈適，雲風，此天之客氣，其發見亦有大運。"《韓非子·備內》："故日月暈圍於外，其賊在內。"

牁可正　牁，讀爲"將"。可，讀爲"何"，何處，哪里。

正，讀爲"征"。郭店楚簡《唐虞之道》"䖕（夏）用戈，正（征）不備（服）也"，上海博物館藏楚竹書《姑成家父》"姑（苦）成家父㠯（以）亓（其）族參（三）垺（部）正（征）百（白）鏺（狄）"，九店楚簡《日書》"利㠯（以）行市（師）徒，出正（征）"，"征"字皆作"正"。又，《易·小畜》"君子征凶"，馬王堆帛書本"征"作"正"①。"正"讀爲"征"，典籍亦習見。《周禮·地官·司門》"正其貨賄"，鄭玄注"正讀爲征"；《禮記·王制》"關譏而不征"，陸德明釋文"征，本又作正"；《國語·齊語六》"使關市幾而不征"，《管子·小匡》"征"作"正"；《墨子·節葬下》"諸侯力征"，《墨子·天志下》"力征"作"力正"；《晏子春秋·內篇雜上》"於是令刖跪倍資無征"，《説苑·貴德》"征"作"正"。征，征伐。《書·胤征》"胤征"，孔安國傳："奉辭罰罪曰征。"《詩·豳風·破斧》："周公東征，四國是皇。"《易·謙》："利用行師征邑國。"《國語·周語上》："有攻伐之兵，有征討之備。"

————————

① 全書"征"字帛書本皆作"正"。

月之有暈,是月光經雲層中冰晶的折射而產生的光現象,常被認爲是天氣變化起風的徵兆。古占星術認爲月暈和人間征伐有關,如《開元占經》卷十五"月暈一"引甘氏説:"月暈,戰,兵不合,若軍罷。"又引《高宗占》謂:"月暈,明王自將兵。"馬王堆帛書《日月風雨雲氣占》:"月交軍(暈),盡赤,二主遇,起兵。"又,《史記·天官書》:"平城之圍,月暈參、畢七重。"皆可參看。

水之東流　水,江、河、湖、海的通稱,此處泛指流水。《詩·小雅·沔水》:"沔彼流水,朝宗于海。"《國語·越語上》:"陸人居陸,水人居水。"《論語·雍也》:"知者樂水,仁者樂山。"

流,水流動。《説文》:"流,水行也。"《詩·大雅·常武》:"如山之苞,如川之流。""東流",流向東方,即流向大海。《逸周書·武順》:"天道尚左,日月西移。地道尚右,水道東流。"《管子·霸形》:"東發宋田,夾兩川,使水復東流,而楚不敢塞也。"

牆可涅　牆,讀爲"將"。可,讀爲"何",何處,哪里。

涅,讀爲"盈"。《老子》"持而盈之""大盈若沖",郭店楚簡乙本"盈"作"涅";郭店楚簡《太一生水》"罷(一)块(缺)罷(一)涅(盈),吕(以)忌(期)爲墓(萬)物經",《語叢四》"金玉涅室,不女(如)愳(敏)","盈"作"涅";上海博物館藏楚竹書《競公瘧》"公退武夫,亞(惡)聖人,番(播)涅(盈)壓(藏)菖(篤)",《用曰》"屣(積)涅(盈)天之下,而莫之能尋(得)","盈"作"涅"。盈,盛滿。《説文》:"盈,滿器也。"《廣雅·釋詁》:"盈,滿也。"《詩·小雅·楚茨》:"我倉既盈,我庾維億。"

又,《老子》"金玉滿堂,莫之能守",郭店楚簡甲本作"金玉涅室,莫能獸(守)也","滿"字作"涅","涅"亦讀爲"盈",乃是以同義字替代[1]。

《楚辭·天問》:"東流不溢,孰知其故?"王逸注:"言百川東流,不知滿溢。"《莊子·秋水》:"天下之水莫大於海,萬川歸之,不知何時止而不盈。"可與本句

---

[1]　今通行本《老子》作"滿"字,當爲西漢時避漢惠帝"劉盈"名諱而改。

互相參看。

日之刽出　日，太陽。《易繫辭下》：“日往則月來，月往則日來。”《孟子·盡心上》：“觀水有術，必觀其瀾。日月有明，容光必照焉。”《楚辭·天問》：“日月安屬？列星安陳？”

刽，讀爲“始”，開始。出，出現，顯露。《書·堯典》：“寅賓出日，平秩東作。”《詩·衛風·伯兮》：“其雨其雨，杲杲出日。”“日之始出”，太陽早晨升起。

可古大而不罶　“可古”，讀爲“何故”，什麼緣故。《左傳·莊公三十二年》：“惠王問諸內史過曰：‘是何故也？’”《左傳·宣公十一年》：“諸侯、縣公皆慶寡人，女獨不慶寡人，何故？”上海博物館藏楚竹書《子羔》：“可（何）古（故）㠯（以）㝐（得）爲帝？”“何故”用法同。

大，面積或體積超過所比對象，與“小”相對。《詩·大雅·行葦》：“酌以大斗，以祈黄耇。”《孟子·梁惠王上》：“以小易大，彼惡知之？”《淮南子·説林》：“以小見大，以近喻遠。”

而，連詞，相當於“卻”“然而”。《莊子·養生主》：“今臣之刀十九年矣，所解數千牛矣，而刀刃若新發於硎。”《孟子·離婁下》：“問其與飲食者，盡富貴也，而未嘗有顯者來。”《韓非子·五蠹》：“故令尹誅而楚姦不上聞，仲尼賞而魯民易降北。”“而”字用法同。

罶，不見字書，字當讀爲“燿”。“罶”字從“羽”，“店”聲，“店”從“占”得聲。古音“占”爲章母侵部字，而從“占”得聲的“阽”爲喻母侵部字；“燿”爲喻母藥部字，兩字爲疊韻關係，例可相通。所以，“罶”字可讀爲“燿”[1]《説文》：“燿，照也。”引申爲光線強烈，字亦同“耀”。“不燿”，光線不強烈。《老子》：“是以聖人方而不割，廉而不劌，直而不肆，光而不燿。”“不燿”用法同於簡文。

---

[1]　按楚簡“胃”旁有時也省寫成“占”，如《老子》“是以天下樂推而不厭”，郭店楚簡本作“天下樂進而弗詀”，“厭”字作“詀”；“絹”字望山楚簡或作“結”，故此字亦有可能是從“胃”聲。古音“胃”爲影母元部字，與“燿”聲韻均相近。

上海博物館藏戰國竹書楚辭箋注

第十一簡

宋(中)￭，系(奚)古(故)少(小)雁暲(障)攴(尌)？酙(問)：天簹(孰)高弄(與)？堕(地)簹(孰)徟(遠)与(與)？簹(孰)爲天？簹(孰)爲堕(地)？簹(孰)爲畾？

完簡，長三十三點二釐米，上、下平頭。第一契口距頂端十點二釐米，第一契口與第二契口間距爲十四點七釐米，第二契口距尾端八點三釐米。存二十五字。"宋"字下有句讀號。

亓人宋，系古少雁暲攴 "亓人"二字在上簡末。亓，讀爲"其"，代詞，此處指太陽。

人，此處當作"入"，"人""入"字形相近易訛。入，進入，到達。《春秋·隱公二年》："夏五月，莒人入向。"《論語·學而》："弟子，入則孝，出則悌。"

宋，"中"字繁構，上從"宀"，爲楚文字習見之繁飾[1]。中，此指中午。

"其入中"，日到中午時候，猶言"日中"，即正午。《易·豐》："日中則昃，月盈則食。"《左傳·昭公元年》："叔孫歸，曾夭御季孫以勞之。旦及日中不出。"漢簡所見時稱名，稱中午爲"日中"，或稱"日中入"，也可作旁證[2]。

系古少雁暲攴 少，讀爲"小"，古"少""小"爲一字。

雁，鴻雁，候鳥之一種，每年春分後飛往北方，秋分後飛往南方。《説文》："雁，鳥也。"徐鉉等注："雁，知時鳥，大夫以爲摯，昏禮用之，故从人。"《詩·小雅·鴻雁》："鴻雁于飛，蕭蕭其羽。"毛亨傳："大曰鴻，小曰雁。"《荀子·富國》："然後飛鳥鳧雁若煙海。"

---

[1] 詳見本書《李頌》"宋"字注釋。

[2] 參見陳夢家《漢簡綴述·漢簡年曆表叙》"第二　漢代紀時"，中華書局，1980 年。

暲，讀爲"障"。《楚辭·九辯》："紛純純之願忠兮，妒被離而鄣之。"王逸注："鄣，一作彰。""鄣"（或"彰"）亦讀爲"障"。障，遮蔽。《楚辭·九章·惜往日》："獨鄣壅而蔽隱兮，使貞臣爲無由。"以"蔽隱"對"鄣（障）壅"。《孫子·行軍》："衆草多障者，疑也。"賈林注："結草多爲障蔽者，欲使我疑也。"《淮南子·兵略》："風雨可障蔽，而寒暑不可開閉，以其無形故也。"《淮南子·精神》："是猶決江河之源，而障之以手也。"《後漢書·陰興傳》："興每從出入，常操持小蓋，障翳風雨，躬履塗泥，率先期門。"

豉，字亦見於上海博物館藏楚竹書《容成氏》"東豉（注）之海""東豉（注）之河"，讀爲"注"。郭店楚簡《五行》"豉"字三見，皆讀爲"誅"。從楚簡"樹"字作"桓"及"豉"字用法分析，"豉"當即"尌"字異構。九店楚簡《日書》"凡桓坦、豉邦、作邑之遇（寓）"，"豉邦"即"尌邦"，也就是"立邦"。《說文》："尌，立也。從壴，從寸，持之也。讀若駐。""尌"即"樹立"之"樹"的本字①。"樹"也可引申爲"屏"，訓爲遮蔽。《禮記·郊特牲》"臺門而旅樹"，鄭玄注："屏謂之樹。樹所以蔽行道。"

"障樹"，可以看作是由兩個義近字組合而成的同義複詞。

本節簡文大意是問，太陽在早晨剛升起的時候，是什麼緣故雖然很大卻光線不強烈？到達中午是什麼緣故太陽變小了，就連鴻雁（飛過時）都可以遮蔽住？

簡文所問之事，與見於《列子·湯問》篇著名的"小兒辯日"故事稍有不同。《湯問》所記全文不長，抄録如下：

孔子東遊，見兩小兒辯鬭。問其故。一兒曰："我以日始出時去人近，而日中時遠也。"一兒以日初出遠，而日中時近也。一兒曰："日初出大如車蓋，及日中則如盤盂，此不爲遠者小而近者大乎？"一兒曰："日初出滄滄涼涼，及其日中如探湯，此不爲近者熱而遠者涼乎？"孔子不能決也。兩小兒笑曰："孰爲汝多知乎？"

---

① 《說文》"樹"字籀文作"尌"。

“日初出大如車蓋，及日中則如盤盂”，即簡文所問之核心問題。從楚竹書此章來分析，其與《列子·湯問》的“小兒辯日”故事原型顯然有一定關係，其遞變之痕跡從中也不難看出。這對我們了解《列子》的成書年代會有所幫助①。

誾：天箮高㫃　誾，讀爲“問”。此處“問”爲“問之曰”之省語。

天，地面的上空，與“地”相對。《莊子·天地》：“天地雖大，其化均也。”陸德明釋文：“天，顯也，高顯在上也。”《詩·唐風·綢繆》：“綢繆束薪，三星在天。”《楚辭·離騷》：“覽相觀於四極兮，周流乎天余乃下。”《楚辭·九歌·少司命》：“孔蓋兮翠旍，登九天兮撫彗星。”

箮，讀爲“孰”，當“何”用。在本句中兩“箮（孰）”字均作狀語，是“爲什麼”的意思，與簡文前面及後面的“箮（孰）”字用法皆有區別。

高，從下向上距離大，離地面遠。典籍常以“高”形容天。《荀子·儒效》：“至高謂之天。”《詩·小雅·鶴鳴》：“鶴鳴於九皋，聲聞于天。”鄭玄箋：“天，高遠也。”《楚辭·九辯》：“泬寥兮天高而氣清，寂寥兮收潦而水清。”

㫃，“與”字省體。上海博物館藏楚竹書《民之父母》“可㝷（得）而誾（問）㫃（與）”，《競建內之》“肰（然）則可敓（說）㫃（與）”，《孔子見季桓子》“二道者，可㝷（得）誾（問）㫃（與）”，“與”字亦作“㫃”。與，同“歟”，疑問語氣詞。《論語·學而》：“夫子至於是邦也，必聞其政，求之與？抑與之與？”《論語·憲問》：“丘何爲是棲棲者與？”《孟子·梁惠王上》：“爲肥甘不足於口與？輕煖不足於體與？抑爲采色不足於目與？”“與”字用法同。

坔箮㣟与　坔，“地”字古文。地，大地，與“天”相對。

㣟，“遠”字異體，古文字从“辵”旁之字或从“彳”，楚簡習見。遠，《說文》謂：“遼也。”遙遠，指空間距離大。《左傳·襄公二十五年》：“言之無文，行而不遠。”《莊子·逍遙遊》：“天之蒼蒼，其正色邪？其遠而無所至極邪？”《楚辭·九章·哀郢》：“惟郢路之遼遠兮，江與夏之不可涉。”

---

① 曹錦炎：《楚竹書〈問日〉章與〈列子·湯問〉“小兒辯日”故事》，《古文字研究》第二十七輯，中華書局，2008 年。

与，即"牙"字，爲一字分化，乃"與"字所从的聲旁。"与"讀爲"與"，同"歟"，疑問語氣詞。

"地遠"，見《周禮·冬官·考工記》："廬人爲廬器。……攻國之人衆，行地遠，食飲飢。"《禮記·王制》："量地遠近，興事任力。"典籍一般作"地厚"。《詩·小雅·正月》："謂天蓋高，不敢不局。謂地蓋厚，不敢不蹐。"《文子·精誠》："天致其高，地致其厚。"《荀子·勸學》："不登高山，不知天之高也；不臨深谿，不知地之厚也。"皆可爲本句注疏。

箸爲靁　箸，讀爲"孰"，疑問代詞，相當於"什麼"。爲，成爲，變成。《詩·小雅·十月之交》："高岸爲谷，深谷爲陵。"

靁，簡體作"雷"[1]。《詩·召南·殷其靁》："殷其靁，在南山之陽。"陳奐《毛詩傳疏》："靁，古雷字。"《漢書·郊祀志下》："是歲，雍縣無雲如靁者三。"顔師古注："靁，古雷字也。空有雷聲也。"《楚辭·九歌·山鬼》："靁填填兮雨冥冥，猨啾啾兮又夜鳴。"《楚辭·九歎·遠遊》："凌驚靁以軼駭電兮，綴鬼谷於北辰。""雷"字亦作"靁"。

雷，帶異性電的兩塊雲層相接近時，因放電而發出的强大聲音，亦指打雷。《禮記·月令》："（仲春之月）雷乃發聲。"《詩·大雅·雲漢》："旱既大甚，則不可推。兢兢業業，如霆如雷。"《論語·鄉黨》："迅雷風烈，必變。"《楚辭·卜居》："黃鐘毀棄，瓦釜雷鳴。"

第十二簡

箸（孰）爲啻（電）？土系（奚）旻（得）而坪（平）？水系（奚）旻（得）而清？卉木系（奚）旻（得）而生？天悗之矢人，是古（故）

---

[1]　《説文》有"靁"字而無"雷"字。

上海博物館藏戰國竹書楚辭箋注

完簡，長三十三釐米，上、下平頭。第一契口距頂端十釐米，第一契口與第二契口間距爲十四點七釐米，第二契口距尾端八點三釐米。存二十六字。首字位置有刮削痕迹，原有一字被删去①。

簹爲啻　簹，讀爲"孰"，疑問代詞，相當於"什麽"。

啻，"商"字，讀爲"電"。古音"電"爲定母真部字，从"商"聲的"敵""蹢"爲定母錫部字，"商""電"爲雙聲關係，可以相通。電，閃電，《説文》："電，陰陽激燿也。"《詩·小雅·十月之交》："爗爗震電，不寧不令。"《吕氏春秋·仲春紀·貴生》："故雷則揜耳，電則揜目。"

又，《管子·七法》："故舉之如飛鳥，動之如雷電，發之如風雨。"《楚辭·天問》："薄暮雷電，歸何憂？"皆"雷電"連言，亦可參考。

"孰爲天？ 孰爲地？ 孰爲雷？ 孰爲電？"以上四句兩兩相對，"孰爲"用法皆同。

土系尋而坪　土，土地。《説文》："土，地之吐生物者也。"郭店楚簡《太一生水》："下，土也，而胃（謂）之堕（地）。上，燹（氣）也，而胃（謂）之天。"《書·禹貢》："桑土既蠶，是降丘宅土。"《周禮·地官·小司徒》："乃經土地，而井牧其田野。"

"系尋"，即"奚得"，怎麽能够。而，連詞。以下三句"奚得而"用法皆相同。

坪，同"平"。按楚簡"平"字皆寫作"坪"，如雲夢秦簡《日書》"建除"之"平"，九店楚簡《日書》皆作"坪"；郭店楚簡《尊德義》"均不足以坪（平）正（政）""不川（順）不坪（平）"，"平"作"坪"；上海博物館藏楚竹書《孔子詩論》"《訟（頌）》坪（平）惪（德）也""《詩》亓（其）猷坪（平）門"，"平"作"坪"。

平，平治，填平。《書·大禹謨》"地平天成"，孔安國傳："水土治曰平。"《説文》："巭，冬時水土平，可揆度也。"《書·舜典》："汝平水土，惟時懋哉。"上海博物館藏楚竹書《容成氏》："禹乃因山陵坪（平）隰之可封邑。"《諸子平議·淮南

---

①　已刮削的此字，整理所用的複印黑白圖版模糊，據放大圖版似爲"神"字。從簡文看，此處論及天、地、氣象等客觀自然界，不當出現"神"，可見確屬衍字，所以被書手發現後删去。

224

内篇二》"地愛其平"俞樾按引《詩》毛傳:"土治曰平。"

水系尋而清　水,《説文》謂:"準也,北方之行。象衆水並流,中有微陽之气也。"《論衡·順鼓》:"雲積爲雨,雨流爲水。"《管子·水地》:"水者,地之血氣,如筋脈之通流者也。"《禮記·學記》:"水無當於五色,五色弗得不章。"泛指一切水域。《書·微子》:"今殷其淪喪,若涉大水,其無津涯。"

清,水明澈,與"濁"相對。《説文》:"清,朖也,澂水之皃。"《詩·小雅·四月》:"相彼泉水,載清載濁。"《詩·魏風·伐檀》:"坎坎伐檀兮,寘之河之干兮,河水清且漣猗。"《管子·水地》:"故水一則人心正,水清則民心易。"《楚辭·漁父》:"滄浪之水清兮,可以濯我纓。滄浪之水濁兮,可以濯我足。"《楚辭·九辯》:"泬寥兮天高而氣清,寂寥兮收潦而水清。"

《詩·小雅·黍苗》"原隰既平,泉流既清",毛亨傳:"土治曰平,水治曰清。"毛傳或可作本句注解。

卉木系尋而生　"卉木",草木。《詩·小雅·出車》"春日遲遲,卉木萋萋",毛亨傳:"卉,草也。"陳奐《毛詩傳疏》:"《方言》:'東越揚州之間名草曰卉也。'《説文》:'卉,草之總名也。'"《文選·吳都賦》:"爾乃地勢坱圠,卉木鋪蔓。"劉逵注:"卉,百草總名。楚人語也。"按"卉"實爲楚文字"艸"字繁構,楚帛書"卉木民人";上海博物館藏楚竹書《容成氏》"卉木晉長",《三德》"卉木須旹(時)而後奮","卉木"皆是"艸木"即"草木"①,爲一詞之異寫。《楚辭·離騷》:"惟草木之零落兮,恐美人之遲暮。"《荀子·王制》:"草木有生而無知。"《吕氏春秋·開春論·開春》:"開春始雷,則蟄蟲動矣。時雨降,則草木育矣。"

生,植物生長。《説文》:"生,進也。象艸木生出土上。"《詩·唐風·有杕之杜》:"有杕之杜,生于道左。"《楚辭·招隱士》:"王孫遊兮不歸,春草生兮萋萋。"《楚辭·九歌·少司命》:"秋蘭兮糜蕪,羅生兮堂下。"

---

① "草"之本字作"艸"。"草"原指"草斗櫟實",見《説文》。後借"草"爲"艸",另以"皁""皂"代"草"字,"草"行而"艸"廢。

上海博物館藏戰國竹書楚辭箋注

天悗之矢人 悗,《説文》失收。《莊子·大宗師》:"悗乎忘其言也。"成玄英疏:"悗,無心貌也。"《韓非子·忠孝》:"古昔黔首悗密蠢愚,故可以虚名取也。"王先慎集解引舊注:"悗,忘情貌。"

矢①,施布,施行。《詩·大雅·江漢》:"矢其文德,洽此四國。"毛亨傳:"矢,施也。""矢人",施布於人。

第十三簡

目而智(知)名,亡耳而聝(聞)聖(聲)。卉木尋(得)之呂(以)生,含(禽)獸尋(得)之呂(以)貈(鳴)。遠之戈(弋),含(禽)獸系(奚)尋(得)而鳴?

簡長三十二釐米,上略殘,下平頭。第一契口距殘端八點七釐米,第一契口與第二契口間距爲十四點八釐米,第二契口距尾端八點五釐米。存二十九字。

是古目而智名 "是古"二字在上簡。"是古",讀爲"是故"。上海博物館藏楚竹書《性情論》"哀、樂,亓(其)眚(性)相近也,是古(故)亓(其)心不遠","是故"亦作"是古"。

"是故",連詞。因此,所以。《國語·齊語六》:"於是天下諸侯知桓公之非爲己動也,是故諸侯歸之。"《論語·先進》:"其言不讓,是故哂之。"《禮記·樂記》:"是故先王之制禮樂,人爲之節。"

目②,眼睛。《詩·衛風·碩人》:"巧笑倩兮,美目盼兮。"《易·鼎》:"巽而耳目聰明。"《韓非子·喻老》:"臣愚患智之如目也,能見百步之外而不能自見其睫。"《楚辭·離騷》:"忽反顧以遊目兮,將往觀乎四荒。"《楚辭·招魂》:"湛湛江水兮上有楓,目極千里兮傷春心。"

---

① "矢"字原篆構形爲倒置,此習見楚文字"矢"及從"矢"之字。
② "目"字見整理用的黑白照片上,後竹簡脱水處理時殘失,故放大彩照圖版無"目"字。

226

智，讀爲"知"，知道，識別。《大戴禮記·本命》："審倫而明其別，謂之知。"《禮記·大學》："故好而知其惡，惡而知其美者，天下鮮矣。故諺有之曰：'人莫知其子之惡，莫知其苗之碩。'"孔穎達疏："知，識也。"《莊子·山木》："其美者自美，吾不知其美也；其惡者自惡，吾不知其惡也。"《淮南子·脩務》："孿子之相似者，唯其母能知之。"

名，事物的名稱。《易繫辭下》："其稱名也，雜而不越。"《論語·陽貨》："多識於鳥獸草木之名。"《墨子·經說下》："夫名，以所明正所不智，不以所不智疑所明。"

郭店楚簡《五行》："目而智（知）之胃（謂）之進之。""目而知之"猶言"目而知名。"

亡耳而䎽聖　耳，耳朵。《説文》："耳，主聽也。"《詩·大雅·抑》："匪面命之，言提其耳。"《孟子·滕文公下》："（陳仲子）三日不食，耳無聞，目無見也。"《老子》："五色令人目盲，五音令人耳聾，五味令人口爽。"

䎽，"聞"字異體。聞，聽到。《説文》："聞，知聞也。"《墨子·經說上》："聞，耳之聰也。"《書·君奭》："我則鳴鳥不聞。"《禮記·大學》："心不在焉，視而不見，聽而不聞。"《史記·高祖本紀》："項羽卒聞漢軍之楚歌。"

聖，讀爲"聲"。《春秋·文公十七年》"葬我小君聲姜"，《公羊傳》"聲姜"作"聖姜"；《史記·六國年表》"衛聲公"，司馬貞索隱引《世本》作"聖公"；《孟子·萬章下》"集大成也者，金聲而玉振之也"，郭店楚簡《五行》"金聖（聲）而玉晨（振）之，又（有）惪（德）者也。金聖（聲），善也；玉音，聖也"，"聲"作"聖"；《禮記·孔子閒居》"無聲之樂"，上海博物館藏楚竹書本（即《民之父母》）作"亡聖之樂"，"聲"作"聖"；上海博物館藏楚竹書本《容成氏》"卞（辨）爲五音，㠯（以）定男女之聖（聲）"，"聲"作"聖"。郭店楚簡《性自命出》"凡聖（聲），丌（其）出於情也信""聖（聽）琴（琴）弄（瑟）之聖（聲）""䎽（聞）芺（笑）聖（聲）"，"聲"字皆作"聖"。聲，聲音。《説文》："聲，音也。"《詩大序》"情發於聲"，孔穎達疏："聲，即音也。"《易·乾》："同聲相應，同氣相求。"《孟子·盡心上》："仁言不如仁聲之入人深也。"

上海博物館藏戰國竹書楚辭箋注

根據上下文義,本句"亡耳而䏁聲"之"亡"字當爲衍文。

《管子·心術上》:"嗜欲充盈,目不見色,耳不聞聲。"《莊子·庚桑楚》:"目之與形,吾不知其異也,而盲者不能自見;耳之與形,吾不知其異也,而聾者不能自聞。"郭店楚簡《性自命出》:"目之好色,耳之樂聖(聲)。"亦是"目""耳"並舉而言。

卉木尋之㠯生　"卉木",讀爲"草木"。《莊子·馬蹄》:"禽獸成群,草木遂長。""草木遂長"與"草木得之以生"意思相似。

含獸尋之㠯䝮　含,"今"字繁構,古文字構形往往贅增"口"飾。郭店楚簡《語叢一》"《詩》,所以會古含(今)之恃(志)也。……《昏(春)秋》,所以會古含(今)之事也","今"作"含";九店楚簡《告武夷》"含(今)日某牆(將)要飤(食)","今"作"含"。今,讀爲"禽"。"禽"字從"今"得聲①,故可相通。禽,《白虎通·田獵》謂:"禽者何? 鳥獸之總名。"

"禽獸",鳥和獸的統稱。《爾雅·釋鳥》:"二足而羽謂之禽,四足而毛謂之獸。"文獻亦見"禽獸"連言,例如《孟子·滕文公上》:"五穀不登,禽獸偪人。"《禮記·曲禮上》:"鸚鵡能言,不離飛鳥;猩猩能言,不離禽獸。"《楚辭·招隱士》:"禽獸駭兮亡其曹。"

䝮,"鳴"字異體,"鳥""豸"形旁替換。兩者在作偏旁表示"禽獸"時意思相同,故可替換②。鳴,鳥叫,此處泛指禽獸鳴叫。《詩·鄭風·風雨》:"風雨如晦,雞鳴不已。"《楚辭·九章·悲回風》:"鳥獸鳴以號群兮,草苴比而不芳。"

《荀子·勸學》:"草木疇生,禽獸群焉。"《荀子·王制》:"草木有生而無知,禽獸有知而無義。"《呂氏春秋·季夏紀·明理》:"禽獸胎消不殖,草木庫小不滋。"皆是"草木""禽獸"並舉,亦可作爲本句注解。

遠之戈　遠,離開,不接近。《方言》:"(離,楚)或謂之遠。"《詩·邶風·泉

---

① 見《說文》。
② 從"豸"旁的豹、貘、豻、貉、貍等字,其構形或從"鼠"旁,見包山楚簡和曾侯乙簡。

228

水》：“女子有行，遠父母兄弟。”《左傳·昭公八年》：“君子之言，信而有徵，故怨遠於其身。”《論語·雍也》：“務民之義，敬鬼神而遠之，可謂知矣。”之，助詞。

戈，“弋”之繁構。在古文字中，“弋”字或“弋”旁常常寫作“戈”，例如楚帛書“四神相戈”即“四神相弋（代）”；信陽楚簡“皆三伐之子孫”，“三伐”即“三代”；楚璽“邞（弋）昜（陽）君鉨”，“邞昜”即“弋陽”；杕氏壺銘“愄獵毋後”，“愄獵”即“弋獵”，“愄”爲“弋”字繁構①。

弋，用帶繩子的箭來射獵。《楚辭·九章·惜誦》“矰弋機而在上兮，罻羅張而在下”，王逸注：“弋，亦射也。”字亦作“雉”，《楚辭·哀時命》“外迫脅於機臂兮，上牽聯於矰雉”，洪興祖《考異》：“雉一作弋。”《説文》：“雉，繳射飛鳥也。”《詩·鄭風·女曰雞鳴》：“將翱將翔，弋鳧與鴈。”《吕氏春秋·不苟論·貴當》：“田獵馳騁，弋射走狗。”

《莊子·應帝王》“鳥高飛以避矰弋之害”，可爲本句作注。

第十四簡

夫雨之至▂，箮（孰）霝（零）漆之？夫㐺（風）之至▂，箮（孰）颮（披）飄而迸（屏）之？臦（問）之曰：戠（識）道，坐不下筥（席）；崇（端）㝗（文），

完簡，長三十二點八釐米，上、下平頭。第一契口距頂端十釐米，第一契口與第二契口間距爲十四點七釐米，第二契口距尾端八點一釐米。存二十九字。兩“至”字下皆有句讀號。

夫雨之至 夫，句首語氣詞。

雨，從雲層中降落的水滴。《説文》：“雨，水从雲下也。”《詩·小雅·甫田》：“琴瑟擊鼓，以御田祖，以祈甘雨。”《詩·豳風·東山》：“我來自東，零雨其

---

① 參看李家浩《戰國邙布考》，《古文字研究》第三輯，中華書局，1980 年。

濛。”《易繫辭上》：“鼓之以雷霆，潤之以風雨。”

至，來到。《左傳·隱公元年》：“天子七月而葬，同軌畢至。”《論語·子罕》：“鳳鳥不至，河不出圖，吾已矣夫。”《楚辭·離騷》：“老冉冉其將至兮，恐修名之不立。”

簹霎漆之　簹，讀爲“孰”，疑問代詞，相當於“何”。

霎，從“雨”，“霝”聲，即“雩”字繁構①。雩，古代爲祈雨而舉行的祭祀。《説文》：“雩，夏祭樂于赤帝以祈甘雨也。”《公羊傳·桓公五年》“大雩者何”，何休注：“雩，旱請雨祭名。”《周禮·春官·司巫》“則師巫而舞雩”，鄭玄注：“雩，旱祭也。”《左傳·桓公五年》：“秋，大雩。書不時也。凡祀，啟蟄而郊，龍見而雩。”

漆，木名，《詩·鄘風·定之方中》“樹之榛栗，椅桐梓漆”，朱熹集傳：“漆，木有液黏黑，可飾器物。”亦指塗漆，《戰國策·趙策一》：“豫讓又漆身爲厲，滅鬚去眉，自刑以變其容。”引申爲黑。《周禮·春官·巾車》“漆車藩蔽，犴禩雀飾”，鄭玄注：“漆車，黑車也。”《禮記·檀弓上》：“君即位而爲椑，歲壹漆之，藏焉。”“漆之”用法相同。簡文此處是問雨之至時天色變爲黑暗，是誰爲了求雨而將其塗漆成黑。

《楚辭·天問》“蓱號起雨，何以興之？”亦可作本句參考。

夫呂之至　呂，“凡”字繁構，贅增“口”飾。凡，讀爲“風”。“風”從“凡”聲，可以相通。風，空氣流動的現象，即颶風。《詩·鄭風·褰兮》：“褰兮褰兮，風其吹女。”《論語·顏淵》：“君子之德風，小人之德草。草上之風，必偃。”《晏子春秋·内篇諫下》：“其不爲橧巢者，以避風也；其不爲窟穴者，以避濕也。”

簹颮飆而迸之　簹，讀爲“孰”，疑問代詞。

颮，從“風”，“皮”聲，不見字書，當讀爲“披”。“颮”“披”皆從“皮”聲，例可

---

① “霎”字原直接寫出，未作隸定，今據陳偉武先生《上博簡第七册釋讀拾遺》意見改，《古文字研究》第二十八輯，中華書局，2010年。

相通。披，飄動。《楚辭·九歌·大司命》：“靈衣兮披披，玉佩兮陸離。”《文選·潘岳〈寡婦賦〉》“瞻靈衣之披披”，劉良注：“披披，動兒。”引申爲風動之貌。《莊子·天運》：“風起北方……孰噓吸是？孰居無事而披拂是？”陸德明釋文：“披拂，風貌。”《文選·司馬相如〈上林賦〉》“應風披靡”，呂向注：“披靡，謂從風傾到之貌。”以“披拂”“披靡”指“風”飄動，與簡文用法相似。

又，“颾”字若讀爲“飄”，亦可。古音从“皮”得聲的“披”“帔”“鈹”等字與“飄”聲母相同，皆爲滂母，屬雙聲關係，例可通假。飄，指風吹送。《説文》：“飄，回風也。”《詩·檜風·匪風》“匪風飄兮，匪車嘌兮”，毛傳：“迴風爲飄。”《楚辭·九歌·大司命》：“令飄風兮先驅，使涷雨兮灑塵。”《戰國策·趙策三》：“夫飄於清風，則橫行四海。”

颸，《説文》未收，字見《廣韻》。後世有“颸颸”一詞，見杜甫《贈崔十三評事公輔》詩：“颸颸寒山桂，低佪風雨枝。”指大風貌。又，古以“習習”形容風貌，如《詩·邶風·谷風》云：“習習谷風，以陰以雨。”“颸”字用法或同“習”。

迸，見《説文》辵部新附字，謂“散走也”。《後漢紀·孝獻皇帝紀》：“海盜奔迸，黑山順軌。”《易·説卦》“雷以動之，風以散之”，“迸之”猶言“散之”。

又，“迸”亦通“屏”，《論語·堯曰》“尊五美，屏四惡”，《隸釋》卷六《蔣君碑》引“屏”作“迸”，洪适曰：“此碑釋迸爲屏，蓋漢人傳《魯論》有如此者。”屏，訓爲“逐”，《禮記·大學》：“唯仁人放流之，迸諸四夷，不與同中國。”朱熹《章句》：“迸，讀爲屏，古字通用。屏，猶逐也。”

《易説卦》：“風以散之，雨以潤之。”《楚辭·九歌·山鬼》：“杳冥冥兮羌晝晦，東風飄兮神靈雨。”馬王堆漢墓帛書《稱》：“故巢居者察風，穴處者知雨。”[1]與本句一樣皆是“風”“雨”對舉，可以參看。

《禮記·中庸》謂：“今夫天，斯昭昭之多，及其無窮也，日月星辰繫焉，萬物覆焉。今夫地，一撮土之多，及其廣厚，載華嶽而不重，振河海而不洩，萬物載焉。今夫山，一卷石之多，及其廣大，草木生之，禽獸居之，寶藏興焉。今夫水，一勺之多，及其不測，黿鼉鮫龍魚鱉生焉，貨財殖焉。”可作爲本章注解[2]。

---

[1]　《漢書·翼奉傳》及《論衡·實知》所引皆有相似文句，來源顯然相同。

[2]　據上下文意及參照乙本，本章從“卉木奚得而生”以下至第十四簡的內容，有抄重、訛誤。

戠道　戠，"識"字異體，其構形是在"哉"字上加注"少"聲①。《説文》謂"識"字從"哉"得聲，"識""職"相通，可爲旁證。如《老子》"前識者道之華而愚之始"，嚴遵本"識"作"職"；《莊子·繕性》"心與心識知而不足以定天下"，陸德明釋文："識，向本作職"；《荀子·哀公》"其事不可識"，《大戴禮記·哀公問五義》"識"作"職"。而古音"少"爲書母宵部字，"識"爲書母職部字，兩字爲雙聲關係，故可以加注"少"聲。郭店楚簡《尊德義》《成之聞之》中從"戈"旁被釋爲"諓"讀爲"察"的字其實也是"戠"字，與包山楚簡、郭店楚簡其他"謽"字（即讀爲"察"的字）構形有別②。

識，知道，瞭解。《説文》："識，常也。一曰知也。"《詩·大雅·皇矣》："不識不知，順帝之則。"《管子·宙合》："苟信是，以有不可先規之，必有不可識慮之。"

道，方法、途徑。《商君書·更法》："治世不一道，便國不必法古。"《論語·公冶長》："道不行，乘桴浮于海，從我者其由與？"《楚辭·九歎·遠遊》："道可受兮，而不可傳。"

《法言·吾子》："委大聖而好乎諸子者，惡睹其識道也。""識道"意思相同。

坐不下箸　坐，人的止息方式之一。《禮記·曲禮上》"坐而遷之"，孔穎達疏"坐亦跪也。坐通名跪，跪名不通坐也。"《論語·鄉黨》"居必遷坐"，劉寶楠正義引江永《圖考》曰："古人之坐，兩膝著地而坐於足，與跪相似。"顧炎武《日知録·雜事·坐》指出："古人席地而坐，西漢尚然。……古人席地之坐，皆以兩膝著席。有所敬，引身而起，則爲長跪矣。"③

箸，從"竹"，"石"聲，楚文字"席"字，構形亦見仰天湖楚簡、信陽楚簡及望山楚簡、上海博物館藏楚竹書《天子建州》等，《説文》謂"古文席，從石省"，確有根據④。《説文》："席，籍也。《禮》：'天子、諸侯席，有黼繡純飾。'"《禮記·樂

---

① "哉"字所從之"音"，簡文或從"言"，古文字"音""言"作偏旁時可互作。
② 可參看李守奎《楚文字編》"諓"字條，第145、146頁，華東師範大學出版社，2003年。
③ 從楚簡的用法來看，"坐""跪"二字確可通用。
④ 林澐《釋箸》，載《林澐學術文集》第8頁，中國大百科全書出版社，1998年。

記》：“鋪筵席，陳尊俎，列籩豆。”古人席地而坐，故需在室內地上鋪設坐席，設席不止一層，以多寡分尊卑。《論語·鄉黨》：“席不正，不坐。”《史記·項羽本紀》：“且國兵新破，王坐不安席。”

“下席”，離開席位。《説苑·政理》：“景公乃下席而謝之。”“坐不下席”，坐著不離開席位。

《戰國策·秦策三》：“計不下席，謀不出廊廟，坐制諸侯。”《戰國策·齊策五》：“謀約不下席，言於尊俎之間，謀成於堂上。”《文子·精誠》：“不下席而匡天下者，求諸己也。”可與本句互相參看。

耑㬎　耑，古“端”字。《説文》：“耑，物初生之題也。”段玉裁注：“古發端字作此，今則端行而耑廢，乃多用耑爲專矣。”《漢書·藝文志》“言感物造耑，材知深美”，顔師古注：“耑，古端字也。”郭店楚簡《語叢一》“喪，悥（仁）之耑（端）也”，《性自命出》：“退谷（欲）耑（端）而毋巠（徑）”，“端”作“耑”；上海博物館藏楚竹書《容成氏》：“文王於是虙（乎）素耑（端）□裳呂行九邦”，《武王踐阼》（甲）：“武王惡（齋）三日，耑（端）備（服）曼（冕），逾堂幾（階），南面而立”“武王䎽（聞）之忞（恐）偲（懼），爲名（銘）於筶（席）之四耑（端）”，“端”作“耑”；《周禮·考工記·磬氏》“已下則摩其耑”，陸德明釋文：“‘耑’本或作端”；《史記·天官書》“兩端兑”，《漢書·天文志》“端”作“耑”。

端，正。《左傳·昭公二十六年》：“則有晉、鄭，咸黜不端，以綏定王家。”《禮記·玉藻》：“端行，頤霤如矢。”《管子·四時》：“端險阻，修封疆，正千伯。”《禮記·祭統》：“盡其道，端其義。”

㬎，字從“旻”，“民”聲。其構形見於《汗簡》、《古文四聲韻》引石經，是“閔”字的古文，與《説文》“閔”字乃一字異寫。從郭店楚簡的用法來看，“㬎”字均應讀爲“文”[1]，本簡的“㬎”字也讀爲“文”。

文，禮樂儀制。《論語·子罕》“文王既没，文不在兹乎？天之將喪斯文也”，朱熹集注：“道之顯者謂之文，蓋禮樂制度之謂。”郭店楚簡《語叢二》：“㬎

---

[1]　參見李天虹《郭店竹簡〈性自命出〉研究》第二章《文字考釋二篇》及引李家浩、李學勤先生意見，第14～22頁，湖北教育出版社，2002年。

上海博物館藏戰國竹書楚辭箋注

（文）生於豐（禮），專生於曼（文）。”《荀子·禮論》：“稱情而立文。”王先謙集解引鄭康成曰：“稱人之情輕重而制其禮也。”郭店楚簡《語叢三》：“曼（文），衣（依）勿（物）以青（情）行之者。”皆可互證。

“識道”“端文”者，指富有經驗，精于禮樂制度，能爲先導者。《荀子·解蔽》“墨子蔽於用而不知文”，亦可作參考。

第十五簡

視於天下，番（審）於國。坐而思之，每（謀）於千里；記（起）而甬（用）之，練（陳）於四海（海）？聞（問）之曰：至情而智（知）

完簡，長三十三點五釐米，上、下平頭。第一契口距頂端十點一釐米，第一契口與第二契口間距爲十五釐米，第二契口距尾端八點四釐米。存三十字。

視於天下 “視”字構形見郭店楚簡《老子》等。按楚簡“視”“見”二字構形既相似又有區別，兩字上部均從“目”，“視”下部作立人；“見”下部作跪人，偶有混淆。

視，看，觀察。《説文》：“視，瞻也。”《詩·小雅·正月》：“民今方殆，視天夢夢。”《論語·爲政》：“視其所以，觀其所由。”《荀子·勸學》：“目不能兩視而明，耳不能兩聽而聰。”《禮記·大學》：“十目所視，十手所指。”

“天下”，古時多指中國範圍内的全部土地。《書·大禹謨》：“奄有四海，爲天下君。”《詩·大雅·皇矣》：“以篤于周祜，以對于天下。”《論語·八佾》：“知其説者之於天下也，其如示諸斯乎！”《孟子·萬章上》：“然則舜有天下也，孰與之？”《楚辭·天問》：“穆王巧梅，夫何爲周流？環理天下，夫何索求？”《楚辭·九辯》：“諒無怨于天下兮”，“尚欲布名乎天下”。

《老子》：“不出户，知天下；不窺牖，見天道。”《吕氏春秋·審分覽·君守》：“故曰不出於户而知天下，不窺於牖而知天道。”可與本節相互參看。

234

凡物流形

番於國 番，"審"字省寫①。按"潘"通"審"，《莊子·應帝王》"鯢桓之審爲淵，止水之審爲淵，流水之審爲淵"，《列子·黄帝》引"審"字皆作"潘"②，是其證。

審，詳究，知悉。《楚辭·九歎·遠遊》"見王子而宿之兮，審壹氣之和德"，王逸注："究問元精之祕要也。"《書·説命上》："乃審厥象，俾以形旁求于天下。"《管子·幼官》："明法審數，立常備能，則治。"《墨子·小取》："夫辨者，將以明是非之分，審治亂之紀，明同異之處。"

國，簡文原篆構形有省筆，爲"國"字異體，相同構形亦見於郭店楚簡本《老子》"國中又（有）四大安（焉）"之"國"字③。國，古代王、侯的封地，《説文》："國，邦也。"《論語·學而》："道千乘之國，敬事而信，節用而愛人，使民以時。"亦指國家，《易·師》："開國承家，小人勿用。"《左傳·僖公七年》："國危矣，請下齊以救國。"

坐而思之 思，思索，思考。《論語·爲政》："學而不思則罔，思而不學則殆。"《荀子·勸學》："故誦數以貫之，思索以通之。"《楚辭·漁父》："何故深思高舉，自令放爲？"

《孟子·公孫丑下》："坐而言，不應，隱几而臥。""坐而言"句法相同。

每於千里 每，讀爲"謀"。《説文》"謀"字古文作"𧮷""𧩼"，皆从"母"聲，"每"字也从"母"聲，故可相通。《説文》："謀，慮難曰謀。"謀慮，謀劃。《詩·大雅·生民》："載謀載惟，取蕭祭脂。"《易·訟》："君子以作事謀始。"《楚辭·天問》："何承謀夏桀，終以滅喪。"

"謀於千里"，謀劃於千里之外。

---

① 《説文》以"審"爲"宋"字篆文。
② 《列子》"鯢桓"作"鯢旋"。按清代學者承培元《説文引經證例》已經指出，"古潘、潘同音"，係一字分化。從簡文"番"字用作"審"看，應當是可信的。
③ 今本《老子》"國"字作"域"。

235

上海博物館藏戰國竹書楚辭箋注

记而甬之 记，“起”字古文，見《説文》①。起，徵召，舉用。《左傳·哀公四年》“司馬起豐、析與狄戎，以臨上雒”，楊伯峻注：“起，漢謂之興，徵召卒乘也。”《戰國策·秦策二》“起樗里子於國”，高誘注：“起，猶舉也。”《韓非子·顯學》：“宰相必起於州部，猛將必發於卒伍。”

甬，讀爲“用”。《老子》“以正治國，以奇用兵”“弱者道之用”“用兵則貴右”“不得已而用之”“大成若缺，其用不弊。大盈若沖，其用不窮”，郭店楚簡本“用”皆作“甬”；《禮記·緇衣》“苗民匪用命”，郭店楚簡本、上海博物館藏楚竹書本“用”作“甬”。又，郭店楚簡《性自命出》“甬”字多見，皆讀爲“用”。

用，使用，任用。《詩·召南·采蘩》：“于以用之？公侯之事。”《左傳·僖公三十年》：“吾不能早用子，今急而求子，是寡人之過也。”《論語·述而》：“用之則行，舍之則藏，唯我與爾有是夫。”《孟子·梁惠王下》：“見賢焉，然後用之。”

練於四洖 練，讀爲“陳”。“練”“陳”均从“東”聲，可以相通。陳，本指軍隊行列，即軍隊作戰時的戰鬥隊形，也就是陣法。《論語·衛靈公》“衛靈公問陳於孔子”，邢昺疏：“問軍陳行列之法於孔子也。”故“陳”亦指布陣。《書·武成》：“癸亥，陳于商郊，俟天休命。”《國語·周語上》“陳錫載周”，韋昭注：“陳，布也。”《素問·生氣通天論》“是以聖人陳陰陽”，張志聰集注：“陳，敷布也。”由“陳列”“敷布”義引申爲施展、貢獻。《論語·季氏》：“陳力就列，不能者止。”“陳”字用法與簡文同。

洖，即“海”字。“海”字作“洖”，亦見郭店楚簡《老子》、《性自命出》；上海博物館藏楚竹書《民之父母》②、《容成氏》、《中弓》，以及包山楚簡、馬王堆帛書《九主》等。

“四海”，《爾雅·釋地》謂：“九夷、八狄、七戎、六蠻謂之四海。”鄭樵注：“此四夷皆際海，故謂之四海。”按古以中國四境有海環繞，各按方位爲“東海”“南

① 詳見本書《有皇將起》“记”字注釋。
② 即《禮記·孔子閒居》。

海”“西海”“北海”，後以“四海”泛指天下、中國各處，常見於傳世典籍及出土文獻。例如《書·大禹謨》：“文命敷于四海，祗承于帝。”《孟子·離婁上》：“沛然德教溢乎四海。”《論語·顏淵》：“四海之內，皆兄弟也。”《荀子·議兵》：“四海之內若一家，通達之屬莫不從服。”郭店楚簡《性自命出》：“四洔（海）之內其眚（性）弍（一）也。”上海博物館藏楚竹書《中弓》“昔三弋（代）之明王又（有）四洔（海）之內”；《容成氏》“四洔（海）之外宥（賓），四洔（海）之內貞（定）”，“四洔（海）之內孞（及）四洔（海）之外皆青（請）江（貢）”；《民之父母》“而尋（得）既（氣）塞於四洔（海）矣”等，“四海”皆指天下而言。

《荀子·正論》“至賢疇四海”；《淮南子·原道》“是故一之理，施四海；一之解，際天地”，“疇四海”“施四海”與“陳於四海”意思相似[1]。

《大戴禮記·小辨》：“辨言之樂不下席，治政之樂皇於四海。”《大戴禮記·主言》：“昔者舜左禹而右皋陶，不下席而天下治。”《文子·精誠》：“聖人不降席而匡天下。”皆可作本章參考。

第十六簡

箸（書），不與事之，智（知）四洔（海），至聖（聽）千里，達見百里。是古（故）聖人尻〈尻〉於亓（其）所，邦豪（家）之

完簡，長三十二點六釐米，上、下平頭。第一契口距頂端十釐米，第一契口與第二契口間距爲十四點六釐米，第二契口距尾端八釐米。存二十七字。

至情而智箸　　“至情而智”四字在上簡末。至，極。《荀子·正論》“湯武者，至天下之善禁令者也”，王先謙注：“至猶極”。《論語·泰伯》：“泰伯，其可謂至德也已矣。”《論語·雍也》：“中庸之爲德也，其至矣乎！”“至”字用法同。

---

[1]　參見楊澤生《〈上博七·凡物流形〉校讀述議》，《華學》第十一輯，第 22 頁，中山大學出版社，2014 年。

情,《説文》謂"人之陰氣有欲者",徐灝注箋:"發于本心謂之情。"指人的感情,情緒。《禮記·禮運》:"何謂人情? 喜、怒、哀、懼、愛、惡、欲,七者弗學而能。"

"至情",極其真實的思想感情。《六韜·文師》:"言至情者,事之極也。今臣言至情不諱君,其惡之乎?"

智,讀爲"知"。箸,同"書"。郭店楚簡《性自命出》"時(詩)、箸(書)、豊(禮)、樂,其刢(始)出皆生於人。時(詩),又(有)爲爲之也。箸(書),又(有)爲言之也。豊(禮)、樂,又(有)爲與(舉)之也","書"字作"箸"。包山楚簡亦以"箸"字用爲"書"。又《説文》"書,箸也。"書,書籍。許慎《説文解字·敘》:"著於竹帛謂之書。"《論語·先進》:"何必讀書,然後爲學?"《史記·老子韓非列傳》:"申子、韓子皆著書,傳于後世。"

不與事之 與,參與。《大戴禮記·曾子事父母》"不與小之自也",王聘珍解詁:"與,讀若'可與共學'之與。"《國語·魯語下》:"是故天子……日中考政,與百官之政事。"《左傳·僖公三十二年》:"蹇叔之子與師。"

《左傳·宣公七年》:"夏,公會齊侯伐萊,不與謀也。"《論語·八佾》:"吾不與祭,如不祭。""不與"用法同。

事,實踐,從事。《論語·顏淵》:"回雖不敏,請事斯語矣。"《韓非子·難一》:"今管仲不務尊主明法,而事增寵益爵。"《商君書·農戰》:"事商賈,爲技藝。"

"不與事之",意思是不參與具體的實踐行動。

至聖千里 至,達到極點。《易·坤》彖傳:"至哉坤元",孔穎達疏:"至,謂至極也。"《禮記·樂記》"樂至則無怨",鄭玄注:"至,猶達也,行也。"《孟子·離婁上》:"規矩,方員之至也。"

聖,讀爲"聽",聽聞,審察。《戰國策·秦策一》:"且軹欲去秦而之楚,王何不聽乎?"高誘注:"聽,察也。"《荀子·議兵》:"且仁人之用十里之國,則將有百里之聽。用百里之國,則將有千里之聽。用千里之國,則將有四海之聽。"楊倞注:"聽,猶耳目也,言遠人自爲其耳目。或曰謂間諜者。"結合簡文"聽"字的用法看，楊倞的解釋未必是確詁。

《文選·鄒陽〈上書吳王〉》"察聽其至"，呂向注："至，謂至情也。"可作本句注解。

達見百里　達，通曉，明白。《書·舜典》"明四目，達四聰"，江聲《集注音疏》："達，通也。"《論語·雍也》："賜也達，于從政乎何有"，何晏集解引孔安國曰："達，謂通於物理。"《論語·鄉黨》："康子饋藥，拜而受之，曰：'丘未達，不敢嘗。'"皇侃疏："達，猶曉解也。"《孟子·盡心上》："獨孤臣孽子，其操心也危，其慮患也深，故達。"

"達見"，明白透徹地預見。《後漢紀·孝靈皇帝紀》記泰始中郭泰至京師，陳留人符融見而歎曰："高雅奇偉，達見清理，行不苟合，言不誇毗，此異士也。"《三國志·吳主傳》記魏文帝二年策命孫權，謂："惟君天資忠亮，命世作佐，深睹曆數，達見廢興。"《晉書·賈充傳》詔稱賈充"雅量弘高，達見明遠，武有折衝之威，文懷經國之慮，信結人心，名震域外"。文獻雖爲後出，但"達見"用法相同，可供參考。

"百里"，百里之地，猶言百里之國。《詩·大雅·召旻》："日辟國百里，今也日蹙國百里。"《左傳·隱公十一年》："鄭伯使許大夫百里，奉許叔以居許東偏。""百里"及上"千里"之語，可參見前引《荀子·議兵》文。

"至""達"同義互換。

是古聖人凥於亓所　"是古"，讀爲"是故"，連詞。

"聖人"，人格品德最高尚的人，亦指智慧最高超的人。《易·乾》文言："聖人作而萬物覩。"《老子》"是以聖人抱一爲天下式。"《楚辭·天問》："何聖人之一德，卒其異方？"郭店楚簡《五行》："聖人知天道也。"

凥，楚文字"尸"之繁構，但據乙本知此爲"凥"字之訛。凥，即《説文》"処（處）"字異構，義同"居"①。《楚辭·天問》："崑崙縣圃，其凥安在？"王逸注："凥，一作居。"乃同義互換。

---

①　詳見本書《李頌》"凥"字注釋。

上海博物館藏戰國竹書楚辭箋注

所，處所，地方。《詩·魏風·碩鼠》："樂土樂土，爰得我所。"《楚辭·離騷》："何所獨無芳草兮，爾何懷乎故宇。"《吕氏春秋·恃君覽·達鬱》："厥之諫我也，必於無人之所。"

《論語·爲政》："譬如北辰，居其所而衆星共之。""居其所"即簡文之"尻於其所"。

邦豪之煮之 "邦豪"，即"邦家"，"家"字上从"爪"作"豪"爲繁構，習見于楚文字。上海博物館藏楚竹書《鬼神之明》："迡（及）桀受學（幽）萬（厲），焚聖人，殺訐者，惻（賊）百眚（姓），蠾（亂）邦豪（家）。""邦家"也作"邦豪"。

"邦家"，猶言"國家"。《老子》"國家昏亂，有忠臣"，郭店楚簡本作："邦豪（家）緍（昏）凬（亂），安（焉）又（有）正臣。"《詩·小雅·南山有臺》："樂只君子，邦家之基。"《詩·周頌·載芟》："邦家之光，有椒其馨。"《論語·陽貨》："惡紫之奪朱也，惡鄭聲之亂雅樂，惡利口之覆邦家也。""邦家"典籍或作"家邦"，《詩·小雅·瞻彼洛矣》："君子萬年，保其家邦。"

"煮之"在下簡首。煮，讀爲"圖"。古音从"者"聲之字，或爲端母魚部字，或爲定母魚部字，而"圖"爲定母魚部字，故可相通。《禮記·緇衣》"毋以小謀敗大作"，郭店楚簡本、上海博物館藏楚竹書本"作"字皆作"煮"，也讀爲"圖"。又，上海博物館藏楚竹書《孔子詩論》"圖"字作"圉"，从"者"聲，亦可參考。

圖，謀畫，謀取。《説文》："圖，畫計難也。"《爾雅·釋詁上》："圖，謀也。"《詩·小雅·常棣》："是究是圖，亶其然乎？"毛亨傳："圖，謀。"《書·多方》"洪惟圖天之命"，蔡沈集傳："圖，謀也。"

《荀子·儒效》："圖回天下於掌上而辨白黑。"《戰國策·秦策四》："韓魏從而天下可圖也。""圖"字用法同。

第十七簡

煮（圖）之，女（如）并天下而虜（挹）之。尋（得）豸（貌）而思之，若并天下而訣

之。此豸(貌)目(以)爲天陰(地)旨,

完簡,長三十二點九釐米,上、下平頭。第一契口距頂端九點五釐米,第一契口與第二契口間距爲十五點五釐米,第二契口距尾端七點九釐米。存二十八字。

女并天下而虘之　女,讀爲“如”。如,如同,好像。《詩・鄭風・大叔于田》:“執轡如組,兩驂如舞。”

并,兼并,吞并。《釋名・釋州國》:“并,兼并也。”《戰國策・中山策》“魏并中山,必無趙矣”,高誘注:“并,兼也。”《戰國策・秦策二》“臣聞張儀西并巴、蜀之地,北取西河之外,南取上庸,天下不以爲多張儀而賢先王”,鮑彪注:“并,猶兼。”《韓非子・有度》:“荆莊王并國二十六,開地三千里。”

“天下”,一般指中國範圍内的全部土地。《論語・八佾》:“知其説者之於天下也,其如示諸斯乎!”《楚辭・天問》:“皇天集命,惟何戒之? 受禮天下,又使至代之?”《楚辭・九辯》:“堯舜皆有所舉任兮,故高枕而自適。諒無怨於天下兮,心焉取此怵惕?”亦見上引《秦策》文。

虘,即“虘”字繁構,楚簡多用爲“且”字或偏旁,《汗簡》所録古文“且”字亦作“虘”;“組”“殂”字从“虘”①。且,通“抯”,訓爲取。《老子》“今舍慈且勇,舍儉且廣,舍後且先,死矣”,王弼注:“且,猶取也。”“且”字亦讀爲“抯”。《墨子・天志下》:“而況有踰於人之牆垣,抯格人之子女者乎?”孫詒讓《閒詁》:“抯、摣字通。”《説文》:“抯,挹也。”《方言》:“抯、摣,取也。南楚之閒凡取物溝泥中謂之抯,或謂之摣。”

𢔶豸而思之　𢔶,“得”字初文。得,知曉,明白。《吕氏春秋・季春紀・先己》“故心得而聽得”,高誘注:“得,猶知也。”《禮記・樂記》“禮得其報則樂,樂得其反則安”,鄭玄注:“得,謂曉其義,知其吉凶之歸。”《淮南子・説山》:“魄曰

---

① 《説文》也有這方面的例子,如“罝”“退”字,《説文》籀文均从“虘”。

上海博物館藏戰國竹書楚辭箋注

吾聞得之矣。”

豸，從簡文看，用爲“貌”字。《説文》：“皃，頌儀也。从人，白象人面形。……貇，皃或从頁，豹省聲。貌，籀文皃，从豹省。”據《説文》分析，“皃”字的或體“貇”和籀文“貌”字，均从“豹省聲”①。所以，簡文的“豸”字當是楚文字“豹”字的省寫，讀爲“貌”。

貌，指面容，相貌，《楚辭·九章·惜誦》：“言與行其可迹兮，情與貌其不變。”亦指姿態，形狀，《穀梁傳·桓公十四年》：“望遠者，察其貌，而不察其形。”范寧注：“貌，姿體；形，容色。”《墨子·大取》：“人之體非一貌者也。”引申爲外部表現。《禮記·儒行》：“禮節者，仁之貌也。”《説苑·脩文》：“《書》曰，五事，一曰貌。貌者，男子之所以恭敬，婦人之所以姣好也。”劉勰《辨騷》：“論山水，則循聲而得貌；言節候，則披文而見時。”“得貌”用法同。

思，思索，考慮。《論語·爲政》：“學而不思則罔。”

《國語·周語下》：“夫君子目以定體，足以從之，是以觀其容而知其心矣。”可以作爲本句旁注。

若并天下而訣之　若，像，如同。《書·盤庚上》：“若網在綱，有條而不紊。”《老子》：“中士聞道，若存若亡。”《楚辭·九歌·國殤》：“旌蔽日兮敵若雲，矢交墜兮士爭先。”

訣，通“決”，決定，判斷。《韓非子·解老》：“目不能決黑白之色，則謂之盲。”《禮記·曲禮上》：“分爭辨訟，非禮不決。”《漢紀·孝平皇帝紀》：“以王邑爲腹心，甄邯、甄豐主訣斷。”

《楚辭·卜居》：“余有所疑，願因先生決之。”“決之”用法同。

此句形容知曉貌而思考之難度，猶如對兼并天下作出訣斷那樣。

此豸㠯爲天墬旨　豸，讀爲“貌”。“以爲”，作爲，用作。《左傳·文公六年》：“使行諸晉國，以爲常法。”《老子》：“故有之以爲利，無之以爲用。”“可以爲

---

① 《説文》謂“貌”字構形爲“籀文皃，从豹省”，即“皃”字加注“豹”省聲。

242

天下母。”“以爲”用法同。

旨，主張，用意。《禮記·王制》“有旨無簡”，孔穎達疏：“旨，意也。”《易繫辭下》：“其稱名也小，其取類也大，其旨遠，其辭文，其言曲而中。”《後漢書·魯丕傳》：“覽詩人之旨意，察《雅》《頌》之終始。”“天地旨”，天地的用意。

《鬼谷子·謀篇》：“貌者，不美又不惡，故至情託焉。可知者，可用也；不可知者，謀者所不用也。故曰：‘事貴制人，而不貴見制於人。’”可與本章互參。

第十八簡

是胃（謂）少（小）敓（徹）。系（奚）胃（謂）少（小）敓（徹）？人白爲戠（識）。系（奚）昌（以）智（知）元（其）白乚？冬（終）身自若乚。能募（顧）言，虘（吾）能豸（貌）

完簡，長三十三釐米，上、下平頭。第一契口距頂端十釐米，第一契口與第二契口間距爲十四點九釐米，第二契口距尾端八點一釐米。存二十七字。後一“白”字及“若”字下有句讀號。

是胃少敓　胃，讀爲“謂”①。少，同“小”，古文字“少”“小”爲一字。

敓，讀爲“徹”。“徹”從“敓”聲，可以相通。《説文》：“徹，通也。”《詩·大雅·公劉》：“度其隰原，徹田爲糧。”朱熹集傳：“徹，通也。”《左傳·成公十六年》：“潘尫之黨與養由基蹲甲而射之，徹七札焉。”引申爲通達，通曉。《國語·楚語下》“其聰能聽徹之”，韋昭注：“徹，達也。”《爾雅·釋訓》：“不徹，不道也。”郝懿行義疏：“徹者，通也，達也。”

人白爲戠　白，清楚，明白。《楚辭·九章·惜往日》：“願陳情以白行兮，

---

①　詳見本書《李頌》“胃”字注釋。

得罪過之不意。"朱熹集注:"白,明也。"《荀子·王霸》:"三者明主之所謹擇也,仁人之所務白也。"楊倞注:"白,明白。"《廣雅·釋器》:"皠、皛、晳、曉,白也。"王念孫《疏證》:"白之言明白也。"《列女傳·曹僖氏妻》:"僖氏之妻,厥智孔白:見晉公子知其興作,使夫饋殽,且以自託。文伐曹國,卒獨見釋。"

冬身自若 冬,古文"終"。終,從開始到結束。《詩·小雅·采綠》:"終朝采綠,不盈一匊。"《墨子·節用上》:"久者終年,速者數月。"《論語·衛靈公》:"群居終日,言不及義。"

"終身",一生。《孟子·盡心下》:"舜之飯糗茹草也,若將終身焉。"《楚辭·九章·涉江》:"余將董道而不豫兮,固將重昏而終身!"《禮記·王制》:"大夫廢其事,終身不仕。"

"自若",神態鎮定自然。《國語·越語下》:"自若以處,以度天下,待其來者而正之,因時之所宜而定之。"《戰國策·秦策二》秦武王謂甘茂章:"人告曾子母曰:'曾參殺人。'曾子之母曰:'吾子不殺人。'織自若。有頃焉,人又曰:'曾參殺人。'其母尚織自若也。"《韓詩外傳》卷九:"故君子居之,安得自若!"

這兩句謂人若已明白地察知這個道理,即"貌"是作爲天地的用意,可謂是達到"小徹"即小的徹悟境界,便可致終身自在。

能募言 能,能夠。募,"寡"字省體。"寡",讀爲"顧",《禮記·緇衣》"葉公之顧命曰",郭店楚簡本、上海博物館藏楚竹書本"顧"作"募"。上海博物館藏楚竹書本《天子建州》:"視,厌量募(顧)還身,者(諸)厌飤同眮(狀)。視,百正募(顧)還骨(脅),與卿、大夫同耻厇(度)。士視,目亟(恆)募(顧)還面。""顧"字皆作"募(寡)"①。

顧,視。《說文》:"顧,還視也。"《書·太甲上》"先王顧諟天之明命",孔安國傳:"顧,謂常目在之也。"《詩·小雅·正月》"屢顧爾僕,不輸爾載",鄭玄箋:"顧,猶視也,念也。"

―――――――――――

① "寡""顧"古音同在見母魚部,爲雙聲疊韻關係,故可相通。

“寡言”，讀爲“顧言”，見《禮記·緇衣》：“故君子寡言而行以成其信。”鄭玄注：“以行爲驗，虛言無益於善也。寡，當爲顧，聲之誤也。”孔穎達疏：“以其言行相副之，故君子當顧言而行以成其信也。”《禮記·中庸》：“言顧行，行顧言，君子胡不慥慥爾。”

虗能豸之　虗，楚文字用如“吾”，第一人稱。“豸”讀爲“貌”，謂察知物體的形狀。《墨子·經説上》：“知也者，以其知過物而能貌之，若見。”“能貌之”用法同于簡文。

第十九簡

之。古（故）豸（貌）▆：虙（抯）之又（有）未敗（畀），鼓之又（有）聖（聲），忻之可見，操（躁）之可操，禄（録）之則遷（失），敗之則

完簡，長三十二點二釐米，上、下平頭。第一契口距頂端八點八釐米，第一契口與第二契口間距爲十四點五釐米，第二契口距尾端八點九釐米。存二十七字。有一處通欄墨線標識。

古豸虙之又未敗　古，讀爲“故”，所以。豸，讀爲“貌”。虙，“虗”字繁構，即“且”字，通“抯”，訓爲取。

敗，從“畀”從“攵”，爲“畀”字繁構[1]。《説文》：“畀，相付與之。”《詩·鄘風·干旄》：“彼姝者子，何以畀之？”毛亨傳：“畀，予也。”《書·洪範》：“帝乃震怒，不畀洪範九疇。”引申爲付託，委任。《書·康王之誥》：“用端命於上帝，皇天用訓厥道，付畀四方。”《左傳·隱公三年》：“王崩，周人將畀虢公政。”未畀，未予。

---

① “敗”字原篆構形右下贅增“口”飾，左旁所從《説文》訛作“畀”。

上海博物館藏戰國竹書楚辭箋注

鼓之又聖　鼓①,動。《莊子·盜跖》:"搖唇鼓舌,擅生是非。"《莊子·駢拇》"使天下簧鼓",陸德明釋文:"鼓,動也。"《易繫辭上》"鼓之舞之以盡神",李鼎祚集解引荀爽曰:"鼓者,動也。""鼓之"用法亦同。

又,同"有"。聖,讀爲"聲",聲音。《説文》:"聲,音也。"《書·舜典》"聲依永,律和聲",孔安國傳:"聲謂五聲。"《詩·大雅·文王》:"上天之載,無聲無臭。"《詩·小雅·鶴鳴》:"鶴鳴于九皋,聲聞于天。"

"鼓之有聲",鼓動發出聲響。《大戴禮記·少閒》"鼓民之聲",亦可作旁注。

忻之可見　忻,欣喜。《玉篇》:"忻,喜也。"《墨子·經説上》:"其言之忻,使人督之。"《史記·周本紀》:"姜原出野,見巨人跡,心忻然説,欲踐之。"《淮南子·覽冥》:"斬艾百姓,殫盡太半,而忻忻然常自以爲治。"《後漢紀·孝順皇帝紀上》:"陛下龍興,海内莫不忻悦。"

"可見",可以看到。《易·乾》:"君子以成德爲行,日可見之行也。"《韓非子·存韓》:"夫秦、韓不得無同憂,其形可見。"《大戴禮記·保傅》:"秦世所以亟絶者,其轍迹可見也。"

操之可操　"操之"之"操"同"躁",急躁,不安静。《詩·王風·兔爰》"有兔爰爰",鄭玄箋"有所躁蹙也",孔穎達疏:"躁,定本作操,義並得通。"《公羊傳·莊公三十年》:"蓋以操之爲已蹙矣。"阮元校勘記:"武億云:'操,古本作躁。《詩·江漢》正義引此:躁,迫也。'"《論語·季氏》:"言未及之而言,謂之躁。"《禮記·内則》"狗赤股而躁臊",孔穎達疏:"躁,謂舉動急躁。"

"可操"之操,義爲把持,掌握。《説文》:"操,把持也。"《孟子·告子上》:"操則存。"焦循正義:"操,把持也。"《管子·權脩》:"操民之命,朝不可以無政。"《商君書·算地》:"主操名利之柄而能致功名者,數也。"

---

①　"鼓"字原誤釋"歙",今從復旦大學出土文獻與古文字研究中心研究生讀書會《〈上博七·凡物流形〉重編釋文》意見改正,復旦大學出土文獻與古文字研究中心網站,2008 年 12 月 31 日。

246

捃之則達　捃，構形从"手"，"彔"聲，讀爲"録"。"捃""録"兩字皆从"彔"聲，例可相通。録，收録，録用。《尹文子·大道上》："田父雖疑，猶録以歸。"《論衡·別通》："或觀讀採取，或棄捐不録。"《後漢書·韋彪傳》："方欲録用，奄忽而卒。"

則，連詞，表示因果。

達，楚文字用爲"失"。《玉篇》引《説文》："失，縱逸也。""失"同"佚"，放蕩，放縱。《管子·五輔》"貧富無度則失"，尹知章注："失其節制。"《國語·周語下》："昔共工棄此道也，虞於湛樂，淫失其身。"董正齡正義："古佚字皆作失。"睡虎地秦簡《南郡守騰文書》："今法律令已具矣，而吏民莫用，鄉俗淫失之民不止，是即灋（廢）主之明灋殹（也）。""淫失"即"淫佚"之謂。

敗之則高　敗，毀壞，《説文》："敗，毀也。"《詩·大雅·民勞》："式遏寇虐，無俾正敗。"亦謂戰敗、失利，《書·湯誓》："夏師敗績，湯遂從之。"孔安國傳："大崩曰敗績。"引申爲做事失敗，不成功。《老子》："民之從事，常於幾成而敗之。"《史記·淮陰侯列傳》："夫功者難成而易敗，時者難得而易失也。"

"高"字在下簡首。高，讀爲"槀"，字或作"槁"[1]，《楚辭·九辯》"與其無義而有名兮，寧窮處而守高"，洪興祖補注："高即枯槁之槁。""槀（槁）"字从"高"得聲，故可相通。槀，本指枯木，《説文》："槀，木枯也。"《易説卦》："其於木也，爲科上槁。"焦循章句："槁，猶枯也。"《吕氏春秋·季春紀·先己》："是古百仞之松，本傷於下，而末槁於上。"泛指乾枯之物，《孟子·公孫丑上》"苗則槁矣"，趙岐注："槁，乾枯也。"《左傳·哀公三年》："於是乎去表之槀，道還公宫。"《荀子·王霸》："及以燕趙起而攻之，若振槁然。"

簡文之"槀（槁）"，形容人的臉色如同枯木。《莊子·齊物論》："形固可使如槁木，而心固可使如死灰乎？"《楚辭·漁父》："屈原既放，游于江潭，行吟澤畔，顏色憔悴，形容枯槁。"亦可參考。

---

[1]　王觀國指出："槀，亦枯槀也。後世移其木于旁爲'槁'。"見《學林》卷九，中華書局，1988年。

上海博物館藏戰國竹書楚辭箋注

第二十簡

高（槀），測之則汱（滅）。叡（識）此言▂，记（起）於豸（貌）峀（端）？ 酮（問）之曰：豸（貌）言而禾（和）不螠（陰），豸（貌）言而又（有）衆？

完簡，長三十三點一釐米，上、下平頭。第一契口距頂端九點六釐米，第一契口與第二契口間距爲十四點七釐米，第二契口距尾端八點八釐米。存二十六字。第一個“言”字下有句讀號。

測之則汱 測，測量。《説文》：“測，深所至也。”《周禮·地官·大司徒》：“以土圭之灋測土深。”引申爲測度，揣測。《詩·大雅·常武》“不測不克，濯征徐國”，鄭玄箋：“不可測度，不可攻勝。”《易繫辭上》：“陰陽不測之謂神。”《左傳·莊公十年》：“夫大國難測也，懼有伏焉。”

汱，從“水”，“戌”聲，讀爲“滅”。郭店楚簡《唐虞之道》“翾（亂）之至，汱（滅）旻（賢）”，“汱”亦讀爲“滅”。據《説文》，“滅”字從“威”得聲，而“威”字當從“戌”得聲。故“汱”“滅”可以相通。《説文》：“滅，盡也。”引申爲隱没，消失。《莊子·應帝王》：“（季咸）自失而走。……列子追之不及。反，以報壺子曰：‘已滅矣，已失矣，吾弗及已。’”陸德明釋文：“崔云：‘滅，不見也。’”《楚辭·七諫》：“巧者在前兮，賢者滅息。”王逸注：“滅，消也。”《淮南子·原道》：“草木注根，魚鼈湊淵。莫見其爲者，滅而無形。”

叡此言 叡，“識”字異構。識，知道，瞭解。

言，言辭，言論。《書·盤庚上》：“遲任有言曰。”《詩·小雅·雨無正》：“如何昊天，辟言不信。”《論語·公冶長》：“聽其言而觀其行。”

记於豸耑　记，"起"字古文①。《説文》："起，能立也。"引申爲興起。《書·益稷》："元首起哉。"《易·姤》："包無魚，起凶。"《荀子·天論》："一廢一起，應之以貫，理貫不亂。"《國語·越語下》："天時不作，弗爲人客；人事不起，弗爲之始。"

豸，讀爲"貌"。耑，讀爲"端"，事物的一頭或一方面。《墨子·經上》："端，體之無序而最前者也。"《吕氏春秋·季春紀·圜道》："莫知其原，莫知其端。"《禮記·中庸》："執其兩端，用其中於民。"

"識此言，起于貌端"，是對本章言論之總結，起畫龍點睛作用。

豸言而禾不躴　"豸言"，即"貌言"，虛僞文飾的話，見《史記·商君列傳》："商君曰：'語有之矣。貌言，華也；至言，實也；苦言，藥也；甘言，疾也。'"《漢書·天文志》："仁義禮智以信爲主，貌言視聽以心爲正。"亦可參考。

禾，讀爲"和"，《莊子·山木》"一上一下，以和爲量。"《吕氏春秋·孝行覽·必己》引"和"作"禾"，高誘注："禾，中和。"俞樾平議："禾，當作和。"于省吾新證："禾乃和之借字。"《莊子·徐无鬼》："田禾一覩我，而齊國之衆三賀之。"《北堂書鈔》一五八引"禾"作"和"。馬王堆帛書《戰國策·蘇秦自趙獻書燕王章》："今臣欲以齊大〔惡〕而去趙，胃（謂）齊王：'趙之禾（和）也，陰外齊、謀齊'，齊、趙必大惡矣。""和"作"禾"。

和，附和，回應。《詩·鄭風·蘀兮》："叔兮伯兮，倡予和女。"《國語·鄭語》："和六律以聰耳。"《商君書·更法》："論至德者不和於俗，成大功者不謀於衆。"

躴，讀爲"陰"②，二字皆从"侌"聲，例可相通。陰，訓爲弱小。《戰國策·秦策一》："臣聞天下陰燕陽魏。""不陰"，猶言"不少"。

"貌言而和不陰"，意思是對虛僞文飾的話附和者不少，即下文之所謂"貌言而有衆"。

---

① 詳見本書《有皇將起》篇"起"字注釋。
② "躴"字原直接釋作"陰"，今據放大彩圖及復旦大學出土文獻與古文字研究中心研究生讀書會《〈上博七·凡物流形〉重編釋文》意見隸定，復旦大學出土文獻與古文字研究中心網站，2008 年 12 月 31日。或以爲可讀作"窮"。

上海博物館藏戰國竹書楚辭箋注

第二十一簡

䛜（問）之曰：豸（貌）生兩〓（兩，兩）生厽〓（參，參）生女（如）城（成）結。是古（故）又（有）豸（貌），天下亡不又（有）｜（章）；亡豸（貌），天下亦亡豸（貌）又（有）｜（章）。亡

完簡，長三十三點六釐米，上、下平頭。第一契口距頂端九點八釐米，第一契口與第二契口間距爲十四點八釐米，第二契口距尾端九釐米。存三十四字，其中重文二。

豸生兩〓生厽〓生女城結　“兩”“厽”字下均有重文符號。此句讀爲：“豸（貌）生兩，兩生厽（參），厽（參）生女（如）城（成）結。”①

兩，同“二”，數字。厽，即“參”字，同“三”。郭店楚簡《性自命出》“丌（其）厽（參）述（術）者，衍（道）之而巳（已）”“亞（惡）穎（類）厽（參），唯亞（惡）穎（類）不㥷（仁）爲忻（近）宜（義）”，上海博物館藏楚竹書本（即《性情論》）“厽”作“三”；郭店楚簡《六德》“人又（有）六惪（德），厽（三）新（親）不劀（劐）”，“三”作“厽”；《左傳·隱公元年》“先王之制，大都不過參國之一，中五之一，小九之一”，“參”同“三”。三，數字。

女，讀爲“如”，從，隨。《說文》：“如，從隨也。”《左傳·宣公十二年》“有律以如己也”，杜預注：“如，從也。”《列子·力命》“胥如志也”，殷敬順釋文：“如，隨也。”

結，終了。《廣雅·釋詁》：“終，結。”《淮南子·繆稱》“故君子行，思乎其所結”，高誘注：“結，要終也。”

《老子》：“道生一，一生二，二生三，三生萬物。”修辭手法與此相似，但與本

① “兩”字原誤釋“亞”、“女”字原誤釋“弔”，今從沈培《略說〈上博（七）〉新見的“一”字》（復旦大學出土文獻與古文字研究中心網站，2008年12月31日）及其他網友意見改正。

句意義則不同。

又豸，天下亡不又丨 "又豸"，讀爲"有貌"。

"天下"，泛指。《老子》"有物混成，先天地生……可以爲天下母"；"是以天下樂推而不厭。以其不争，故天下莫能與之争"；"以道佐人主者，不以兵强天下"；"天下皆知美之爲美，斯惡已"。"天下"用法相同。

亡，通"無"，出土文獻與典籍習見。《説文》："無，亡也。"王引之《經傳釋詞》卷十："無，否也。《莊子·大宗師》篇曰：'亡，予何惡。'亡，與無同，言否也。"

"亡不"即"無不"，沒有不，全是。《左傳·成公十四年》："大夫聞之，無不聳懼。"《禮記·中庸》："辟如天地之無不持載，無不覆幬。"《史記·項羽本紀》："楚戰士無不一以當十，楚兵呼聲動天。"

丨，字亦見郭店楚簡《緇衣》引《詩》："出言又（有）丨，利（黎）民所訐。"簡本引《詩》有删節，《詩》之用字與今本有異："丨"今本作"章"；"利（黎）"今本作"萬"；"訐"今本作"望"。對郭店楚簡的"丨"字，釋讀各異。裘錫圭先生指出，"丨"即甲骨文"肀"旁所从的上部，當爲"針"之象形初文，楚簡用爲"慎"字的聲旁，簡文可讀爲"遂"或"慎"[1]。從本簡"丨"字的用法看，"丨"讀爲"章"文通字順，可見今本《緇衣》作"章"應有所據。

章，法度，章程。《詩·大雅·抑》"夙興夜寐，灑埽庭内，維民之章"，鄭玄箋："章，文章法度也。"《孟子·離婁上》"率由舊章"，朱熹集注："章，典法也。"《禮記·中庸》："憲章文武。"《史記·高祖本紀》："與父老約，法三章耳：殺人者死，傷人及盜抵罪。"

亡豸，天下亦亡豸又丨 "亡豸"，讀爲"無貌"。又，副詞。
此句謂無貌則天下亦沒有貌和章法，是上句義之反説。

---

[1] 裘錫圭：《釋郭店〈緇衣〉"出言有丨，黎民所訐"——兼説"丨"爲"針"之初文》，《中國出土古文獻十講》，第 296、298 頁，復旦大學出版社，2004 年。

上海博物館藏戰國竹書楚辭箋注

第二十二簡

戠（識）道，所吕（以）攸（修）身而訂（治）邦豪（家）？畾（問）之曰：能戠（識）豸（貌），則百勿（物）不逵（失）；女（如）不能戠（識）豸（貌），則

簡長三十二點三釐米，上平頭，下殘。第一契口距頂端九點四釐米，第一契口與第二契口間距爲十四點五釐米，第二契口距尾端八點四釐米。存二十七字。

亡戠道　“亡”字在上簡末。亡，通“無”。
“戠道”讀爲“識道”①，識，知道，瞭解；道，方法、途徑。

所吕攸身而訂邦豪　攸，讀爲“修”②。《説文》：“修，飾也。”段玉裁注：“拂拭之則發其光采，故引申爲文飾。……不去其塵垢，不可謂之修，不加以縟采，不可謂之修。”“修”字典籍或假“脩”爲之，《楚辭·九歌·湘君》“美要眇兮宜脩”，王逸注：“脩，飾也。”引申爲修養。《書·皋陶謨》：“慎厥身修。”《詩·大雅·文王》：“無念爾祖，聿脩厥德。”《論語·述而》：“德之不修，學之不講。”《管子·幼官》：“立義而加之以勝，至威而實之以德，守之而後脩勝，心焚（樊）海内。”

“修身”，《書·皋陶謨》作“身修”，修養身心。《莊子·人間世》：“是皆修其身以下傴拊人之民。”《大戴禮記·五帝德》：“仁而威，惠而信，修身而天下服。”《春秋繁露·二端》：“修身審己，明善心以反道者也。”《説苑·談叢》：“修身者，智之府也。”又，郭店楚簡《六德》“以攸（修）丌（其）身，爲術（道）者必繇（由）此”，《性自命出》“昏（聞）道反吕（己），攸（修）身者也”“上交近事君，下交得衆

---

①　“道”字原據黑白照片複印件誤釋爲“從”，今據彩色放大圖版改正。
②　“攸”讀爲“修”，詳見本書《有皇將起》注釋。

252

近，從正（政）攸（修）身近至悬（仁）”，皆可參看。“修身”亦作“脩身”，《禮記·曲禮》：“脩身，踐言，謂之善行。”《禮記·大學》：“自天子以至於庶人，壹是皆以脩身爲本。”

“所以修身”，修身的緣故。

訂，讀爲“治”。“邦豪”即“邦家”，猶言“國家”。

《禮記·大學》：“古之欲明明德於天下者，先治其國；欲治其國者，先齊其家；欲齊其家者，先修其身。”《老子》：“修之於身，其德乃真；修之於家，其德乃餘；修之於鄉，其德乃長；修之於國，其德乃豐；修之於天下，其德乃普。”皆可作爲本句注解。

第二十三簡

百勿（物）具（具）逄（失）。女（如）欲戠（識）豸（貌），卬（仰）而視之，佢（俯）而伏之。女（如）遠悇（求），凥（託）於身旨（稽）之，尋（得）豸（貌）而［悆（圖）之。］

簡長三十釐米，上、下殘。第一契口距頂端九點四釐米，第一契口與第二契口間距爲十四點五釐米，第二契口距尾端六點一釐米。存二十六字。缺文三字據乙本補足。

百勿具逄　百，概數，言其多。《詩·豳風·七月》：“亟其乘屋，其始播百穀。”《書·盤庚下》：“邦伯師長百執事之人，尚皆隱哉！”《楚辭·離騷》：“恐鵜鴂之先鳴兮，使夫百草爲之不芳。”勿，讀爲“物”。《説文》：“物，萬物也。”

具，字從雙手奉“員”，爲“具”字繁構①。具，副詞，相當於“俱”“皆”“全都”。《詩·小雅·節南山》“赫赫師尹，民具爾瞻”，毛亨傳：“具，俱也。”《墨子·備

---

① 從古文字看，“具”字本從“鼎”，小篆已訛，《説文》誤爲“從貝省”，而“員”之造字本意即是以圓鼎表示方圓的“圓”。所以，“員”即“具”字。

梯》"即具發之",孫詒讓《閒詁》:"具與俱通。《備蛾傅》篇作'俱'。"《詩·小雅·四月》"秋日淒淒,百卉具腓",鄭玄箋:"具猶皆也。"《荀子·正名》"性之具也",楊倞注:"具,全也。"

逵,楚文字用作"失"。失,喪失,與"得"相對。《論語·陽貨》:"既得之,患失之。"《左傳·莊公十二年》:"得一夫而失一國。"《老子》:"輕則失本,躁則失君。"《荀子·富國》:"則人有失合之憂。"

女欲戠豸　女,讀爲"如",假設連詞,假如,若是。《詩·秦風·黃鳥》:"如可贖兮,人百其身。"《論語·陽貨》:"如有用我者,吾其爲東周乎?"《史記·李將軍傳》:"如令子當高帝時,萬户侯豈足道哉!"

欲,希望,想要。《論語·子路》:"無欲速,無見小利。欲速則不達,見小利則大事不成。"《左傳·僖公十年》:"欲加之罪,其無辭乎!"《史記·封禪書》:"上即欲與神通,宫室被服非象神,神物不至。"

"戠豸",讀爲"識貌"。

印而視之　印,相同構形見上海博物館藏楚竹書《魯邦大旱》等篇①。《説文》:"印,望,欲有所庶及也。从匕从卪。《詩》曰'高山卬止'。"引《詩》見《小雅·車舝》,今本作"仰"。段玉裁注:"'卬'與'仰'義别。'仰'訓舉,'卬'訓望,今則'仰'行而'卬'廢,且多改'卬'爲'仰'矣。"桂馥《義證》則謂:"仰即卬之分别文。"王念孫《廣雅疏證》也認爲"仰、卬聲義並同"②。按《楚辭·九辯》:"卬明月而太息兮,步列星而極明。"王逸注:"卬,一作仰。"洪興祖補注:"卬,望也,音仰。"《荀子·解蔽》:"卬視其髮,以爲立魅也。"楊倞注:"卬,與仰同。"《漢書·司馬遷傳》:"乃欲卬首信眉,論列是非。"顔師古注:"卬,讀曰仰。"上海博物館藏楚竹書《柬大王泊旱》"卬天呼而泣",《孔子見季桓子》"卬天而歎曰",《三德》

---

① 整理本篇時我尚未見到上博竹書其他資料,"卬"字原誤釋爲"屮",今據復旦大學出土文獻與古文字研究中心研究生讀書會《〈上博(七)·凡物流形〉重編釋文》意見改正,復旦大學出土文獻與古文字研究中心網站,2008 年 12 月 31 日。

② 王念孫《廣雅疏證·釋詁一》,上海古籍出版社,1983 年。

254

"印天事君"，"印"皆同"仰"。可見"印""仰"乃一字分化。

視，看，觀察。《易·履》："眇能視，跛能履。"《詩·小雅·鹿鳴》："視民不恌，君子是則是傚。"《國語·晉語八》："叔魚生，其母視之。"

"印而視之"亦見《莊子·天地》："爲圃者印而視之，曰：'奈何？'"意思相同。

佢而伏之　佢，原篆構形從"人""土"，"勹"聲，讀爲"俯"[1]。按《説文》無"俯"字，西周金文有"俯"字，見伯要俯簋，用作人名[2]。《古今韻會舉要》指出："古音流變，字亦隨異。如俯仰之俯，本作頫，或作俛，今文皆作俯。"[3]俯，屈身，低頭。《禮記·曲禮上》："鄉長者而屨，跪而遷屨，俯而納屨。"鄭玄注："俯，俛也。"《公羊傳·宣公六年》"俯而闚其戶"，何休注："俯，俛頭。"《莊子·庚桑楚》"南榮趎俯而慙"，成玄英疏："俯，低頭也。"

伏，曲身伏地，《詩·大雅·靈臺》："王在靈囿，麀鹿攸伏。"《禮記·曲禮上》："坐毋箕，寢毋伏。"鄭玄注："伏，覆也。"《詩·陳風·澤陂》："寤寐無爲，輾轉伏枕。"《史記·汲黯傳》："乃召拜黯爲淮陽太守，黯伏謝不受印。"亦指體前傾而面向下，《莊子·漁父》："孔子伏軾而歎。"

《呂氏春秋·季秋紀·季秋》："蟄蟲咸俯在穴，皆墐其戶。"高誘注："俯，伏。"《荀子·賦篇》："三俯三起，事乃大已。"楊倞注："俯，謂卧而不食。"是"俯"也有伏義。

本句"印"與"視"、"俯"與"伏"同義並用，而"印（仰）"與"俯"義正相反。《易繫辭上》："仰以觀於天文，俯以察於地理。"《孟子·梁惠王上》："是故明君制民之產，必使仰足以事父母，俯足以畜妻子。"《莊子·天運》："且子獨不見夫桔槔者乎，引之則俯，舍之則仰。"亦是"仰""俯"對舉而言。

女遠悕　女，讀爲"如"，假設連詞。

---

[1]　"俯"字原釋"任"，今據陳偉《讀〈凡物流形〉小札》（簡帛網，2009 年 1 月 2 日）意見改正。
[2]　見容庚《金文編》第 574 頁，中華書局，1985 年。
[3]　此書舊本《凡例》首題元人"黃公紹編輯，熊忠舉要"，見中華書局 2000 年版是書介紹。

上海博物館藏戰國竹書楚辭箋注

恘，"求"字繁構①。求，尋找，搜尋。《詩‧小雅‧伐木》："嚶其鳴矣，求其友聲。"《論語‧述而》："富而可求也，雖執鞭之士，吾亦爲之；如不可求，從吾所好。"《孟子‧離婁上》："今之欲王者，猶七年之病，求三年之艾也。"《楚辭‧離騷》："湯、禹嚴而求合兮，摯、咎繇而能調。"

厇於身旨之　厇，即"宅"字古文，此處讀爲"託"。《説文》："託，寄也。"引申爲憑藉。《論語‧泰伯》"可以託六尺之孤，可以寄百里之命，臨大節而不可奪也"，皇侃疏："託，謂憑託也。"《韓非子‧外儲説右上》："夫獵者，託車輿之安，用六馬之足，使王良佐轡，則身不勞而易及輕獸矣。"《大戴禮記‧哀公問五義》："不能選賢人善士而託其身焉。"

身，身體，《説文》："身，躬也。象人之身。"代指人。《爾雅‧釋詁上》："身，我也。"郝懿行義疏："身之爲言人也。"《荀子‧勸學》："故君子不傲不隱不瞽，謹順其身。"王先謙集解引郝懿行曰："身猶人也。"《詩‧小雅‧何人斯》："我聞其聲，不見其身。"

旨，讀爲"稽"，《周禮‧春官‧大祝》："一曰稽首。"釋文"稽"作"諧"；越王氏姓"諸稽"，越王兵器銘文皆作"者旨"②。"稽"從"旨"聲，故可相通。稽，考核。《易繫辭下》："於稽其類，其衰世之意邪？"王注："於稽，猶考也。"《周禮‧夏官‧大司馬》："簡稽鄉民，以用邦國。"馬王堆漢墓帛書《經法‧四度》："周罷（遷）動作，天爲之稽。""日月星辰之期，四時之度，動静之立（位），外内之處，天之稽也。""稽"字用法同。

"於身稽之"，猶言"於人稽之"。《大戴禮記‧四代》："天道以視，地道以履，人道以稽。"《吕氏春秋‧序意》："上揆之天，下驗之地，中審之人。若此，則是非可不可，無所遁矣。"皆可以作爲本節參考③。

---

① 古文字表示主觀意識方面的字在構形時或增"心"旁，楚簡例子甚多。
② 詳拙文《越王姓氏考》，《中華文史論叢》1984 年第 1 期。
③ 引《大戴禮記》文參考，見復旦大學出土文獻與古文字研究中心研究生讀書會《〈上博（七）‧凡物流形〉重編釋文》，復旦大學出土文獻與古文字研究中心網站，2008 年 12 月 31 日後所附"一上示三王"1 月 7 日意見。

尋豸而煮之　"尋豸"，讀爲"得貌"。煮，讀爲"圖"。"圖之"，謀取之。

第二十四簡

［戠（識）情而智（知），］戠（識）智（知）而神，戠（識）神而同。［戠（識）同］而僉（險），戠（識）僉（險）而困，戠（識）困而返（復）。氏（是）古（故）陳爲新，人死返（復）爲人，水返（復）

　　完簡，長三十三點六釐米，上、下平頭。第一契口距頂端九點七釐米，第一契口與第二契口間距爲十四點七釐米，第二契口距尾端九點二釐米。存三十字。據乙本，此簡與上簡之間漏抄"戠情而智"四字，"而僉"上漏抄"戠同"二字。

　　［戠情而智，］戠智而神，戠神而同　"戠"，讀爲"識"。

　　情，實情，真實。《易·咸》："觀其所感，而天地萬物之情可見矣。"《左傳·莊公十年》："小大之獄，雖不能察，必以情。"《淮南子·繆稱》："凡行戴情，雖過無怨，不戴其情，雖忠來惡。"

　　智，智慧，聰明。《老子》："絶聖棄智，民利百倍。"《管子·心術上》："人皆欲智，而莫索其所以智乎？"《荀子·正名》："所以知之在人者謂之知，知有所合謂之智。"《吕氏春秋·孟春紀·貴公》："人之少也愚，其長也智，故智而用私，不若愚而用公。"

　　神，精神。《荀子·天論》："形具而神生，好惡喜怒哀樂臧焉。"《墨子·所染》："不能爲君者傷形費神。"《吕氏春秋·孟秋紀·禁塞》："自今單脣乾肺，費神傷魂。"

　　同，相同，一樣。《書·舜典》："同律度量衡。"《易·睽》："天地睽而其事同也。"《左傳·襄公二十九年》："棄同即異，是謂離德。"《吕氏春秋·有始覽·應同》："帝者同氣，王者同義。"

上海博物館藏戰國竹書楚辭箋注

［戠同］而僉，戠僉而困，戠困而遉　　“戠”，讀爲“識”。

僉，讀爲“險”。《老子》“咎莫大於欲得”，郭店楚簡本作“咎莫僉（險）乎谷（欲）尋（得）”，“險”亦作“僉”①。險，危險。《易·蹇》：“見險而能止，知矣哉。”《國語·周語上》：“夫事君者險而不懟。”《荀子·榮辱》：“安利者常樂易，危害者常憂險。”

困，盡，極。《廣雅·釋詁》：“困，極也。”《説文》“困”字段玉裁注：“困之本義爲止而不過，引申之爲極盡。”《論語·堯曰》：“四海困窮，天禄永終。”何晏集解引苞氏曰：“困，極也。”《國語·越語下》：“日困而還，月盈而匡。”

遉，“復”字異體②。《説文》：“復，往來也。”返回，還。《詩·豳風·九罭》“公歸不復”，孔穎達疏：“當訓復爲反。”《楚辭·離騷》：“回朕車以復路兮，及行迷之未遠。”蔣驥注：“復，亦反也。”《易·泰》：“無往不復。”《楚辭·九章·哀郢》：“忽若不信兮，至今九年而不復。”簡文言“困而復”，即《國語·越語下》之“困而還”。

此段簡文以“情—智—神—同—險—困—復”的順序層層推進，闡述的是萬物循環變化之理③。

氏古陳爲新　　“氏古”，讀爲“是故”④，連詞。因此，所以。

陳，陳舊，與“新”相反。《詩·小雅·甫田》：“我取其陳，食我農人。”毛亨傳：“尊者食新，農夫食陳。”《書·盤庚中》：“失于政，陳於兹。”《荀子·富國》：“年穀復熟而陳積有餘。”《莊子·天運》：“夫‘六經’，先王之陳迹也。”

新，初始，剛出現的，《楚辭·漁父》：“新沐者必彈冠，新浴者必振衣。”《楚辭·九歌·少司命》：“悲莫悲兮生別離，樂莫樂兮新相知。”“新”與“陳”“舊”“故”相對。《吕氏春秋·季春紀·先己》：“用其新，棄其陳，腠理遂通。”《詩·豳風·東山》：“其新孔嘉，其舊如之何？”《書·胤征》：“舊染汙俗，咸與惟新。”

---

① “僉”字原篆構形下贅增“曰”爲飾，此形常見於越王劍的“劍”字。
② 古文字從“辵”旁之字異體常作“彳”，楚簡例子甚多。
③ 參見秦樺林《楚簡〈凡物流形〉札記二則》，簡帛網，2009 年 1 月 4 日。
④ 詳見本書《李頌》“氏古”注釋。

258

《論語・爲政》："温故而知新,可以爲師矣。"

人死遺爲人　此語雖是古人唯心意識之反映,然亦涵物質不滅之定律。

第二十五簡

於天咸,百勿(物)不死女(如)月。出惻(則)或内(入),冬(終)則或鋀(始),至則或反。歎(識)此言⌐,記(起)於豸(貌)耑(端)?

完簡,長三十三點三釐米,上、下平頭。第一契口距頂端九點七釐米,第一契口與第二契口間距爲十四點七釐米,第二契口距尾端八點九釐米。存二十八字。"言"字下有句讀號。

水遺於天咸　遺,"復"字異體,返回。"天咸",當即"天一"之異稱,也就是"太一",郭店楚簡《太一生水》作"大一"。"太一"之名,古籍多見,釋義也不盡相同。簡文之"天咸(一)",即《爾雅》所指的"北辰"。《史記・封禪書》:"天神貴者太一。"司馬貞索隱引宋均説:"天一、太一,北極神之別名。""天一"爲北極之神,而按五行觀念北方屬水,水爲"天一"所生,所以簡文謂"水復於天咸(一)"。

郭店楚簡《太一生水》謂:"大(太)一生水,水反補(輔)大(太)一,是以城(成)天。天反補(輔)大(太)一,是以城(成)墬(地)。天墬(地)復相補(輔)也,是以城(成)神明。"對理解簡文很有幫助。

百勿不死女月　"百勿",讀爲"百物"。女,讀爲"如"。

月,月亮。《詩・陳風・月出》:"月出皎兮,佼人僚兮。"《史記・天官書》:"察日、月之行以揆歲星順逆。"月亮以三十日爲一周期,晦而復明,猶死而復生,故此以月亮喻之百物。《禮記・禮運》:"和而後月生也,是以三五而盈,三五而闕。”《楚辭·天問》：“夜光何德，死則又育？”亦説月亮死而復生。

出惻或内　出，《説文》謂：“進也。象艸木益滋上出達也。”《楚辭·天問》：“出自湯谷，次于蒙汜。”引申爲出去、外出。《左傳·哀公元年》：“后緡方娠，逃出自竇，歸于有仍，生少康焉。”《韓非子·解老》：“戎馬乏則將馬出，軍危殆則近臣役。”《管子·七法》：“獨出獨入，莫敢禁圉。”《吕氏春秋·審分覽·君守》：“其出彌遠者，其知彌少。”

惻，讀爲“則”①。本句三處“則”字，唯此寫作“惻”。則，連詞，表示因果。

或，通“有”。《廣雅·釋詁》：“或，有也。”《詩·召南·殷其靁》“何斯違斯，莫敢或遑”，馬瑞辰《傳箋通釋》：“或、有古通用。”《書·微子》“殷其弗或亂正四方”，孔穎達疏引鄭玄《論語》注：“或之言有也。”《論語·爲政》：“其或繼周者，雖百世，可知也。”

内，入，進入。《説文》：“内，入也。从冂，自外而入也。”《莊子·庚桑楚》“不可内於靈臺”，成玄英疏：“内，入也。”《孟子·萬章上》：“思天下之民匹夫匹婦有不被堯、舜之澤者，若己推而内之溝中。”《荀子·臣道》：“而能化易時關内之，是事暴君之義也。”楚簡“内”字常用同“入”。

《詩·小雅·蓼莪》：“出則銜恤，入則靡至。”《論語·學而》：“入則孝，出則悌。”《國語·越語下》：“出則禽荒，入則酒荒。”《管子·七法》：“獨出獨入，莫敢禁圉。”《楚辭·九歌·少司命》：“入不言兮出不辭，乘回風兮載雲旗。”皆“出”“入”對舉。

冬則或愻　冬，古“終”字，終止，結束，與“始”相對。

愻，讀爲“始”②，開始。《易繫辭上》：“《易》之爲書也，原始要終，以爲質也。”

---

① 此句“出”字原釋“此”，“惻”字原讀爲“賊”，今據復旦大學出土文獻與古文字研究中心研究生讀書會《〈上博〈七〉·凡物流形〉重編釋文》意見改正，復旦大學出土文獻與古文字研究中心網站，2008 年 12 月 31 日。
② “愻（始）”字構形右側偏旁有訛，原作不識字處理。今據簡文內容及對照第 3 簡相同字形，並參考網上意見改正。

260

《莊子·田子方》:"始終相反乎無端,而莫知乎其所窮。"《韓非子·解老》:"人始於生而卒於死,始之謂出,卒之謂入,故曰出生入死。"可以參看。

至則或反 至,到達極點。《墨子·魯問》:"公輸子自以爲至巧。"《國語·越語下》:"陽至而陰,陰至而陽。"《楚辭·九歎·遠遊》:"聞至貴而遂徂兮,忽乎吾將行。"

反,《説文》謂:"覆也。"方向相背,引申爲還、歸。《潛夫論·夢列》:"陰極即吉,陽極即凶,謂之反。"《易説卦》:"震爲雷……其於稼也,爲反生。"《韓非子·六反》:"害者,利之反也。"《論語·述而》:"舉一隅不以三隅反,則不復也。"

《吕氏春紀·審分覽·君守》:"東海之極,水至而反。"表達的意思亦相近。

本句"終"與"始"、"出"與"内(入)"、"至"與"反",兩兩相對,皆喻事物由正反兩面循環,亦即所謂"終及必反""周而復始"之意。

"識此言,起于貌端",是對本章言論之總結,亦見第二十簡。

第二十六簡

[餌(問)之曰:豸(貌)生]厔(厚),佬廌(存)忘,惻(賊)愻(盜)之复(作),可(何)之〈先〉智(知)乚? 餌(問)之曰:心不敓(勝)心,大醽(亂)乃复(作)。心女(如)能敓(勝)心,

簡長三十二點八釐米,上殘,下平頭。第一契口距頂端九點五釐米,第一契口與第二契口間距爲十四點八釐米,第二契口距尾端八點五釐米。存二十七字。缺文五字據乙本補足①。"智"字下有句讀號。

[豸生]厔,佬廌忘 豸,讀爲"貌"。

---

① 从原簡長度分析,首五字中當有抄漏,或首三字原省作"曰"。

垕，“厚”字古文，見《説文》。厚，忠厚。《書·君陳》：“惟民生厚，因物有遷。”《論語·學而》：“慎終追遠，民德歸厚矣。”《戰國策·秦策一》：“道德不厚者不可以使民。”

俿，同“虎”，《墨子·經上》：“民若畫俿也。”畢沅校注：“俿，虎字異文。”

鳶，通“存”。《莊子·胠篋》：“彼竊鉤者誅，竊邦者爲諸侯。諸侯之門，而仁義存焉。”郭店楚簡《語叢（四）》所引文字基本相同，“存”作“鳶”。郭店楚簡《成之聞之》“是古（故）亡虔（乎）丌（其）身而鳶（存）虔（乎）丌（其）訂（詞），唯（雖）耄（厚）丌（其）命，民弗從之怠（矣）”“唯（雖）肰（然），丌（其）鳶（存）也不耄（厚），丌（其）重也弗多怠（矣）”；上海博物館藏楚竹書《曹沫之陳》“三代之載（陳）皆鳶（存）”“可㠯（以）又（有）㲋（治）邦，《周等（志）》是鳶（存）”，“存”字皆作“鳶”。又，從“鳶”得聲的“薦”字，與從“存”得聲的“荐”字古相通，如《詩·大雅·雲漢》“饑饉薦臻”，《春秋繁露·郊祀》引“薦”作“荐”；《國語·楚語下》“禍災荐臻”，《史記·曆書》“荐”作“薦”；《莊子·齊物論》“麋鹿食薦”，《左傳·襄公四年》劉炫注引“薦”作“荐”；《荀子·富國》“天方薦瘥”，楊倞注：“薦或爲荐。”例多不備舉。所以，“鳶”“存”亦可通。存，存在。《公羊傳·隱公三年》“有天子存”，何休注：“存，在。”《孟子·公孫丑上》：“流風善政，猶有存者。”《莊子·齊物論》：“百骸、九竅、六藏，賅而存焉。”《荀子·非十二子》：“使天下混然不知是非治亂之所存者。”

忘，忘記，不記得。《説文》：“忘，不識也。”《詩·小雅·隰桑》：“中心藏之，何日忘之。”《詩·邶風·日月》：“胡能有定，俾也可忘。”《論語·述而》：“其爲人也，發憤忘食，樂以忘憂，不知老之將至云爾。”

“虎存忘”，意思是説連猛虎之存在也忘記了，以此暗示表面之忠厚貌容易給人造成錯覺。《大戴禮記·文王官人》：“故事阻者不夷，畸鬼者不仁，面譽者不忠，飾貌者不情，隱節者不平，多私者不義，揚言者寡信。此之謂‘揆德’。”可以參考。

惻怠之复 “惻怠”，讀爲“賊盜”，亦即“盜賊”。《老子》“絶巧棄利，盜賊無有”“法令滋彰，盜賊多有”，郭店楚簡本“盜賊”作“朓惻”；上海博物館藏楚竹書《容成氏》“不型（刑）殺而無朓（盜）惻（賊）”，“盜賊”亦寫作“朓惻”。“怠”從

“佻”聲，“佻”“朓”皆从“兆”聲，“兆”“盜”古音皆隸定母宵部，兩字爲雙聲疊韻關係，故可相通。

賊盜，或作“盜賊”，指偷竊、劫奪財物的人，《管子·七法》：“姦民傷俗敎，賊盜傷國衆。”《荀子·君道》：“禁盜賊，除姦邪。”亦指反叛者，《史記·秦始皇本紀》：“其後公卿希得朝見，盜賊益多，而關中卒發東擊盜者毋已。”

乍，下从“又”，即“乍”字繁構，習見楚文字，同“作”。《說文》：“作，起也。”興起、産生。《書·說命下》“作我先王”，蔡沈集傳：“作，興起也。”《易·乾》：“雲從龍，風從虎，聖人作而萬物覩。”《論語·八佾》：“樂其可知也：始作，翕如也；從之，純如也，皦如也，繹如也，以成。”《孟子·公孫丑上》：“由湯至於武丁，聖賢之君六七作。”

可之智　可，讀爲“何”，“何”从“可”聲，可以相通[1]。何，疑問代詞，誰，哪個。《左傳·昭公十一年》：“今兹諸侯何實吉？何實凶？”《左傳·襄公二十七年》引《詩》：“何以恤我？我其收之。”

“可之智”之“之”字，據乙本爲“先”字之訛。“可先智”，讀爲“何先知”。知，知道，知曉。

心不勅心　心，思想、意念、感情的統稱。《詩·小雅·巧言》：“他人有心，予忖度之。”《易繫辭上》：“二人同心，其利斷金。”《論語·爲政》：“七十而從心所欲，不踰矩。”《楚辭·九歌·雲中君》：“思夫君兮太息，極勞心兮忡忡。”

勅，讀爲“勝”。《老子》“躁勝寒，静勝熱，清静爲天下正”，郭店楚簡本“勝”作“勅”。郭店楚簡《成之聞之》“一宮之人不勅（勝）亓（其）敬”“言語𦱣（較）之，亓（其）勅（勝）也，不若亓（其）已也”；上海博物館藏楚竹書《從政》乙“芺（怒）則勅（勝）”，《曹沫之陳》“果勅（勝）矣，親衒（率）勅（勝）”，“勝”字皆作“勅”。又，“勅”字从“力”，“乘”聲，“乘”字亦可訓“勝”。《廣韻·蒸韻》：“乘，勝也。”《書·西伯勘黎》“周人乘黎”，孔傳：“乘，勝也。”

---

[1]　詳見本書《有皇將起》“可”字注釋。

勝，戰勝。《管子·七法》："不能强其兵，而能必勝敵國者，未之有也。"《孟子·梁惠王上》："鄒人與楚人戰，則王以爲孰勝？"引申爲克制，制服。《孫子·謀攻》："將不勝其忿而蟻附之，殺士三分之一，而城不拔者，此攻之災也。"《論語·子路》："善人爲邦百年，亦可以勝殘去殺矣。"

大𡭗乃复　𡭗，即"亂"字，魏三體石經古文"亂"字寫法與之相同，郭店楚簡《尊德義》、上海博物館藏楚竹書《鬼神之明》、包山楚簡及長沙楚帛書"亂"字寫法亦同。

亂，昏亂，悖理。《荀子·不苟》："非禮義之謂亂也。"《易·萃》："乃亂乃萃，其志亂也。"《論語·鄉黨》："唯酒無量，不及亂。""亂"常見作用於"心"，例如《詩·秦風·小戎》："在其板屋，亂我心曲。"《楚辭·卜居》："心煩慮亂，不知所從。"皆與簡文同。

"大亂"，亦見《管子·法法》："愚民操事於妄作，則大亂之本也。"《吕氏春秋·有始覽·諭大》："天下大亂，無有安國。"《淮南子·人間》："翟璜任子治鄴，而大亂。"

复，同"作"，興起、産生。《易繫辭下》："包犧氏没，神農氏作。"《楚辭·九歌·山鬼》："君思我兮然疑作。"

《大戴禮記·誥志》："以此省怨而亂不作也。""亂不作"與"亂乃作"義正相反。又，《黄帝内經·素問·六元正紀大論》："其發躁，勝復之作，擾而大亂，清熱之氣，持於氣交。""作""大亂"用法亦可參看。

第二十七簡①

虐（嗚）夫（乎）！此之胃（謂）省（小）城（成）？曰：百眚（姓）斋＝（之所）貴唯君＝

---

① 此簡原編號爲第二十八簡，契口距離數據原記有誤，已作改正。原第二十七簡從形製及内容皆不合本篇，係誤編入，應歸入上博六《慎子曰恭儉》，並可與其簡5連讀，參見單育辰《上博七〈凡物流形〉、〈吴命〉札記》，《簡帛》第五輯，第278頁，上海古籍出版社，2010年。以下簡號皆作順移，不再一一注明。

（君，君）斋＝（之所）貴爲心＝（心，心）斋＝（之所）貴唯豸（貌），㝵（得）而解之，上□□

簡長三十一點五釐米，上平頭、下殘（缺失二字）。第一契口距頂端九點一釐米，第一契口與第二契口間距爲十四點三釐米，第二契口距尾端八點一釐米。存三十二字，其中重文二，合文三。

虐夫！此之胃省城　“虐夫”，讀爲“嗚呼”，嘆詞，常用來表示贊美或感嘆。《書·旅獒》：“嗚呼！明王慎德，四夷咸賓。”《論語·八佾》：“嗚呼！曾謂泰山不如林放乎？”《管子·七主七臣》：“故君法則主位安，臣法則貨賂止，而民無姦，嗚呼！美哉！”

胃，讀爲“謂”。省，下從“口”，爲“少”字繁構。“少城”，讀爲“小成”，略有成就。“小成”亦見《莊子·齊物論》：“道隱于小成，言隱于榮華。”義則有別。

《禮記·學記》：“一年視離經辨志，三年視敬業樂群，五年視博習親師，七年視論學取友，謂之小成。”所指雖不相同，但“謂之小成”即簡文的“此之謂小成”的意思還是一樣的。

此句是説“心如能勝心”可以謂之“小成”，這是比上文所説的“小徹”境界更臻一層。爲了加重語氣，此處中間用了“嗚呼”一詞。

曰：百耇斋＝貴唯君＝斋＝貴爲心＝斋＝貴唯豸　曰，“問之曰”之省。“百耇”，讀爲“百姓”。“斋＝”，“之所”合文。“君”“心”二字爲重文。豸，讀爲“貌”。

此句讀爲：“百姓之所貴唯君，君之所貴爲心，心之所貴唯貌。”

所，助詞。貴，崇尚，重視。《書·旅獒》：“不貴異物賤用物，民乃足。”《禮記·中庸》：“去讒遠色，賤貨而貴德。”《國語·晉語七》：“且夫戎狄荐處，貴貨而易土。”《淮南子·本經》：“性命之情，淫而相脅，以不得已則不和，是以貴樂。”

郭店楚簡《緇衣》：“民以君爲心，君以民爲體。心好則體安之，君好則民欲之。”與簡文本句意思相近。又，《管子·立政》：“百姓舍己以上爲心者，教之所期也。"《韓詩外傳》卷一之二十四:"故君子衣服中,容貌得,則民之目悦矣;言語遜,應對給,則民之耳悦矣;就仁去不仁,則民之心悦矣。"皆可以參看。

尋而解之 尋,即"得"字,曉悟,明白。《管子·心術上》:"故德者得也,得也者,其謂所得以然也。"《吕氏春秋·季春紀·先己》:"故心得而聽得,聽得而事得,事得而功名得。"高誘注:"得,猶知也。"《禮記·樂記》:"禮得其報則樂,樂得其反則安。"鄭玄注:"得,謂曉其義,知其吉凶之歸。"《韓非子·外儲説左下》:"臣昔者不知所以治鄴,今臣得矣,願請璽,復以治鄴。"《楚辭·離騷》:"跪敷衽以陳辭兮,耿吾既得此中正。"

解,知曉,理解。《廣韻·蟹韻》:"解,曉也。"《莊子·天地》:"大惑者,終身不解;大愚者,終身不靈。"成玄英疏:"解,悟也。"《禮記·學記》:"善問者如攻堅木,先其易者,後其節目,及其久也,相説以解。"簡文"得""解"同義。

《管子·心術下》:"形不正者德不來,中不精者心不治。正形飾德,万物畢得。"或可作爲本句旁注。

第二十八簡

衆。豸(貌)言而萬民之利▬,豸(貌)言而爲天堕(地)旨? 捸(録)之不涅(盈)捸(録),專(敷)之亡所匀(均)? 大

簡長三十三釐米,上殘、下平頭。第一契口距頂端九點八釐米,第一契口與第二契口間距爲十五釐米,第二契口距尾端八點二釐米。存二十六字。"利"字下有句讀號。

豸言而萬民之利 豸,讀爲"貌"。言,言語。

萬,極言其多。"萬民",萬人、萬夫,泛稱,猶言"衆人"。《詩·小雅·都人士》:"行歸于周,萬民所望。"《詩·魯頌·閟宫》:"孔曼且碩,萬民是若。"《周

禮·地官·司徒》:"掌均萬民之食。"

利,喜愛。《墨子·經上》:"利,所得而喜也。"《荀子·正名》"不利傳辟者之辭",楊倞注:"利,謂説愛之也。"《禮記·坊記》:"先財而後禮,則民利。"

祿之不涅祿,尃之亡所匀　祿,讀爲"録",收録,録用。

涅,讀爲"盈"。《説文》:"盈,滿器也。"訓爲滿。

尃,讀爲"敷"。"敷""尃"皆从"甫"得聲,可以相通。敷,施,布。《説文》:"敷,敁也。从攴,尃聲。《周書》曰:'用敷遺後人。'""敁"即"施"字異體。《詩·小雅·小旻》"旻天疾威,敷于下土",毛亨傳:"敷,布也。"《墨子·經下》"先敷近,後敷遠",孫詒讓閒詁:"敷,猶布也。"《書·禹貢》:"禹敷土,隨山刊木,奠高山大川。"《孟子·滕文公上》:"舉舜而敷治焉。"

匀,从"公","匀"聲,當爲"均"字異體。均,均匀,公平。《詩·小雅·節南山》"秉國之均,四方是維",毛亨傳:"均,平。"《論語·季氏》"不患寡而患不均,不患貧而患不安",朱熹集注:"均,謂各得其分。"《老子》:"天地相合,以降甘露,民莫之令而自均。"《荀子·富國》:"忠信調和均辨之至也。"

此句的大意是,若非全部録用,則施布于他們便無以公平。

第二十九簡

之呂(以)智(知)天下,少(小)之呂(以)訂(治)邦乚。之力,古之力,乃下上。

完簡,長三十三點五釐米,上、下平頭。第一契口距頂端九點九釐米,第一契口與第二契口間距爲十四點九釐米,第二契口距尾端八點七釐米。存十八字。"邦"字下有篇章號,表示全文結束。其下"之力,古之力,乃下上"八字屬衍文,爲抄寫者隨手所書,乙本末簡篇章號下無此段文字。

大之呂智天下,少之呂訂邦　"大"字在上簡末。

267

邦,國家。《説文》:"邦,國也。"《書·盤庚上》:"邦之臧,惟汝衆;邦之不臧,惟予一人有佚罰。"《詩·周頌·時邁》:"時邁其邦,昊天其子之,實右序有周。"《論語·顔淵》:"在邦無怨,在家無怨。"

此句讀爲:"大之以知天下,小之以治邦。"是説大者可以知曉天下,小者可以治理國家,乃是對本章内容所作的總結。

《老子》:"修之於邦,其德乃豐;修之於天下,其德乃普。"《孟子·盡心下》:"不仁而得國者,有之矣;不仁而得天下,未之有也。"《禮記·大學》:"古之欲明明德於天下者,先治其國。"皆是以"天下"與"國(邦)"對舉,可以參看。

乙　本

第一簡

台(凡)勿(物)流型(形),系(奚)導(得)而城(成)? 流型(形)城(成)豐(體),系(奚)導(得)而不死? 既城(成)既生,系(奚)寡(呱)而鳴? 既杲(本)既槿(根),系(奚)逡(後)之系(奚)先? 佥(陰)易(陽)〔之尻,〕

本簡長三十六釐米,上平頭、下殘。第一契口距頂端一點一釐米,第一契口與第二契口間距爲十九點一釐米。存三十六字。

第二簡

系(奚)導(得)而固? 水火之咮,系(奚)導(得)而不垕(厚)? 翻(問)之曰:民人流型(形),系(奚)導(得)而生? 流型(形)城(成)豐(體),系(奚)逄(失)而死? 又(有)導(得)而城(成),未

268

完簡，長四十點一釐米，上、下平頭。第一契口距頂端一點一釐米，第一契口與第二契口間距爲十九點二釐米，第二契口與第三契口間距爲十八點八釐米，第三契口距尾端一釐米。存三十七字。内容與上簡銜接。

第三簡

智（知）左右之請？天陞（地）立冬（終）立愬（始），天墜（降）五厇（度），虗（吾）系（奚）叀（衡）系（奚）從（縱）？五既（燬）竝至，虗（吾）系（奚）異系（奚）同？五言才（在）人，箮（孰）爲之

完簡，長三十九點七釐米，上、下平頭。第一契口距頂端一釐米，第一契口與第二契口間距爲十九釐米，第二契口與第三契口間距爲十八點六釐米，第三契口距尾端一點一釐米。存三十六字。内容與上簡銜接。

第四簡

公？九囮出誨（誨），箮（孰）爲之逆？虗（吾）既長而或老，箮（孰）爲狨（侍）奉？褪（鬼）生於人，系（奚）古（故）神祟（盟）？骨＝（骨肉）之既枺（靡），亓（其）智（知）愈暲（障），亓（其）

本簡爲兩段綴合①，上段長三十一點七釐米，下段長八點一釐米，綴合長三十九點八釐米，上平頭，下略殘。第一契口距頂端一點一釐米，第一契口與第二契口間距爲十九釐米。存三十七字，其中合文一。内容與上簡銜接，其中"人"字原漏抄，後補入兩字之間，故字形極小。

---

① 此簡下段原誤綴于第十一簡上段之下，今據讀者意見改正。

上海博物館藏戰國竹書楚辭箋注

第五簡

夬（缺）▂系（奚）𡧬（適）？ 箮（孰）智（知）亓（其）疆？ 槐（鬼）生於人，虗（吾）系（奚）古（故）事之？ 骨＝（骨肉）之既㱦（靡），身豊（體）不見，虗（吾）系（奚）自歆（飲）之？ 亓（其）埜（來）▂亡厇（託），〔虗（吾）系（奚）旹（時）〕

本簡長三十五點四釐米，上平頭，下殘。第一契口距頂端一點一釐米，第一契口與第二契口間距爲十九釐米。存三十四字，其中合文一。“夬”“埜”兩字下有句讀號。内容與上簡銜接，缺文據甲本補足。

第六簡

之窒（塞）？ 祭異（禩）系（奚）𨒙（升）？ 虗（吾）女（如）之可（何）思歒（饗）？ 川（順）天之道，虗（吾）系（奚）㠯（以）爲頁（首）？ 虗（吾）〔既㝵（得）百眚（姓）之味（和），虗（吾）系（奚）事之？ 敬天之盟（盟）系（奚）㝵（得）？〕

本簡兩段綴合，上段長四釐米，下段長十八點七釐米，綴合長二十二點七釐米，上略殘，下殘。第一契口距頂端零點六釐米，第一契口與第二契口間距爲十九釐米。存二十二字。内容與上簡銜接，缺文據甲本補足。

第七簡

〔槐（鬼）之神〕系（奚）歆（飲）？ 先王之智系（奚）備？ 䛕（問）之曰：𨒙（升）高從埤，至遠從迩（邇）。十回（圍）之木，亓（其）𤼵（始）生▂女（如）蘖（蘖）。足牀（將）至千里，必

270

本簡長三十五釐米，上殘，下平頭。第二契口與第三契口間距爲十八點七釐米。第三契口距尾端一點一釐米。存三十四字。"生"字下有句讀號。内容與上簡銜接，缺文據甲本補足。

第八簡

［從釺（寸）司（始）。日之又（有）耳（珥），牆（將）］可（何）聖（聽）？月之又（有）軍（暈）▃，牆（將）可（何）正（征）？水之東流，牆（將）可（何）涅（盈）？日之司（始）出，可（何）古（故）大而不眔（燿）？亓（其）人（入）审（中）▃，絭（奚）

本簡長三十一點五釐米，上殘，下平頭。第二契口與第三契口間距爲十八點七釐米。第三契口距尾端一釐米。存三十字。"軍""审"字下有句讀號。内容與上簡銜接，缺文據甲本補足。

第九簡

［古（故）少（小）雁暲（障）敱（尌）？昏（問）：天筥（孰）高與？］堃（地）筥（孰）猿（遠）与（與）？筥（孰）爲天？［筥（孰）爲堃（地）？筥（孰）爲靁？筥（孰）爲啻（電）？土絭（奚）尋（得）而］坪（平）？水

本簡幾盡完簡，長三十九釐米，上略殘，上段有扭曲，下平頭。内容與上簡銜接①。由于原簡收縮變形，全簡字蹟模糊不清，但仍可辨出中間"堃（地）筥（孰）猿（遠）与（與）？筥（孰）爲天?"與末尾的"坪水"共九字。現據甲本補足缺

---

① 因原簡收縮變形後成狹窄細長條，全簡字蹟模糊不清，故歸入"備用（長）"檔。整理本篇時未能查到，故《上海博物館藏戰國楚竹書》第七册失收。今據黑白照片復印底本揀出復原（見附圖），原整理初始編號：22—66。以下簡編號順序下移，不再注明。

上海博物館藏戰國竹書楚辭箋注

文。从乙本每簡字數分析，其中"齰（問）"當作"齰（問）之曰"，不省。

第十簡

絫（奚）尋（得）而清？卉木絫（奚）尋（得）而生？［天悗之矢人，是古（故）目而智（知）名，亡耳而齰（聞）聖（聲）。卉木尋（得）之昌（以）生，含（禽）獸尋（得）之昌（以）鳴。遠之戈（弋），］含（禽）獸絫（奚）尋（得）而鳴？夫雨之至＿，篙（孰）雩漆之？夫凸（風）之至＿，篙（孰）颭（披）飄而逬（屏）之？齰（問）之曰：

　　完簡，長三十九點七釐米，上、下平頭。第一契口距頂端一點一釐米，第一契口與第二契口間距爲十八點八釐米，第二契口與第三契口間距爲十八點八釐米，第三契口距尾端一釐米。存三十七字。兩"至"字下有句讀號。

　　本簡內容與上簡衔接。與甲本相校，"卉木絫（奚）尋（得）而生"下漏抄"天悗之矢人，是古（故）目而智（知）名，亡耳而齰（聞）聖（聲）。卉木尋（得）之昌（以）生，含（禽）獸尋（得）之昌（以）豿（鳴）。遠之戈（弋）"三十一字，爲甲本第12至13簡的部分文字，由此也可證明，《凡物流形》的乙本應抄自甲本。

第十一簡

戠（識）道，坐不下箈（席）；峾（端）曼（文），［視於天］下，番（審）於國。坐而思之，每（謀）於［千里；记（起）而甬（用）之，練（陳）於四洖（海）？齰（問）之曰：至情而智（知）］

　　本簡爲兩段非完全綴合，上段長十點二釐米，上平頭，下殘；下段長十一釐米，上、下殘。上段與下段之間殘缺三字。第一契口距頂端一釐米，第二契口距下殘端三點八釐米。存十八字。

272

内容與上簡銜接,缺文據甲本補足。

第十二簡

箸(書),不與事先〈之〉,智(知)四沬(海),至聖(聽)千里,達見百里。是古(故)聖人尻於亓(其)所,邦[豪(家)之煮(圖)之,女(如)并]天下而虔(捆)之。尋(得)豸(貌)而思之,若并天下

本簡兩段綴合①,上段長二十五點四釐米,下段十五點三釐米。綴合後長四十點七釐米,上、下平頭。第一契口距頂端一釐米,第二契口與第三契口間距爲十九釐米,第三契口距尾端一點一釐米。存三十九字。

本簡内容與上簡銜接,中間漏抄六字據甲本補足。"先"爲"之"字之訛,據甲本改正。

第十三簡

智(知)亓(其)白▅? 冬(終)身自若▅。能募(寡)言,虗(吾)能豸(貌){虗(吾)夫}[之。古(故)豸(貌)虔(捆)]之又(有)未敓(界){之又(有)敓(界)},鼓之又(有)聖(聲),[忻之可見,操之]

本簡三段非完全綴合,上段長二點三釐米,中段長十三點二釐米,下段長十三點四釐米,綴合後上、下殘,中段與下段間有殘缺文字。中段末爲第二契口。存二十六字,其中"虗夫""之又敓"五字爲衍文(抄重、誤),"白""若"字下有句讀號。

———————————

① 本簡原下段爲誤綴,現下段原編號爲第十二簡。

內容與上簡不可銜接，中缺失一簡，據甲本，爲"而訣之。此豸（貌）吕（以）爲天陸（地）旨，是胃（謂）少（小）敬（徹）。絫（奚）胃（謂）少（小）敬（徹）？人白爲戠（識）。絫（奚）吕（以）"，從全簡字數分析，當有抄重文字。

第十四簡

可操，捸[之則遼（失），敗之則高（槁），測之則泧（滅）。戠（識）此言，记（起）]於豸（貌）耑（端）？飼（問）之曰：豸（貌）言而禾（和）不佘（陰），豸（貌）言而又（有）衆？[飼（問）之曰：]豸（貌）

本簡兩段不完全綴合，上段長四點三釐米，下段長二十點二釐米。第二契口距下殘端八點七釐米。存二十一字。

本簡内容與上簡銜接，缺文據甲本補全。

第十五簡

戠（識）豸（貌），則百勿（物）不遼（失）；女（如）不能戠（識）豸（貌），則百勿（物）具（具）遼（失）？女（如）欲戠（識）豸（貌），卬（仰）而視之，佝（俯）而伏之。女（如）遠悈（求），庀（託）

本簡長三十八點八釐米，上平頭，下略殘。第一契口距頂端一釐米，第一契口與第二契口間距爲十九釐米。存三十三字。

本簡内容與上簡不可銜接，中間缺失一簡，現據甲本補足缺文如下"生兩＝（兩，兩）生厽＝（參，參）生女（如）城（成）結。是古（故）又（有）豸（貌），天下亡不又（有）丨（章）；亡豸（貌），天下亦亡豸（貌）又（有）丨（章）。亡戠（識）道，所吕（以）攸（修）身而訇（治）邦豪（家）？飼（問）之曰：能"。從字數分析，簡文部分文字當在上簡末。

第十六簡

於身旨（稽）之，尋（得）豸（貌）而煮（圖）之。歔（識）

  本簡長十點七釐米，上、下殘。存十字。據甲本，内容和上、下簡均可銜接。但上簡綴合後，幾近完簡，而下簡綴合後也是完簡。所以，只能將其作爲另一簡處理。從字數分析，本簡有大量抄重之文（約二十六字左右）。

第十七簡

情而智（知），歔（識）智（知）而神，歔（識）神而同，歔（識）同而僉（險），歔（識）僉（險）而困，歔（識）困而遉（復）。氏（是）古（故）陳爲新，人死遉（復）爲人，水遉（復）

  本簡四段綴合，第一段長五點七釐米，第二段長二點八釐米，第三段長四點五釐米，第四段長二十六點六釐米。綴合後，完簡長三十九點六釐米，上、下平頭。第一契口距頂端一釐米，第一契口與第二契口間距爲十九釐米，第二契口與第三契口間距爲十八點五釐米，第三契口距尾端一點一釐米。存三十五字。
  本簡内容與上簡銜接。

第十八簡

於天咸，百勿（物）不死女（如）月。出惻（則）或内（人），冬（終）則或憩（始），至

上海博物館藏戰國竹書楚辭箋注

則或反。戠（識）此言＿，记（起）於豸（貌）耑（端）？䎽（問）之曰：豸（貌）生
㢜（厚），

　　本簡兩段綴合，上段長八點二釐米，下段長三十一點二釐米，綴合後完簡，
長三十九點四釐米，上、下平頭。第一契口距頂端一釐米，第一契口與第二契
口間距爲十八點九釐米，第二契口與第三契口間距爲十八點五釐米，第三契口
距尾端一釐米。存三十四字。“言”字下有句讀號。
　　本簡内容與上簡銜接。

第十九簡

俇鴈（存）忘，惻（賊）惥（盜）之复（作）＿，可（何）先智（知）＿？䎽（問）之曰：心
不勑（勝）心，大䰷（亂）乃复（作），心女（如）能勑（勝）心，

　　本簡兩段綴合，上段長五點一釐米，下段長二十一點八釐米。綴合後長二
十六點九釐米，上平頭，下殘。第一契口距頂端一釐米，第一契口與第二契口
間距爲十九釐米。存二十六字。第一個“复”字和“智”字下有句讀號。
　　本簡内容與上簡銜接。

第二十簡①

［虔（嗚）夫（乎）！］此之胃（謂）省（小）城（成）＿？曰：百眚（姓）亝＝（之所）貴唯
君＝（君，君）亝＝（之所）貴唯心＝（心，心）亝＝（之所）貴唯豸（貌），寻（得）而解
之，［上□□衆？豸（貌）言而萬民之利，豸（貌）言而］

────────────

①　本簡原爲第二十簡與第二十一簡，現綴合爲一簡。其綴合處似有一字痕蹟，當爲衍文。原下簡編號
　　順序上移。

276

本簡兩段綴合，上段長十九點七釐米，下段長八釐米。綴合後長二十七點七釐米，上略殘，下殘。第一契口與第二契口間距爲十八點六釐米。存二十九字（"之"字殘存兩筆），其中合文三，重文二，"城"字下有句讀號。

本簡内容與上簡銜接。下端殘缺文字據甲本補足。

第二十一簡

爲天堅（地）旨。祿（録）之不淫（盈）祿（録），専（敷）之亡所匃（均）。大之呂（以）智（知）天下，少（小）之呂（以）訂（治）邦？🏹

本簡兩段綴合，上段長七點三釐米，下段長二十八點五釐米。綴合後長三十五點八釐米，上平頭，下殘。第一契口距頂端一釐米，第一契口與第二契口間距爲十九釐米。存二十五字。

本簡内容與上簡銜接。末尾有篇章號，表示全篇結束。

後　記

　　二十世紀末,馬承源先生從香港市肆搶救回歸一批戰國楚簡,入藏上海博物館。這批戰國楚簡,都是竹書,内容豐富,其中不乏先秦佚文,於出土文獻的研究,意義重大。我有幸受上海博物館之邀,作爲整理小組成員之一,在馬承源先生的主持下,參與上博楚簡的整理工作。

　　上海博物館藏戰國楚竹書,經過整理,共發現有五篇楚辭類作品。楚辭這種詩體最早是在楚國民間產生的,後經屈原等上層貴族知識分子加以改造,形成典型句式,並大量使用語氣詞"兮",成爲頗具地方色彩的新詩體。但早於屈原時代的楚辭作品,存世極少,且有不少爭議;對戰國時期流行於江漢地區的楚辭這種詩歌新體的形成及發展過程,亦因限於材料不足而語焉不詳。上博竹書楚辭的發現,改變了這些情況。

　　上海博物館藏戰國竹書楚辭五篇作品皆不見於今本《楚辭》,從體裁和句式看,也比今本各篇顯得更具原始性。這對研究楚辭這種詩體之形成,很有幫助。相信這批早於屈原時代的楚辭資料之公布,必將對楚辭研究和中國文學史、先秦學術史、先秦思想史研究,起到積極作用。

　　上海博物館藏戰國竹書楚辭五篇,由我整理及撰寫釋文和注釋,分別刊載於馬承源先生主編的《上海博物館藏戰國楚竹書》第七册和第八册,由上海古籍出版社出版。竹書楚辭發表之後得到學術界的廣泛關注,甚感幸慰;綫上綫下也有學者指出一些釋讀或編聯上的問題,閱後獲益良多。

　　《上海博物館藏戰國楚竹書》第七册和第八册的出版,距今已十餘年,其間我曾陸續對原整理稿本加以全面修訂,除了吸收學界意見改正訛誤外,主要是增加簡文内容考釋中相關字、詞的楚簡互證和傳世文獻的訓詁。這裏需要説明的是，當初我的整理，除了《李頌》《鷦鷯》《蘭賦》是竹簡的原大彩照外，《有皇將起》和《凡物流形》依據的是竹簡原大黑白照片的複印本，有些字跡原本不甚清楚，而後來出版書中公布的有每支簡的整頁放大彩照圖片，相對而言增加了釋讀上的方便；再者，上博楚簡的整理方式是各自爲主完成，除了分配給我整理的簡外，其餘上博楚簡的資料我均未見到，加之這五篇竹書我交稿時間較早，因此無法利用同批簡的文字作考釋參照。留下的這些遺憾，也是促使我重新整理這五篇竹書楚辭的一個重要動機。今以箋注的形式，將五篇竹書重作整理，修改撰寫，集成一册，取名《上海博物館藏戰國竹書楚辭箋注》，仍交由上海古籍出版社出版，希望爲學術界提供能够反映當下楚簡研究整理水平的新版本。同時爲方便讀者，本書還附以竹簡的摹本。附帶提及，原書出版時公布的編繩數據資料，是由濮茅左先生據竹簡實物測量後補記，仍予保留。

本書修訂撰寫過程中，友生岳曉峰博士代爲搜集相關資料和計算機輸入文稿；友生陳建勝博士臨摹全部竹簡；上海古籍出版社責任編輯毛承慈女士細心盡責；中國美術學院在"雙一流"建設中重視古文字學科的發展，將本書列入"中國美術學院漢字文化研究所叢書"並給予出版資助，今付梓在即，一并予以衷心的謝忱。

曹錦炎
二〇二一年仲春於西子湖畔寶石山下

圖書在版編目(CIP)數據

上海博物館藏戰國竹書楚辭箋注 / 曹錦炎撰. —上
海：上海古籍出版社，2021.11
ISBN 978-7-5732-0110-2

Ⅰ.①上… Ⅱ.①曹… Ⅲ.①竹簡文—中國—戰國時
代 Ⅳ.①K877.5

中國版本圖書館 CIP 數據核字(2021)第 231815 號

中國美術學院視覺中國研究院出版項目

上海博物館藏戰國竹書楚辭箋注

曹錦炎　撰

上海古籍出版社出版發行

(上海市閔行區號景路 159 弄 A 座 5F　郵政編碼 201101)

(1) 網址：www.guji.com.cn

(2) E-mail：guji1@guji.com.cn

(3) 易文網網址：www.ewen.co

商務印書館上海印刷有限公司印刷

開本 787×1092　1/16　印張 17.75　插頁 9　字數 262,000

2021 年 11 月第 1 版　2021 年 11 月第 1 次印刷

印數：1—1,300

ISBN 978-7-5732-0110-2

K・3064　定價：98.00 元

如有質量問題,請與承印公司聯繫